vodafone
Marlboro
Marlboro
vodafone
Marlboro
Schuberth

CROCE ROSSA ITALIANA
LUGO (RA)
BENSON
HEDGES
MILD SEVEN
elf
Panasonic
Allianz
BMW Power
NiQuitin CQ
hp
TOYOTA
Panasonic
Travelex
20
WELLA
Esso
TOYOTA
KDDI
TOYOTA
KDDI
21
TOYOTA
KDDI
Travelex
15

LUCKY
STRIKE

HONDA
LUCKY STRIKE

Marlboro

MILD SEVEN
RENAULT
MILD SEVEN
CHARMILLES
MICHELIN

Renault

HONDA
LUCKY STRIKE
INTERCOND
BENSON & HEDGES
SIEMENS
EUROPEAN AVIATION
invent
West
HSBC
NiQuitin CQ
Castrol
MICHELIN
FedEx
hp
CARROZZERIA

Honda

Michael Schum… companheiros

Por Luís Vasconcelos

Ser companheiro de equipa de Michael Schumacher é coisa que não se deseja nem ao pior inimigo. Desde o final de 1991 até hoje, nove pilotos passaram por essa experiência e nehum conseguiu superiorizar-se ao piloto alemão, apesar de Rubens Barrichello estar a dar mostras de o poder fazer num futuro próximo. Para alguns, encontrar Michael Schumacher no seu caminho foi o beijo da morte, pois tiveram de deixar a Fórmula 1 no final dos seus contratos, pois a sua imagem tinha ficado demasiado afectada no confronto com o germânico, como foi o caso de Nelson Piquet, Riccardo Patrese e JJ Lehto.

Para outros, o caminho a seguir, depois de deixarem a companheia do piloto alemão, foi o de aceitarem volantes em equipa bem menos competitivas, como única forma de sobreviverem na Fórmula 1. Na verdade, como mais nenhuma equipa de ponta os quis, depois de serem comparados negativamente com o melhor piloto do Mundo, Andrea de Cesaris, Martin Brundle, Jos Verstappen, Johnny Herbert e Eddie Irvine tiveram de contentar-se com lugares em equipas do segundo pelotão se quiseram permanecer nos Grande Prémios, depois de terem sido verdadeiramente esmagados pelo rolo compressor que é o piloto germânicos.
Como acima ficou escrito, Rubens Barrichello tem sido o único a poder bater-se de forma quase constante com Michael Schumacher, no seio da mesma equipa, mas se na pista tem sido possível ver o brasileiro ocasionalmente na frente do seu companheiro de equipa, os factos são bem claros e desde que estão os dois na Ferrari, Schumacher venceu quatro Campeonatos do Mundo consecutivos e Barrichello ainda nunca esteve, sequer, na discussão do título. Por isso, e apesar de estar a sair-se melhor que os seus oito antecessores, também o paulista ainda não encontrou o caminho para bater Schumacher no seio da mesma equipa. Mas ao longo destes últimos quatro anos, como aconteceu de forma ainda mais evidente quando Eddie Irvine era o seu companheiro de equipa, Michael Schumacher tem beneficiado sistematicamente do trabalho dos seus companheiros de equipa, que chegam a sacrificar as suas provas para correrem de acordo com os interesses do alemão, normalmente na fase final das temporadas, mas também já se tem visto sacrifícios serem feitos ainda vai a procissão no adro. Quem não se lembra do Grande Prémio da Áustria de 2002?
O facto da estratégia da equipa beneficiar invariavelmente o piloto germânico, tem levado à repetição da mesma pergunta: Schumacher é sistematicamente beneficiado pelas suas equipas ou os seus companheiros de equipa têm possibilidades materiais de o baterem, enquanto os Mundiais estão abertos a todos? Uma questão que tem respostas radicalmente diferentes entre os nove pilotos que já tiveram Michael Schumacher como seu companheiro de equipa, como diferentes são os relacionamentos que mantêm com o hexa Campeão do Mundo. Enquanto nenhum o considera um verdadeiro amigo do peito, mesmo se Verstappen lhe é relativamente próximo, homens como Patrese, Lehto e de Cesaris consideram-no uma óptima pessoa, com quem podem passar algum tempo, quando se encontram. Já Piquet e, sobretuto, Herbert, não hesitam em deixar bem claro que não apreciam o alemão e que quando o encontram não vão além dum cumprimento de circunstância
Para tentar perceber este piloto, tão rápido e capaz que já bateu quase todos os recordes da Fórmula 1, mas suficientemente controverso para ter uma impressionante legião de detratores, falámos com todos os pilotos que já tiveram o pior emprego que se pode ter na Fórmula 1: ser companheiro de equipa de Michael Schumacher. As páginas seguintes têm os seus depoimentos, numa colectânea de entrevistas que ajudam a perceber o mais bem sucedido piloto da história da Fórmula 1.

Andrea de Cesaris

JORDAN 1991

O primeiro homem a compreender realmente o que valia Michael Schumacher foi o veterano italiano Andrea de Cesaris. No ano em que teve uma das suas melhores épocas na F1 quando se juntou à estreante Jordan em 1991, o talentoso italiano levou o carro verde a onde ninguém esperava que este chegasse mas, no GP da Bélgica, recebeu um novo companheiro de equipa, depois de Bertrand Gachot ter sido preso em Inglaterra, acusado de ter agredido um taxista. O novo companheiro de equipa era Michael Schumacher, mas como Spa-Francorchamps era um dos circuitos favoritos de De Cesaris, ninguém esperava que o jovem alemão ofuscasse a maior experiência do seu companheiro de equipa. Mas Schumacher foi mais rápido do que todos(!!!!) na segunda sessão de treinos livres e qualificou-se num magnífico sétimo lugar da grelha, enquanto De Cesaris ficou-se apenas pela 11ª posição. Para sorte do italiano, Schumacher nunca mais voltou a guiar para a Jordan, uma vez que ingressou na Benetton na corrida seguinte.

O que sabia sobre Schumacher antes de vê-lo na mesma box em Spa em 1991?

Não muito, para não dizer nada! Nunca fui pessoa de prestar muita atenção ao que os outros faziam nas fórmulas inferiores, por isso nem podia dizer quais os resultados que ele tinha até chegar à F1. Mas tinha ouvido falar dele como um piloto rápido. Mas nem sabia como ele era, nem o que esperar dele.

O que o mais o espantou quando guiaram os dois para a Jordan nesse fim de semana?

A sua confiança. Apareceu aquele miúdo, que sem se intimidar com um circuito como Spa-Francorchamps, num carro onde ele tinha feito apenas algumas voltas em Silverstone, correndo contra Senna, Prost, Mansell e Piquet e que parecia estar completamente à vontade, como se estivesse em casa. Parecia que estava na F1 como um peixe na água e não precisou de muito tempo para conseguir bons tempos, sem cometer erros. É lógico que hoje ninguém se lembra disso, mas tive algumas dificuldades na qualificação e na altura achei que aquele não era o meu limite. Ele superou-me, mas eu tinha tido problemas. Sem sombra de dúvidas ele fez um estupendo trabalho, já que sétimo na grelha era um óptimo resultado para a Jordan, mas mais do que a sua velocidade, foi a sua confiança que realmente me surpreendeu.

E actualmente, quais são os seus pontos fortes?

A sua confiança é ainda muito elevada, pelo que me apercebo, mas ele conseguiu ser um piloto muito, muito forte, desenvolvendo qualidades em várias vertentes. Ele consegue conquistar o respeito da equipa, dirige a Ferrari como ninguém o fazia há muito tempo, é forte tanto em piso seco como no molhado e consegue fazer coisas extraordinárias com carros que não são os melhores.

Acha que ele tem algum ponto fraco?

Sim, tal como toda a gente. Ele não parece ser muito forte quando está sobre pressão muito intensa, tem a tendência a cometer erros nos momentos-chave, mas ele é muito, muito forte. Um dia vai ser confrontado com alguém melhor do que ele, tal como acontece com todos os grandes pilotos e aí será a altura de abandonar. Não sei quando isso vai suceder, se no próximo ano ou nos cinco a seguir, mas certamente que isso vai acontecer. Apesar de tudo, Michael conseguiu registar um estrondoso conjunto de resultados e ele é parte da história do desporto motorizado.

Nelson Piquet

BENETTON 1991

Duas semanas depois de ter espantado o mundo com a sua performance na qualificação para o GP da Bélgica em 1991, eao volante dum carro quase desconhecido, num circuito que também lhe era estranho, Michael Schumacher estava na Benetton ao lado do tri-campeão do Mundo Nelson Piquet. Se já tinha surpreendido na Jordan, schumacher foi ainda mais além na sua nova equipa. De facto, o alemão veio a superar Piquet em quatro das cinco corridas que fizeram juntos, imediatamente antes do brasileiro optar por abandonar a Formula Um.

O que sabia de Michael Schumacher antes da sua chegada à F1?

Não sabia absolutamente nada sobre ele e mesmo depois de Spa não esperava encontrá-lo ao meu lado, uma vez que eu estava perfeitamente sintonizado com Roberto Moreno, que pilotava o segundo Benetton. Tudo o que sabia sobre Schumacher era que tinha corrido nos Sport-Cars e que se tinha saído bem. Depois, em Spa vi que ele era rápido em qualificação, mas como ele só ficou em corrida até à primeira curva, não sabíamos muito sobre ele.

Quais foram as primeiras impressões dele, quando esteve na Benetton?

Como se lembra, ele chegou à Benetton numa altura em que o Roberto Moreno tinha sido afastado da equipa, por isso eu estava desiludido com a equipa e o ambiente era tenso. Ele não se sentia muito à vontade, porque percebia a situação, por isso andava sempre calmo, ao mesmo tempo que tentava aprender o máximo possível sem fazer quaisquer ondas. Esse foi o seu grande mérito que depressa se revelou. E rapidamente entendi que ele era veloz, mesmo muito rápido e que era um tipo que me ia superar mais vezes do que eu a ele.

Na verdade ele fez-me o mesmo que eu tinha feito a Niki Lauda doze anos antes quando entrei na Brabham. Schumacher estava a iniciar a sua carreira na F1, era um grande trabalhador, ouvia todos na equipa, não tentava alterar nada e evidenciou o que tínhamos de melhor. Acho que não havia qualquer diferença em relação ao material que ambos dispúnhamos e o que aconteceu foi que eu estava desmotivado com a equipa, enquanto ele estava a começar a sua carreira. Por isso conquistou o respeito da equipa e isso viu-se nos quatro anos seguintes.

O que achou do seu desempenho na altura?

De certa forma posso efectuar um paralelo com o que me sucedeu no início da minha carreira. Todos aqueles que são determinados e trabalham bastante têm grandes hipóteses de chegar ao sucesso. Além disso, ele tem uma qualidade que é de extrema importância numa equipa: consegue motivar as pessoas ao seu redor, fá-las sentirem-se importantes e que depende delas. Passam assim a sentir a responsabilidade e a tentar dar o seu melhor. É desta forma que ele consegue extrair o melhor de todos os que trabalham para ele. Isso pode-se verificar quando ele mudou da Benetton para a Ferrari e levou uma série de gente com ele. Pessoas em quem ele confiava e que acreditavam nele. É esse o seu segredo na Ferrari – o grupo de pessoas que ele gere ao seu redor.

Fora da pista, como vocês se dão?

Nunca saímos juntos, pois ele não é o meu tipo de homem (risos). Eu estava à procura de alternativas à Benetton, por isso não passava muito tempo com a equipa, enquanto ele estava sempre com o pessoal, por isso nunca chegámos a ter vida social juntos. Dois meses depois eu estava fora da F1. Por isso não houve contacto entre nós.

Acha que o talento dele é comparável ao de outros campeões?

Antes de mais nada, ele está muito longe dos seus adversários! Mas não se pode compará-lo com outros campeões. Gostava de o ter visto numa situação em que estivemos nos anos 80, quando pilotos como o Prost, Senna, Mansell, Lauda, Villeneuve, Pironi, Rosberg e mesmo eu estávamos na F1, o que quer dizer que o nível era bastante elevado, algo que actualmente não acontece. Mas o que importa são os dias de hoje e não existe ninguém para o enfrentar, seja em termos de velocidade, determinação ou capacidade de liderar uma equipa. Por isso ele se mantém durante tanto tempo na F1 e sempre na frente.

Fotos F.S.

Riccardo Patrese

BENETTON 1993

Quando Riccardo Patrese se juntou a Michael Schumacher na Benetton em 1993, este tinha passado pela típica etapa de um piloto de meia-idade na F1. O italiano tinha terminado em segundo no Campeonato do Mundo em 1992 e estava no virar da sua carreira; Schumacher, por seu lado tinha terminado a sua primeira época completa , sendo terceiro na tabela dos pilotos e era um estrela em ascensão.
Aparentemente, esta associação acelerou o declínio da longa carreira de Patrese - 256 corridas, o que o levou a ser, até à data, o piloto com mais participações em GP. Flavio Briatori, patrão da equipa, e Tom Walkinshaw decidiram apoiar com todos os meios a nova estrela, dificultando de tal forma a situação do piloto italiano, que este abandonou no final do ano o circo da F1.

Terminou a sua carreira na F1 quando ainda tinha mais um ano de contracto com a Benetton. Foi por não querer fazer equipa com Schumacher?

De forma nenhuma. No que toca a Schumacher, acho-o um tipo bestial que é desconhecido pela maioria das pessoas. Muitas pessoas não gostam dele, mas se o virmos integrado na equipa, ele é uma pessoa muito agradável, simpática, muito profissional, completamente concentrado naquilo que faz, mas sempre com um olho naquilo que o rodeia.
Fui injustamente tratado na Benetton em 1993, mas a culpa não foi dele. Por contracto, eu era o piloto número um e ele o número dois, mas isso não foi respeitado pela equipa. Ele era muito rápido e estava atrás de mim no início da época. Tinha ainda muito que provar e estava altamente motivado, enquanto eu estava cansado da F1 – tinha andado nisso durante 16 anos! – e não gostava do carro e da forma como a equipa era gerida, por isso arrumei as malas no final da época.

Quais são as melhores qualidades de Schumacher?

É um piloto capaz de inverter uma situação negativa. Orientar a equipa de um mau momento até colocá-la no topo. Para isso empenha-se muito, quaisquer que sejam as circunstâncias e não espera ter o melhor carro para atacar os seus objectivos. Nos anos que se passaram, só ele foi capaz de atacar os McLaren, uma vez que nunca desistiu de fazê-lo. Ainda para mais, quando venceu com a Benetton, nem sequer tinha o melhor carro.

Como o vê como pessoa?

Tal como já referi, ele é extremamente trabalhador e nasceu para ser um líder. Acredito que, tanto na Benetton como agora na Ferrari, ele é admirado por todos, é de facto um homem de equipa. E em termos de velocidade, posso dizer que já tive colegas de equipa muito rápidos, como Piquet ou Mansell, mas de facto ele era mais rápido do que todos os outros. Um dos seus segredos é a sua condição física, aliada à determinação. Os seus treinos físicos são constantes e a sua resistência em corrida é impressionante, já que nunca o vemos cansado no final das corridas. Consegue rodar durante 80 voltas sem sequer lhe escorrer uma gota de suor.

Considera-o um piloto completo?

Muitos dizem que ele não é assim tão bom em qualificação, uma vez que as "poles" alcançadas não coincidem com o número de vitórias, mas ele também nunca teve um carro capaz de fazer "poles" desde que chegou à F1. Ganhou muitas corridas e certamente merece os títulos que conquistou. Quando ele consegue afinar o carro como quer, fica um nível acima do resto da concorrência. Pretende ter um carro que lhe permita travar extremamente tarde e que consiga curvar de forma abruta. É claro que a traseira desliza muito depois, mas ele consegue digerir isso. E como ele está mais perto dos limites, acaba também por cometer mais erros que os outros, mas isso é algo perfeitamente normal.

Martin Brundle

BENETTON 1992

Martin Brundle foi levado para a Benetton no final de 1991, para substituir o aposentado Nelson Piquet e foi o primeiro companheiro de equipa de Michael Schumacher naquela que foi a primeira época completa do alemão na F1. O piloto inglês tinha andado a rondar a equipa há bastante tempo, mas nem mesmo a sua enorme experiência foi suficiente para bater a nova estrela, uma vez que ficou sempre atrás dp alemão nas qualificações e só ocasionalmente se chegou. Uma mente bem equilibrada seguramente ajudou Brundle a manter a sua posição até ao final do ano, mas depois de ter sido afastado pela Benetton, encontrou algumas dificuldades em se manter no topo e tirando o ano em que passou na McLaren-Peugeot, nunca mais conseguiu chegar a uma equipa de ponta.

Olhando para o tempo em que era companheiro de equipa de Schumacher, como foi esse período?

Tenho boas recordações desse ano em que estive na Benetton com o Michael, mas acho que, talvez eu tenha sofrido um pouco, uma vez que ninguém pensava o quão ele era bom. O Patrese foi trazido para a equipa no ano seguinte e questiono-me o que teria acontecido caso tivesse-mos conhecido o Schuey como o conhecemos agora. Vim para a F1 em 1984 – sou da mesma época que o Ayrton – e tive na altura a oportunidade na Benetton naquela que foi a minha nona época. Pilotei para a Tyrrel, Zakspeed e Brabham e estive um par de anos nos Sport-Cars. Portanto, não estava na minha juventude pela quando chegou a minha oportunidade com a Benetton. E, depois, havia aquele Williams que era de outro planeta.

O Michael, é claro, estava já na Benetton quando eu lá cheguei, tendo feito as últimas quatro ou cinco corridas do ano anterior e suspeitei que ele era muito especial. Ele tinha ido para Spa com o Jordan, sem nunca ter ali rodado e qualificou-se em sétimo. O seu companheiro de equipa, Andrea de Cesaris foi 11° numa pista em que era considerado especialista. Na altura não soube disso, mas o pessoal da Jordan disse-me mais tarde que o Andrea ficou chocado, pois não acreditava de jeito nenhum no que o "miúdo" tinha feito. Depois houve todo aquele jogo e Michael acabou na Benetton, onde fez o Piquet parecer uma nódoa. Isso despertou-me a atenção. As pessoas diziam que o Nelson não estava interessado nisso, mas isso não era tão simples assim. Sei qual a forma de um piloto pensar e alguém com talento e capacidade para conquistar três títulos não se deixa levar pela chegada de um miúdo, independemente do lugar onde este se encontra. O que mais me surpreendeu foi a forma como o Michael superou o Nelson nas qualificações, assim como nas corridas. Em Monza, na primeira vez que estiveram juntos, Michael terminou com 10 s de vantagem sobre o Nelson.

O Pat Symonds disse-me-se uma vez, acerca da velocidade em qualificação de Michael, que para o Nelson tudo o que interessava era batê-lo nos treinos. Não se importava tanto com a corrida, e só queria um carro capaz de bater Schumacher na qualificação. Conseguiu-o na última corrida em Adelaide, mas o Pat não teve coragem de lhe mostrar os dados da telemetria relativos à volta de Michael, onde se

Fotos F.S.

via que ele tinha sido mais rápido até falhar uma passagem de caixa.

Como se deu pessoalmente com Schumacher?

Depressa descobri com quem Nelson tinha estado a competir. Na altura, oMichael era apenas um miúdo, ainda em aprendizagem, mas tinha já uma velocidade impressionante. Muitas vezes era inacreditavelmente rápido. Era igualmente sensato e muita vezes era um autêntico operador político. Como muitos outros pensavam na altura, ele era também ingénuo. Levassem-no para fora da pista e era apenas um miúdo. Num jantar, ele não sabia com que mão há de pegar no garfo e na faca. É do tipo de miúdo que só queria atirar-se para o sofá, enrolado com a namorada e assistir a um filme. No entanto, no cockpit ele já era diferente.

Nunca consegui batê-lo em qualificação durante o ano e devo admitir que isso me perturbou. Mas quando se vê o que ele fez nesse ano, foi algo de espantoso. Tínhamos um Ford V8 que era bastante pontiagudo na sua utilização e ela era o único capaz de se qualificar nos seis primeiros. Uma vez que tinha a minha cabeça envolvida no facto de não conseguir responder-lhe com uma volta-canhão, passei a concentrar-me mais nas corridas e aí tive um pouco mais de êxito. Durante uns tempos, ele ficou um pouco perturbado por eu o ter passado em Montreal. Durante umas duas corridas a sua condução passou a ser mais agressiva – bateu em Senna em França, por exemplo. Mas depois ele acalmou e apercebeu-se que poderia aprender alguma coisa comigo.

Em Silverstone passei-o logo na partida e também passei o McLaren de Senna antes da primeira curva. Foi uma corrida especial para mim. Foi a primeira vez que tivemos um disputa desde os tempos da F3 e posso dizer que fiz uma das minhas melhores corridas de sempre. Consegui manter o Senna atrás. Depois ele teve problemas de caixa e eu terminei em terceiro. Michael foi quarto, a cerca de 5s de mim se bem me lembro. Olhando para trás, isso dá-me muita satisfação. É algo que não acontece todos os fins de semana.

Eu deveria ter ganho na chuva de Spa nesse ano, mas Michael teve uma saída de pista, com o asfalto a secar, e quando eu o passei, ele olhou para o estado do meus pneus traseiros e apressou-se a ir às boxes. Foi uma decisão acertada e isso fez-me pensar nele como alguém capaz de tomar decisões no calor do momento. Foi a sua primeira vitória e eu soube logo que não ia ser a última.

Que qualidades vê nele?

Desde o início que tive uma boa impressão dele. Tinha a confiança natural de quem sabe que está destinado para as grandes coisas. Tinha Willy Weber por trás dele e uma aura ao seu redor. Era educado, afável e nunca houve qualquer problema entre nós – um bom miúdo. Tínhamos uma boa relação e ainda temos. Tem os reflexos de um gato e a confiança de um homem que é campeão do mundo por seis vezes e que ganha cem milhões de dólares. Não entendo a sua postura como arrogância. Ele consegue fazer com que um carro ganhe. A sua condição física permite-lhe guiar em cada volta nos limites, seja no plano físico ou mental.

JJ Lehto

BENETTON 1994

JJ Lehto esteve com Michael Schumacher na Benetton durante a época de 1994, mas falhou as duas primeiras corridas do ano, devido a um acidente em Silverstone, um mês antes do início do campeonato. Quando regressou, Lehto esteve ao seu melhor nível nas suas duas primeiras provas com a Benetton, qualificando-se perto do alemão. No entanto, depois do acidente ocorrido durante a partida para o GP de San Marino, a sua performance decaiu bastante. A tal facto não foi indiferente a morte de Ratzenberg, do qual Lehto era muito próximo. Depois de ter marcado um ponto no GP do Canadá, a equipa subsituiu-o e Lehto só voltou à Benetton para substituir o então suspenso Schumacher durante os GP de Itália e Portugal. Mas acabou por ser afastado da equipa ainda antes do final da época.

O que sabia de Schumacher antes de entrar para a Benetton?

Na verdade, pouca coisa. Ele tinha sido muito rápido desde o seu início na F1 e entrou logo para uma equipa de topo. Tivemos algumas disputas em 1993, quando eu estava na Sauber, mas não posso dizer que saibia muito acerca dele. Bem, ainda hoje não sei muita coisa... Encontrámo-nos entre os GP de Japão e da Austrália no final de 1993 e fomos fazer mergulho juntos. Foi divertido e ele pareceu-me simpático.

Quando entrou para a equipa, como é que foi o vosso relacionamento?

Fiz muitos testes de Inverno com o carro antigo, mas ele quase não testou e, por isso, conheci a equipa sem a sua presença. Depois nunca tive a oportunidade de trabalhar de perto com o Michael, devido ao meu acidente antes da época de 1994. E o que aconteceu em Imola foi muito negativo para mim. Tinha muita coisa em que pensar a respeito de tudo e, também em relação à minha forma de pilotar. Mais tarde, quando no final da época o Flavio (Briatore) me deixou pilotar de novo, o Schumacher estava suspenso e eu tive de trabalhar com Jos Verstapen. É um pouco difícil de explicar, por isso, que relacionamento tivemos, pois quase não corremos juntos.

Fotos F.S.

Sentiu que a equipa estava a trabalhar mais para ele do que para si?

Devo dizer que sim. Isso era um facto mais do que óbvio, que toda a Benetton estava construída à volta de Schumacher. Eu mesmo tive que realizar sessões à procura de afinações que o servissem exclusivamente e não a outros pilotos. Como pessoa ele era muito justo e directo, mas acho que nunca revelava tudo o que sabia. Mas não posso dizer que esta tenha sido uma decisão tomada pela equipa antes do início da temporada ou que tenha sido tomada devido à situação do campeonato. Como eu não estive presente em duas corridas e tive um acidente na partida para a terceira prova, na altura em que fomos para Espanha ele tinha já 30 pontos, enquanto eu não tinha nenhum. Isso colocou-me numa situação delicada, já que ele era muito bem sucedido e estava na frente do campeonato desde o início. Naquelas circunstâncias, era óbvio que a equipa estivesse toda centrada nele, enquanto eu tinha que fazer o que me era proposto. Não se pode esquecer que na F1, o companheiro de equipa é sempre um inimigo, e isso aceito até hoje. Ele é uma boa pessoa e também um bom piloto.

Ainda tem algum contacto com ele?

Não. Quando abandonei a F1 estava completamente saturado e nem sequer seguia as corridas. É claro que ainda vivia no Mónaco, antes de me mudar para os Estados Unidos e que agora voltei ao Mónaco, mas nem por isso tenho vida social com outros pilotos. Aliás, o Schumacher deixou de viver no Mónaco, sendo ainda mais raros os nossos encontros. Se nos encontramos será por mera coincidência mas falaremos um com o outro, já que não existe qualquer inimizade entre nós.

Jos Verstappen

BENETTON 1994

Se pilotos veteranos como Brundle e Patrese tremeram quando fizeram equipa com Michael Schumacher, imagine-se o que sentiu um verdadeiro estreante como Jos Verstappen quando alinhou ao lado do alemão e formou a equipa da Benetton no início de 1994. Vindo directamente da F3, o piloto alemão foi contratado pela Benetton como piloto de testes, mas quando JJ Lehto ficou ferido no pescoço devido ao seu acidente, Jos Verstappen foi chamado para o substituir e é claro que se debateu com dificuldades face ao número um da equipa. Há quemdiga que Verstappen nunca recuperou da sua primeira má experiência, mas o holandês tem outra visão.

Como foram as coisas com Schumacher quando estava na Benetton?

O que sucedeu em 1994 é que eu era ainda muito novo e não sabia o que esperar. É claro que a Benetton era uma equipa de ponta e lancei-me de cabeça. Agora que conheço melhor a F1, e como as coisas são, foi de facto demasiado cedo. E o Michael era na altura o mais rápido, o que tornava as coisas ainda mais difíceis. Fiz F3 alemã – depois dele, é certo – mas já sabia alguma coisa sobre ele desde os tempos do karting. Tivemos várias disputas em pista e ele era sempre muito rápido.

Quais as suas impressões sobre ele?

A minha primeira impressão quanto a '94 é que para ele era extremamente simples chegar aos seus limites. Não sei se ele usava técnicas diferente, mas eu tive bastantes problemas naquele tempo e não estive muito concentrado naquilo que ele fazia. De certeza que ele tinha mais conhecimentos técnicos que qualquer outro piloto. As pessoas dizem que ele aplica o seu estilo de condução dos karts na F1 e acho que é verdade. E ele tinha o material certo para o fazer. Não se trata apenas da afinação do carro, mas sim uma série de factores.

Como foi a experiência em 1994, do seu ponto de vista?

Estávamos em diferentes patamares. Ele era já um piloto seguro na Benetton quando entrei para a equipa e estava a competir para o título. Com nenhuma experiência, havia muito pouca coisa que eu pudesse fazer para o ajudar. O que mais me impressionava era a sua capacidade de concentração. Ele tem muito talento e acho que tudo lhe é fácil a partir daí. Mas ele sabe que também tem que haver um máximo de informação de cada área para aprofundar as suas qualidades e isso aplica-se também a ele.

Como se relacionava com Schumacher? E como se dão hoje?

Demos nos bem e essa relação ainda é boa. Ainda o costumo ver regularmente. Acho que ele gosta de mim, gosto dele e falamos frequentemente e divertimo-nos os dois. Na semana anterior ao GP da Áustria deste ano, ficámos uma semana inteira juntos com as nossas famílias num hotel a cerca de 50 kms/h do A1-Ring, o que foi óptimo para as crianças. Divertimo-nos imenso. Eu falo um pouco de alemão e acho que ele aprecia isso.

Acha que ele tem pontos fracos?

Acho que é difícil encontrar qualquer fraqueza nele. Caso haja alguma, ele sabe disso e esconde-a. É claro que não consigo evidenciar nenhuma. Todos cometemos erros, mas ele comete poucos. É sempre rápido quando tem que ser. Não quero assustar ninguém, mas aviso qualquer seu futuro companheiro de equipa que vai ter uma vidinha muito complicada ao seu lado!

Johnny Herbert

BENETTON 1995

Quando Johnny Herbert se juntou a Michael Schumacher nas duas últimas corridas de 1994, já ninguém duvidava do estatuto de piloto número um do alemão. Senna tinha morrida cinco meses antes e Herbert foi o escolhido para disputar os GP da Austrália e do Japão para ajudar Schumacher na conquista do seu primeiro título.

Para 1995 Herbert passou a ter volante a tempo inteiro na Benetton, mas apesar das duas vitórias conseguidas, de ter terminado em quarto no campeonato de pilotos e ter ajudado a equipa a chegar ao único título de construtores, foi afastado da equipa no final da época, em parte devido à sua inimizade com Flavio Briatore. Schumacher e Herbert nunca foram amigos e nem sequer chegados. O piloto britânico foi o único companheiro de equipa de Schumacher a ganhar uma corrida enquanto fez equipa com o alemão na Benetton, mas, mesmo assim, depois de ter sido tratado como se se não existisse por Briatote saiu no final do ano, vendo-se forçado a alinhar por equipas do meio do pelotão.

O que sabia acerca de Schumacher antes de ter feito equipa com ele na Benetton no final de 1994?

Sabia que ele era uma delícia, uma delícia de Campeão do Mundo, mas uma delícia difícil! Piadas à parte, conhecíamos-nos um pouco e era óbvio que o seu talento era tremendo, assim como a sua velocidade e não tinha qualquer dúvida que ele ia liderar a equipa. Vi o que acontecera com o JJ Lehto e o Jos Verstappen e, por isso, não estava à espera de ser tratado de modo diferente. Mas era a minha hipótese de deitar as mãos a um carro ganhador e não podia recusar essa oportunidade. No fundo, acreditava que as coisas acontecessem da forma como sucederam. Fiquei, isso sim, surpreendido pela proporção das medidas tomadas contra mim, ou para ser mais concreto a favor do Michael. Sabia que as coisas não iam correm à minha maneira e sabia que ia ser duro, mas nunca esperei que se chegasse a tanto.

Em alguma fase sentiu que lhe tinham dado uma oportunidade de se comparar directamente com Schumacher?

Não, de forma alguma. Tudo começou bastante cedo na pré-época. Quase só testei quando estava a chover, mas quando estava piso seco era o Michael quem andava. Mesmo assim éramos competitivos quando fomos para a primeira corrida da época, o GP do Brasil. Ele qualificou-se em terceiro e eu atrás dele na quarta posição. Tinha passado um muito tempo desde que ele tivera um companheiro tão perto de sí e e acho que ele não gostou muito da experiência.

Fomos para a Argentina, vemos uma primeira qualificação bastante molhada na sexta-feira, na qual eu acabei por ser mais rápido do que ele! Foi por menos de 1/10 de segundo, é certo, mas é claro que lhe abri os olhos. Logo a seguir ao briefing técnico, já quase de noite, ele veio ter comigo e disse-me que "eu guio de uma forma muito particular e não quero que saibas de algumas coisas que faço ao carro, por isso o melhor é não vermos os dados da telemetria um ao outro!" Disse-lhe que por mim não havia qualquer problema em ele ver os meus resultados e tentar fazer o que eu fazia, mas então ele foi falar com o Ross Brawn que era o Director Técnico da altura. Na manhã seguinte fui a nova reunião e foi-me dito que não podia ver os dados do Michael, mas que ele podia ver os meus, o que ele certamente fez!

Depois, antes do GP de Inglaterra, fiz três dias de testes em Silverstone, conseguindo uma boa qualificação, e acabei por vencer a corrida depois do Michael se ter embrulhado com o Hill. Isso aumentou a minha confiança, mas não houve mais

Fotos F.S.

testes para mim durante uns tempos e quando me foi permitido ver os dados do Michael o mal estava já feito e não consegui fazer os seus tempos por volta no final da época. Por isso, foi-me difícil competit, mas era algo que já esperava. O que não esperava que acontecesse era que estas informações saíssem da equipa ao ponto das pessoas das outras equipas e a imprensa falarem disso. Mas isso parecia não importar muito ao Michael e ao Flavio. Deixámos até de ter reuniões conjuntas, já que não tínhamos nada a dizer um ao outro.

Mesmo sem ter acesso à sua telematia, você pode observá-lo em pista, ao longo de muitos anos. Quais os seus pontos mais fortes e os seus pontos débeis?

Em primeiro lugar, a sua determinação, o seu empenho total. A sua confiança parece não ter limites, mas para isso também contribui o facto de nunca ter tido um carro verdadeiramente mau, pois ganhou corridas em todos os anos, nunca esteve numa equipa pequena e nunca pilotou um carro verdadeiramente mau. Aliás, ele foi uma sensação em 1991, mas toda a gente que pilotou o Jordan pareceu um héroi, do Gachot ao de Cesaris, passando pelo Zanardi e pelo Moreno.

Mas foi na Benetton que ele se fez e teve todo o apoio do Flavio Briatore e do Tom Walkinshaw. A equipa apoiou-o integralmente, aceitou os seus erros e deixou-o progredir tranquilamente em 1992 e 1993. Tudo aconteceu progressivamente, sem que os acidentes ou problemas políticos o afectassem.

Basta olhar para a carreira do Ayrton Senna e perceber que ele enfrentou obstáculos muito maiores. Veio directo da Fórmula 3, enquanto o Michael andou dois anos nos Sports Cars e começou com a Toleman, que não tinha carros competitivos e vivia com enormes problemas internos. Mesmo assim, na sua quarta ou quinta corrida, no Mónaco, só não ganhou porque pararam o Grande Prémio. Isso foi uma façanha e do meu ponto de vista o Ayrton teve de trabalhar muito mais que o Michael para chegar ao topo, porque o Schumacher teve o seu caminho bem aberto pela equipa.

E quando eles correram um contra o outro, especialmente em 1993 quando tinham motores semelhantes, mas a Benetton tinha a versão mais evoluída, a diferença foi evidente, pois o Ayrton andou sempre à frente do Michael. Mesmo em 1994, quando o Williams FW16 era horrível de pilotar, o Ayrton conseguiu três poles antes do seu acidente, batendo sempre o Michael. È certo que perdeu no Brasil, mas mais tarde viemos todos a saber que a Benetton fazia batota com os sistemas electrónicos e, também, com os sistemas de reabastecimento. Por isso é que digo que o Schumacher nunca bateu o Ayrton numa luta honesta.

É claro que o Michael melhorou muito nos últimos nove anos, mudou-se para a Ferrari levando consigo os melhores elementos da Benetton, mas continua a ter a equipa a funcionar à sua volta e isso reflecte-se nos resultados do Rubens. Mas compare-se com o Mika Hakkinen, que não liderava a equipa como o Michael faz, mas integrava-se lindamente na McLaren e veja-se o sucesso que ele teve quando lhe deram um carro ganhador. Ele bateu o Michael dois anos seguidos e este ano o Raikkonen, com material muito inferior, esteve quase a conseguí-o. É por isso que digo que o Michael é muito bom, mas não acho que seja sempre o melhor e muto menos imbatível.

Tendo assinado um contracto com a Benetton, não acabou por sentir que estava a pilotar para a equipa do Schumacher?

Devo dizer que sim. O Michael faz as coisas de forma clara e egoísta. Não tenho nado contra o que ele faz, pode até ser essa a forma como se gere uma carreira na F1, mas faz parte do espírito de equipa partilhar a informação que se tem de modo a que o carro evolua o mais possível, o que não acontecia com a Benetton ou a Ferrari, pelo menos nos primeiros anos.

Do seu ponto de vista, quais são os pontos fracos de Schumacher?

Acho que já os vimos em 1994 com o Damon e em 1997 com o Jacques, bem como em várias ocasiões contra o Mika Hakkinen. Façam uma corrida colados ao carro dele e verão os seus erros, enquanto alguém como o Mikka Hakkinen pode conduzir 70 voltas no limite sem fazer uma trajectória errada. Mas não é por isso que deixa de ser o melhor piloto da actualidade.

Eddie Irvine

FERRARI 1996-1999

Eddie Irvine foi o primeiro piloto a estar mais de uma época com Michael Schumacher como companheiro de equipa, já que ambos estiveram junto durante quatro anos na Ferrari. Com uma personalidade muito especial, o escocês nunca deixou que a superioridade do alemão o atingisse e geriu bem uma situação que destruiu a saúde mental de muitos pilotos.
O facto de ter estado durante quatro anos ao lado de Schumacher, deu a Irvine uma excelente percepção do modo de trabalho do alemão, mas ainda hoje há algumas situações que deixam Irvine espantado.

Qual foi a razão que o levou a aceitar ser o número dois de Schumacher desde o final de 1996?

Foi uma enorme reboliço e confusão quando foi anunciado que eu ia fazer equipa com o Schumacher na Ferrari em 1996. Mas se pensarmos nisso, era algo facilmente compreensível. Tinha estado na Jordan e aproximava-se a altura de dar um passo em frente na minha carreira. Apesar da equipa ter potencial para atingir o topo, não era algo que pudesse acontecer de imediato. É claro que eu sabia de antemão qual seria a situação na Ferrari, mas também sabia que com o Michael, o Rory e o Ross eu poderia chegar lá. Só disse ao Eddie Jordan: " Mete-me na Ferrari."
Sabia também que o Michael era estupidamente rápido onde quer que fosse. Pelo que me apercebi, o mínimo que eu ia ganhar era material idêntico ao dele, arrecadar algum dinheiro e havia também o factor Ferrari. Quem não quer guiar para a Ferrari?

Qual é a maior qualidade de Schumacher?

Saber que é um dos mais rápidos é uma delas, mas é a sua postura que sobressai. Não consegui percebê-lo à primeira. Ele era simplesmente, muito, muito rápido. Existe uma curva muito rápida em Mugello, a Arrabiata, onde eu, o Alesi, o Berger e o Larini passámos praticamente todos à mesma velocidade. Mas ele era qualquer coisa como 25km/h mais rápido do que todos nós! Não faço ideia como era capaz. O engenheiro de corrida do Michael, o Lunetta, disse que um dia Alesi tinha tentado passar naquele ponto a mais de 20 km/h do que o habitual e foi nessa vez que ele saiu de pista e partiu o pescoço!
Outro ponto forte é que ele nunca baixa os braços. Talvez tenha mudado um pouco ultimamente. Está a ficar um pouco velho e acho que está a achar os testes algo monótonos. Mas quando estávamos lá- Meu Deus! Quando não estava a testar, estava a treinar ou a conduzir um kart. Era de loucos! Não sei o que se passa de errado com ele. Talvez tenha sido um miúdo horroroso, com quem ninguém falasse e agora quer recuperar o tempo perdido. Mas existe, de facto, algo de errado com ele.
Lembro-me daquele primeiro ano. Não sei como, mas ele conseguiu vencer três corridas com aquela autêntica desgraça que era o F310. Alguns mecânicos da equipa de testes, mesmo os mais velhos, pareciam ter receio dele. Observavam-no a cada passo. Para ele a vida era como " Olá pessoal! Estou aqui!" e eles faziam tudo o que ele queria. Mas acho que foi preciso metade de uma época para lhe fazerem um banco que lhe agradasse minimamente.
Para um seu companheiro de equipa é natural que passado algum tempo, se comece a ficar um pouco desmoralizado e nessa altura, um piloto não se pode deixar adormecer. Tens que dizer para a tí próprio: OK, ele é o Mestre, e se estou perto dele é porque estou a andar bem.

Como era o seu relacionamento com Schumacher?

Fora do carro davamo-nos bem a maior parte das vezes. Ele não é propriamente o companheiro ideal para uma festa, mas também não é um desmancha prazeres. É muito metido com ele mesmo e é um sujeito aceitável. Trabalhar com ele foi importante e nunca houve qualquer problema, pois eu sabia naquilo em que me ía meter. É claro que sempre tive em menye que ele podia escorregar numa casca de banana ou qualquer coisa do género, como aconteceu em 1999. Então tive a minha oportunidade de me lutar pelo campeonato até ao fim. É por isso que acho que o meu pensamento inicial estava correcto – mais valia ser segundo piloto do Schumacher na Ferrari do que primeiro em qualquer outra equipa.

Fotos L. Gorys

Rubens Barrichello

FERRARI 2000-2003

A nona vítima de Michael Schumacher é Rubens Barrichello. Depois de sete anos na Formula Um, o piloto brasileiro passou para uma equipa de topo, mas ao se juntar ao alemão na Ferrari, teve que aceitar o mais difícil trabalho na F1 – estar ao lado de Schumacher numa equipa construída ao redor do melhor piloto da sua geração.
Desde o princípio que Barrichello teve que se esforçar para atingir a velocidade do Schumacher, mas aos poucos aproximou-se do seu companheiro de equipa e na segunda metade de 2003 bateu-o por diversas vezes.

Chegou à F1 18 meses depois de Schumacher, numa altura em que ele era já um piloto de topo, enquanto era um estreante. Como assistia à performance dele nessa altura?

Estava demasiado absorvido na minha carreira e no meu trabalho na Jordan para dar atenção ao Schumacher, mas em 1993 ele esteve muito envolvido em grandes batalhas com o meu amigo e ídolo Ayrton Senna, por isso sabia dele. Sabia que era extremamente rápido, mas na altura Senna era o melhor piloto do mundo e acabou por bater sempre o Michael. Depois, quando Ayrton morreu, não havia ninguém para enfrentar o Michael e durante dois anos tudo lhe correu de feição, ganhando dois títulos mundiais. Acredito que, caso ele tivesse ficado na Benetton talvez tivesse ganho um terceiro título, mas, tal como eu, a tentação de guiar para a Ferrari foi enorme, e ele acabou mesmo por ingressar na equipa italiana em 1996.

Conhecia a personalidade dele antes entrar para a Ferrari?

Conhecíamos-nos os dois um pouco, mas não tanto assim. Ele morava no Mónaco, enquanto eu vivia em Cambridge; e quando me mudei para o Mónaco, ele já estava na Suíça. Por isso nunca nos víamos fora das pistas.

Do ponto de vista profissional, eu sabia o que me esperava – ia-me ser entregue a tarefa de me juntar ao melhor piloto do mundo e integrar uma equipa construida à sua volta. É claro que não fizemos testes juntos até o carro estar pronto, e foi só na semana promocional em Madonna di Campidoglio que realmente nos conhecemos e nos demos bastante bem.

Nunca se sentiu excluído do núcleo duro da equipa?

Não, já que sempre insisti em fazer parte do planos de desenvolvimento de todos os carros e isso permitiu mostrar à equipa que era capaz de fazer bem o meu trabalho. A partir de então, passei a tomar parte nas decisões e no processo de evolução do carro. Mas o Michael e o Ross Brawn já trabalham juntos há 12 anos e conhecem-se tão bem que é difícil a aguém intrometer-se nessa relação.

Mas tenho sempre dito que o Ross tem sido muito justo comigo, seja em testes ou nas corridas. É um tipo que se ocupa da estratégia e é muito difícil visualizar dois pilotos ao mesmo tempo, enquanto se dá uma olhadela ao que os outros estão a fazer, mas ele tem feito tudo para me ajudar nas corridas. De momento acho que estou a testar tanto como o Michael, uma vez que temos tido tempo de descanso em cada três ou quatro corridas, mas com ele na liderança do campeonato, é natural que a equipa desenvolva mais o carro ao seu estilo do que ao meu. Mas estou a trabalhar bem com o meu engenheiro de corrida, temos a melhor afinação para o meu carro e os resultados estão a aparecer.

O que o mais impressiona em Schumacher?

Nada é deixado ao acaso na forma que ele trabalha. É um processo completo que faz dele o melhor piloto do mundo. Ele é extremamente rápido, seja em qualificação ou corrida, tem a capacidade de fazer 80 voltas sem cometer qualquer erro, possui ainda uma tremenda determinação e motivação. Ele nunca, nunca desiste.

Consegue tirar o melhor partido do carro e da equipa em cada ocasião e é 100% concentrado naquilo que faz. Tem ainda a vantagem de ter trabalhado com equipas de topo desde que chegou à F1 e isso dá-lhe uma bagagem técnica que é difícil de igualar quando nunca se pilotou para uma equipa de ponta. Consegue motivar todos ao seu redor, convencendo-os sempre que é possível ganhar, é um desportista e todos estes factores criam um conjunto muito forte.

Acha que ele tem pontos fracos no meio de tantas qualidades?

Ninguém é perfeito e algumas vezes ele comete erros e perde-se um pouco, o que não é muito comum. Mas acontece a todos nós, duas a três vezes por época e a ele também. Existem corridas em que ele parece intocável, mas há outras em que sinto que posso competir com ele.

Michael Schumacher

Nacionalidade Alemã
Data de Nascimento 3 de Janeiro de 1969
Local Hüerth Hermuehlheim - Alemanha
Estréia em GP Bélgica (25 de Agosto de 1991)
Primeira Vitória Bélgica (30 de Agosto de 1992)

TEMPORADA	2003	2002	2001	2000	1999	1998	1997	1996	1995	1994	1993	1992	1991	1991	TOTAL
Equipe	Ferrari	Ferrari	Ferrari	Ferrari	Ferrari	Ferrari	Ferrari	Ferrari	Benetton	Benetton	Benetton	Benetton	Benetton	Jordan	
Campeonato															
Classif.	1º	1º	1º	1º	5º	2º	Exc.	3º	1º	1º	4º	3º	12º	0	
Pontos	93	144	123	108	44	86	78	59	102	92	52	53	4	0	1038
GPs	16	17	17	17	9	16	17	15	17	14	16	16	5	1	193
Grid															
Poles	5	7	11	9	3	3	3	4	4	6	0	0	0	0	55
1ª fila	6	13	13	12	5	6	7	5	10	12	1	1	0	0	91
NQ	0	0	0	0	0	0	0	0	0	0	0	0	0	0	0
Melhores															
V+R	5	7	3	2	5	6	3	2	8	8	5	2	0	0	56
Classif	1º	1º	1º	1º	1º	1º	1º	1º	1º	1º	1º	1º	5º	0	
Vitórias	6	11	9	9	2	6	5	3	9	8	1	1	0	0	70
Pódios	8	17	14	12	6	11	8	8	11	10	9	8	0	0	122
Seis primeiros[a]	15	17	15	13	7	12	13	9	12	10	9	11	3	0	146
Voltas no comando	300	558	532	549	176	267	299	114	456	633	63	11	0	0	3958

[a] a partir de 2003 8 primeiros

L. Ggorys

Renault

Pela via da inovação

Renault

Pela segunda vez na sua história, a Renault optou pela inovação técnica para tentar chegar ao sucesso na Fórmula 1. Construtores à procura de vitórias nos Grande Prémios não têm faltado nos últimos 26 anos, desde que a Régie decidiu dar luta à Ferrari e aos Ford Cosworth, quando estes monopolizavam a Fórmula 1, mas poucos se podem vangloriar de ter chegado ao sucesso de forma tão convincente como a marca francesa. Na verdade, não faltam exemplos de construtores que abandonaram a Fórmula 1 sem qualquer sucesso no seu palmarés, vergados às dificuldades técnicas impostas pela categoria maior do automobilismo.

Se a Renault chegou ao sucesso nas suas duas primeiras aparições no mundo dos Grande Prémios, a verdade é que o caminho até ao primeiro triunfo foi longo e penoso, resultado da arriscada opção pela tecnologia turbo, que nos anos 70 dava ainda os seus primeiros passos na competição ao mais alto nível. Já na segunda aventura da Renault na Fórmula 1, em associação com a Williams, os resultados apareceram depressa e durante meia dúzia de anos a Renault venceu com regularidade, antes de voltar a abandonar os Grande Prémios. Passada a fase em que construiu motores para um "cliente" que não era mais do que uma face escondida da própria empresa, a Renault acabou por abrir o jogo no início de 2002, adquirindo a equipa Benetton e passando a ser responsável, como em 1977, pela construção integral dos seus carros. A diferença é que desta vez o departamento de chassis está em Inglaterra, enquanto os motores continuam a ser construídos em Viry-Châtillon, numa divisão que deu os seus problemas, mas também começa a dar frutos, como se viu pela impressionante vitória de Fernando Alonso no Grande Prémio da Hungria.

1977-1978

Aposta no turbo

Paolo D'Alessio

A entrada da Renault na Fórmula 1 não podia ter sido acolhida com maior cepticismo. Não porque se duvidasse da capacidade da marca francesa em obter resultados nos Grande Prémios, mas porque os franceses tinham optado por construir um motor dotado de turbo compressor, tecnologia que era penalizada com um limite de 1500 cc de capacidade, contra os 3000 cc permitidos aos motores normalmente aspirados. Um handicap que tinha como objectivo desencorajar qualquer tentativa de utilização dessa tecnologia, mas que não foi suficiente para travar o entusiasmo dum grupo de jovens engenheiros, liderados por François Castaing e que tinham em Bernard Dudot o seu grande impulsionador.

Na altura os 500 cv do motor Ferrari de 12 cilindros eram considerados imbatíveis, mas o menor peso dos Ford Cosworth V8 permitiam que os seus utilizadores vencessem Grande Prémios, apesar do motor britânico não ultrapassar, na altura, os 475 cv. Na Renault concluiu-se que o limite para um motor normalmente aspirado estava quase atingido, enquanto com a tecnologia turbo não havia, ao tempo, um limite estabelecido, pois dependendo dos materiais a utilizar, a incrível barreira dos 1.000 cv poderia ser ultrapassada.

Vencedora nos Carros de Sport, onde o handicap imposto aos turbo era de "apenas" 40 por cento, a Renault investiu a fundo no projeto de Fórmula 1, testando um motor com 1492 cc durante um ano, tanto no banco de ensaios como instalado num chassis-laboratório, e os resultados, mesmo se modestos, encorajaram a equipa francesa a dar o grande passo e estrear-se, com chassis e motor feitos em casa, no Grande Prémio da Grã-Bretanha de 1977, com o veterano Jean-Pierre Jabouile ao volante do único carro inscrito.

Para aumentar as suas dificuldades, a Renault aliou-se à Michelin, outra estreante absoluta na Fórmula 1 e os resultados conseguidos até ao final dessa temporada foram paupérrimos. Por isso, foi desenhado um novo chassis, enquanto o motor foi sendo modificado, para aumentar a sua competitividade e ultrapassar os inúmeros problemas de fiabilidade que apresentou desde a sua estreia.

Pouco a pouco Jabouille foi-se aproximando dos lugares da frente, sendo notório que nas pistas onde a potência contava o carro amarelo portava-se melhor do que nas pistas sinuosas – tanto por deficiências do chassis como pelas dificuldades encontradas com o tempo de resposta do turbo – e só no G. P. dos Estados Unidos, mesmo no final da temporada, é que o francês marcou os seus primeiros pontos, com o 4º lugar conseguido em Watkins Glen.

1979
Biturbo e primeira vitória

Apesar da modéstia dos resultados, a marca francesa continua a apostar na Fórmula 1, inscreve um segundo carro para René Arnoux desde o início de 1979, constrói o seu primeiro carro-asa e consegue uma merecida pole em Kyalami, aproveitando a rarefacção do ar na pista sul-africana, que penalizava os motores normalmente aspirados sem retirar grande potência aos turbo. Mas era preciso dar um passo em frente a nível tecnológico e isso acontece com a chegada da tecnologia biturbo, vista pela primeira vez no G. P. do Mónaco, aumentando a velocidade de resposta do motor às solicitações do acelerador. Esta solução, tira o melhor partido do facto de algumas peças passarem a ter menores dimensões e, por isso mesmo, menor inércia, reduz os tempos mortos da resposta do turbo, ao que se diz na época, em cerca de 50 por cento.

Os resultados não se fazem esperar e no G. P. de França a Renault consegue a sua primeira vitória na Fórmula 1, sempre com Jabouille, enquanto Arnoux também termina no pódio, num resultado de sonho da marca gaulesa na corrida de casa. Pole positions começam a estar na ordem do dia, mas a fiabilidade continua a ser o ponto fraco do motor turbo, condenando os seus dois pilotos a múltiplos abandonos.

1980-1983
Vitórias e muitas desilusões

Os quatro anos seguintes serão os mais frustrantes da história da Renault na Fórmula 1. Se em 1980 Arnoux vence dois Grande Prémios e Jabouille outro, daí para a frente a marca francesa corre com o objectivo de vencer o Mundial, mas falha em três anos consecutivos. Prost, que substitui Jabouille, fica longe dos objectivos em 1981 e 1982, mas a maior desilusão estava guardada para 1983. O pequeno piloto francês lidera o Mundial praticamente desde o início, mas a evolução técnica parece estagnar depois do G. P. da Áustria e os 14 pontos de vantagem sobre Piquet não são suficientes para evitar a derrota no final do ano, com problemas pessoais a afectarem a relação do piloto francês com Gerard Larrousse, o patrão da equipa. No final, Prost é despedido e a Renault não volta a vencer um Grande Prémio, fechando a equipa no final de 1985, para continuar mais um ano, mas apenas como fornecedora de motores.

1983-1986

Sucessos em associação

Fotos F. S.

Já em 1983 a Renault tinha aceite fornecer motores a outras equipas, na tentativa de aumentar as suas hipóteses de sucesso. A Lotus é a primeira beneficiária desta nova política, juntando-se-lhe a Ligier em 1984 e a Tyrrell na segunda metade de 1985. Todas ficam ligadas à marca francesa até ao final de 1986, quando a Régie decide terminar o seu envolvimento na Fórmula 1, mas só a Lotus consegue resultados de relevo, mais por força do talento dum certo Ayrton Senna do que por méritos de chassis ou de motor. O brasileiro vence dois Grande Prémios em 1985 e outros tantos em 1986, mas quer motores Honda para 1987 e a Renault, sem equipa de ponta ou piloto de primeiro plano, opta por deixar a Fórmula 1 sem nunca se sagrar Campeã do Mundo, no final de 1986.

1989-1997

O V10 papa-vitórias

Mas quando a marca francesa deixa a Fórmula 1, sabia que os motores turbos estavam condenados a desaparecer, por imposição do regulamento e começa, de imediato, a preparar o seu regresso para 1989, então com um V10 normalmente aspirado, aberto a 72º. Posta de parte a hipótese de refundar a equipa, a Renault vira-se para a Williams, que durante nove anos vai ser a sua parceira, no melhor período de ambas as companhias na Fórmula 1.

Logo em 1989 Thierry Boutsen dá a primeira vitória ao motor francês e tanto ele como Riccardo Patrese também são vencedores no ano seguinte. Mas é com o regresso de Nigel Mansell à Williams, em 1991, que os resultados começam a aparecer. Na base destes sucessos, a que falta o título mundial nesse primeiro ano, mas que são consecutivos a partir daí, estão a excelência do motor francês, mas também a superioridade tecnológica da Williams – a pioneira em suspensões activas e transmissões automáticas, bem como nos controlos de tracção – e a aerodinâmica dos chassis britânicos, entregue aos cuidados de Adrian Newey.

Em 1992 Mansell consegue o tão desejado título mundial, mas >

Fotos F.S.

> é substituído por Alain Prost no ano seguinte. O francês vinga-se da derrota de dez anos antes, vencendo o seu quarto Mundial em 1993, para se retirar no final do ano. Mas o ano seguinte é o mais cruel da história da Renault na Fórmula 1. Ayrton Senna, que substitui Prost, morre em Imola, a Williams leva tempo a recompôr-se e Damon Hill, que herdara o estatuto de primeiro piloto da Williams-Renault, falha o título mundial por um ponto, depois de ter sido posto fora de prova por Michael Schumacher em Adelaide, na última corrida do ano. Para a Williams-Renault a única satisfação é a de ter vencido o Mundial de Construtores.

Mas o alemão e a Benetton juntam-se à Renault para 1995 e apesar da oposição de Hill e da Williams, é a nova associação que vence ambos os Mundiais, minando a relação entre a equipa inglesa e a marca francesa. Mas Schumacher muda-se para a Ferrari e daí até ao final de 1997 a Benetton só volta a vencer um Grande Prémio, com Berger na Alemanha, nesse último ano.

A perda do líder pela Benetton é muito bem aproveitada pela Williams, que com Damon Hill e Jacques Villeneuve vence os Campeonatos do Mundo de 1996 e 1997, respectivamente, sem grande oposição, sobretudo no caso do inglês. Já no caso do canadiano tudo se decide numa corrida dramática em Jerez de la Frontera, onde Schumacher volta a colidir com o único piloto que lhe podia tirar o título, só que desta vez o Williams resiste ao impacto e Villeneuve sagra-se Campeão do Mundo. Mas a Renault não volta atrás na decisão de abandonar a Fórmula 1 e, assim, termina uma associação fabulosa, que começou por derrotar a Honda e acabou a bater a nova e poderosa Ferrari.

PALMARÉS

MOTORES RENAULT (C/TURBO ATÉ 86)
(Renault; Lotus-Renault; Ligier-Renault; Tyrrell-Renault; Williams-Renault e Benetton-Renault)

336 GPs (GBR 77 a AUS 86; BRA 89 a EUR 97 e AUS 01 a JAP 03)

137 *POLE POSITIONS:*
1979 - SAF, FRA, GER, AUT, NED, ITA **(6/14)**
1980 - BRA, SAF, AUT, NED, ITA **(5/14)**
1981 - FRA, GBR, GER, AUT, NED, ITA **(6/15)**
1982 - SAF, BRA, RSM, BEL, MON, USAE, NED, FRA, SUI, VEG **(10/16)**
1983 - FRA, MON, BEL, EUR **(4/15)**
1984 - BRE, FRA, DAL **(3/16)**
1985 - POR, RSM, MON, CAN, USAE, ITA, EUR, AUS **(8/16)**
1986 - BRE, ESP, RSM, USAE, FRA, HUN, POR, MEX **(8/16)**
1989 - HUN **(1/16)**
1990 - HUN **(1/16)**
1991 - CAN, MEX, FRA, GBR, GER, POR **(6/16)**
1992 - SAF, MEX, BRA, ESP, RSM, MON, FRA, GBR, GER, HUN, BEL, ITA, POR, JAP, AUS **(15/16)**
1993 - SAF, BRA, EUR, RSM, ESP, MON, CAN, FRA, GBR, GER, HUN, BEL, ITA, POR, JAP **(15/16)**
1994 - BRA, PAC, RSM, FRA, GBR, AUS **(6/16)**
1995 - BRA, ARG, RSM, ESP, MON, CAN, FRA, GBR, GER, HUN, ITA, POR, EUR, PAC, JAP, AUS **(16/17)**
1996 - AUS, BRA, ARG, EUR, ESP, CAN, GBR, GER, BEL, ITA, POR, JAP **(12/16)**
1997 - AUS, BRA, ARG, RSM, MON, ESP, GBR, GER, BEL, ITA, AUT, JAP, EUR **(13/17)**
2003 - MAL, HUN **(2/16)**

96 *VITÓRIAS:*
1979 - FRA **(1/14)**
1980 - BRA, SAF, AUT **(3/14)**
1981 - FRA, NED, ITA **(3/15)**
1982 - SAF, BRA, FRA, ITA **(4/16)**
1983 - FRA, BEL, GBR, AUT **(4/15)**
1985 - POR, RSM, BEL **(3/16)**
1986 - ESP, USAE **(2/16)**
1989 - CAN, AUS **(2/16)**
1990 - RSM, HUN **(2/16)**
1991 - MEX, FRA, GBR, GER, ITA, POR, ESP **(7/16)**
1992 - SAF, MEX, BRA, ESP, RSM, FRA, GBR, GER, POR, JAP **(10/16)**
1993 - SAF, RSM, ESP, CAN, FRA, GBR, GER, HUN, BEL, ITA **(10/16)**
1994 - ESP, GBR, BEL, ITA, POR, JAP, AUS **(7/16)**
1995 - BRA, ARG, RSM, ESP, MON, FRA, GBR, GER, HUN, BEL, ITA, POR, EUR, PAC, JAP, AUS **(16/17)**
1996 - AUS, BRA, ARG, EUR, RSM, CAN, FRA, GBR, GER, HUN, POR, JAP **(12/16)**
1997 - BRA, ARG, RSM, ESP, GBR, GER, HUN, AUT, LUX **(9/17)**
2003 - HUN **(1/16)**

106 *MELHORES VOLTAS:*
1979 - FRA, AUT **(2/14)**
1980 - BRA, SAF, AUT, NED **(4/14)**
1981 - FRA, GBR **(2/15)**
1982 - SAF, BRA, USAE, SUI, ITA **(5/16)**
1983 - FRA, GBR, AUT, EUR **(4/15)**
1984 - SAF, USAE **(2/16)**
1985 - POR, CAN, USAE, EUR **(4/16)**
1989 - BRA **(1/16)**
1990 - GER, HUN, POR, ESP, JAP **(5/16)**
1991 - BRA, CAN, MEX, FRA, GBR, GER, POR, ESP **(8/16)**
1992 - SAF, BRA, ESP, RSM, MON, FRA, GBR, GER, HUN, ITA, JAP **(11/16)**
1993 - SAF, RSM, MON, GBR, HUN, BEL, ITA, POR, JAP, AUS **(10/16)**
1994 - RSM, FRA, GBR, GER, BEL, ITA, POR, JAP **(8/16)**
1995 - BRA, ARG, ESP, CAN, FRA, GBR, GER, HUN, BEL, POR, EUR, PAC, JAP, AUS **(14/17)**
1996 - AUS, BRA, ARG, EUR, RSM, MON, CAN, FRA, GBR, GER, HUN, BEL, POR, JAP **(14/16)**
1997 - AUS, BRA, ARG, RSM, GER, HUN, BEL, AUT, LUX, JAP, EUR **(11/17)**
2003 - CAN **(1/16)**

1998-2001
A via comercial

Sem presença oficial na Fórmula 1, a Renault cede os direitos do seu fabuloso V10 à preparadora Mecachrome, antes desta os vender à Supertec, uma empresa de marketing, que tem Flavio Briatore como proprietário. Os engenheiros da Renault continuam activos, trabalhando para os clientes da marca francesa nas pistas, mas em Viry-Châtillon preparam cuidadosamente o regresso da marca francesa à Fórmula 1, de forma mais oficial. Na calha um motor revolucionário, aberto a 111°, que é entregue à Benetton, no reatamento duma parceria que vencera o Mundial de 1995. É assim que 2001 marca o o regresso oficial da Renault aos Grande Prémios, então apenas como fornecedora da motores, mas os primeiros resultados são modestos.

Os dois primeiros anos com este novo motor são penosos, mas a nível de chassis os progressos são evidentes, e no final da primera temporada Fisichella dá um sensacional pódio à Renault – o último da Benetton – no G. P. da Bélgica de 2001. É a demonstração que a marca francesa está no caminho certo.

PALMARÉS

RENAULT (C/MOTORES TURBO ATÉ 85)

Fotos Photo 4

156 GPs (GBR 77 a AUS 85 e AUS 02 a JAP 03)

33 ***POLE POSITIONS:***
1979 - SAF, FRA, GER, AUT, NED, ITA **(6/14)**
1980 - BRA, SAF, AUT, NED, ITA **(5/14)**
1981 - FRA, GBR, GER, AUT, NED, ITA **(6/15)**
1982 - SAF, BRA, RSM, BEL, MON, USAE, NED, FRA, SUI, VEG **(10/16)**
1983 - FRA, MON, BEL **(3/15)**
1984 - FRA **(1/16)**
2003 - MAL, HUN **(2/16)**

16 ***VITÓRIAS:***
1979 - FRA **(1/14)** **1980** - BRA, SAF, AUT **(3/14)** **1981** - FRA, NED, ITA **(3/15)** **1982** - SAF, BRA, FRA, ITA **(4/16)** **1983** - FRA, BEL, GBR, AUT **(4/15)** **2003** - HUN **(1/16)**

19 ***MELHORES VOLTAS:***
1979 - FRA, AUT **(2/14)**
1980 - BRA, SAF, AUT, NED **(4/14)**
1981 - FRA, GBR **(2/15)**
1982 - SAF, BRA, USAE, SUI, ITA **(5/16)**
1983 - FRA, GBR, AUT **(3/15)**
1984 - SAF, USAE **(2/16)**
2003 - CAN **(1/16)**

CLASSIFICAÇÃO E PONTOS
CAMPEONATO DO MUNDO DE CONSTRUTORES

1978: 12º - 3 pontos
1979: 6º - 26 pontos
1980: 4º - 38 pontos
1981: 3º - 54 pontos
1982: 3º - 62 pontos
1983: 2º - 79 pontos
1984: 5º - 34 pontos
1985: 7º - 16 pontos
2002: 4º - 23 pontos
2003: 4º - 88 pontos

2002-2003
Das promessas à vitória

Em 2002 a Renault regressa oficialmente à Fórmula 1 como construtor, mantendo a estrutura da Benetton em Enstone, Inglaterra, onde os chassis continuam a ser desenvolvidos, ao passo que a parte francesa da equipa, sediada em Viry-Châtillon, mantém-se encarregue do desenvolvimento dos motores.

O primeiro ano, com Jarno Trulli e Jenson Button como pilotos, promete muito, mas ambos ficam às portas do pódio em mais do que uma ocasião. É Trulli quem se mostra o mais rápido, mas é o britânico que perde o terceiro lugar na Malásia, devido à quebra da suspensão traseira direita na última volta da corrida. Frustrante, sim, mas também encorajador, pois a equipa está a progredir a olhos vistos.

O chassis R23 deste ano é o único que rivaliza em eficácia com o Ferrari F2003-GA e os resultados aparecerem no início da temporada. Alonso chega ao pódio logo na Malásia, é também terceiro no Brasil, e consegue um sensacional segundo lugar em Barcelona. Quanto a Trulli, tem de esperar pelo G. P. da Alemanha para conseguir o seu primeiro pódio da temporada.

Mas é Alonso que dá à Renault o seu primeiro triunfo em 20 anos, com uma sensacional vitória no Grande Prémio da Hungria, depois de ter passado a corrida a um nível inatingível para os demais. Foi o triunfo mais convincente da temporada e a prova mais evidente de que a Renault voltara a acertar, ao inovar no plano técnico, como meio para chegar ao sucesso.

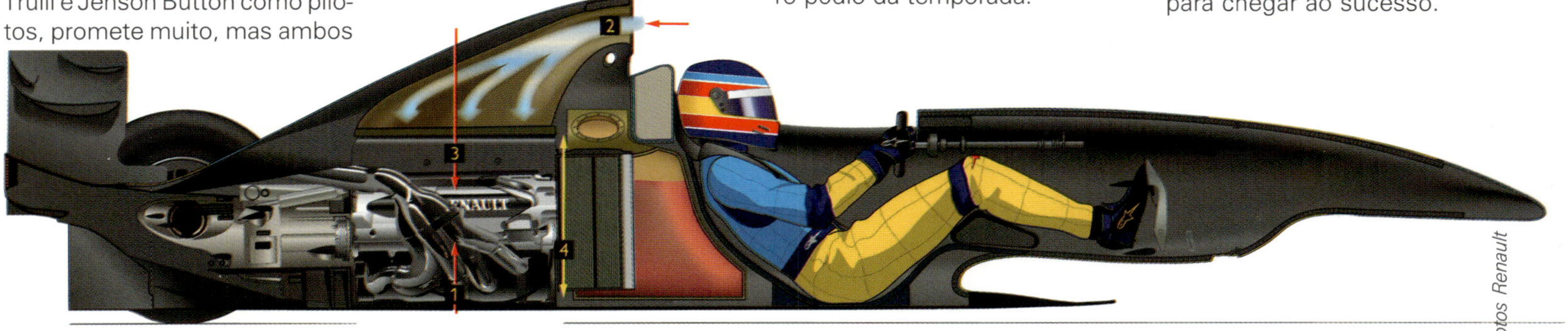

Fotos Renault

O Mundial deste ano valeu pelo equilíbrio que reinou até final e em muitas ocasiões foram os pilotos a fazer a diferença. Mesmo se a Ferrari continuou a ser a equipa mais competitiva, foi Kimi Räikkönen quem tirou o máximo partido do material que tinha entre mãos, mostrando-se um forte rival de Michael Schumacher, apesar de correr com um chassis de 2002. Os homens da Williams desiludiram, mais por falta de constância do que rapidez, enquanto Alonso foi a revelação do ano, deixando no ar a ideia que os próximos anos serão dele e de Räikkönen. Webber foi o melhor do segundo pelotão, mas Button e Frentzen deram-lhe muito que fazer.

1

Num ano em que a McLaren dispersou os seus esforços, com a abortada tentativa de desenvolver o MP4/18, o jovem piloto finlandês foi um exemplo de estabilidade, ajudando de forma decisiva a sua equipa a manter-se na luta pelos títulos. O modo como discutiu o Mundial até ao fim, quando dispunha dum chassis que, apesar de muito desenvolvido, tinha na base um desenho velho de dois anos, diz muito do seu talento e a sua capacidade para terminar corridas nos lugares da frente foi notável.
O que mais impressionou na temporada de Kimi Räikkönen foi a sua maturidade, pois não cometeu qualquer erro de monta em corrida, suportando muito bem a pressão acrescida de disputar o título com apenas 23 anos, contra um "monstro" como Michael Schumacher. É certo que em Suzuka o jovem finlandês nunca esteve em posição de discutir a vitória com Barrichello, numa provável consequência do despiste sofrido no sábado de manhã, que o forçou a utilizar o chassis de Coulthard durante o resto do fim-de-semana, mas na corrida esteve impecável, apesar da McLaren ter optado pela estratégia errada para as suas aspirações.
Alguns erros em qualificação, nomeadamente na Austrália, Espanha e Canadá, marcaram o aspecto mais negativo da temporada de Räikkönen, mas só por uma vez o finlandês pagou um preço muito elevado pela sua fogosidade, em Espanha, quando não passou da largada, na sequência dum acidente com Pizzonia.
O que inclinou, do nosso ponto de vista, os pratos da balança a favor de Räikkönen foi exactamente a sua capacidade para tirar o máximo partido do MP4/17D em todas as circunstâncias, conseguindo o impensável, ou seja, levar um chassis de 2002 a lutar pelo título um ano mais tarde. Isso só aconteceu porque Räikkönen não desperdiçou qualquer oportunidade para marcar pontos, sendo o recordista de segundos lugares. Com dez presenças no pódio, Räikkönen bem pode olhar para as

duas corridas alemãs como as culpadas por não ter chegado ao título. No Nürburgring o finlandês tinha a vitória no bolso quando o seu motor Mercedes cedeu, enquanto em Hockenheim foi vítima inocente do acidente que também envolveu Barrichello em R. Schumacher. De resto, a sua actuação em corrida foi verdadeiramente impecável, sendo, no nosso entendimento, o melhor do ano pela ausência quase total de erros em corrida. E como andou sempre a fundo, isso foi um verdadeiro feito. Agora com 24 anos, Räikkönen tem um futuro brilhante e a pergunta que se deve colocar é a de quantos Mundiais vai vencer, porque não temos qualquer dúvida que vai ser Campeão do Mundo, mais tarde ou mais cedo.

2 Michael Schumacher

O que justifica a colocação do hexa-Campeão do Mundo numa posição inferior a Kimi Räikkönen? O facto de ter estado longe dos seus grandes momentos, mostrando, de forma progressivamente evidente, uma enorme dificuldade para se manter na frente de Rubens Barrichello. Na segunda parte da temporada, a partir do GP da Grã-Bretanha, só por uma vez o alemão foi mais rápido que o seu companheiro de equipa em qualificação, pois nas outras cinco ocasiões foi o brasileiro a afirmar a sua supremacia no seio da Ferrari. Dispondo, claramente, do único monolugar que tinha andamento para chegar ao pódio em todas as corridas, o alemão esteve abaixo das expectativas em muitas ocasiões, parecendo faltar-lhe a motivação para continuar ao nível a que nos tinha habituado. No ar ficou a ideia de que esta seria a última temporada do grande campeão, mas Schumacher negou sempre que fosse esse o seu propósito, insistindo na sua vontade de cumprir os três anos de contrato que ainda tem com a Ferrari.
O que mais marcou a diferença para anos anteriores não foi só a progressiva dificuldade para se manter ao nível de Barrichello, foi também a inesperada dificuldade que mostrou, em diversas ocasiões, em superar pilotos com material bastante menos competitivo. O Schumacher dos grandes dias não teria passado meia corrida atrás de Trulli em Budapeste, ou outro tanto atrás de Cristiano da Matta em Suzuka, mas este ano o alemão pareceu vulnerável, o que justifica a sua colocação atrás de Räikkönen neste Top Ten.
É claro que mesmo abaixo do que era esperado, Michael Schumacher teve fases brilhantes ao longo do ano. É certo que as primeiras três corridas e quatro das últimas seis foram desapontadoras, mas foi nas sete corridas de permeio que o alemão sedimentou a sua candidatura ao título. Três vitórias consecutivas deixaram a concorrência na posição de meros perseguidores do piloto da Ferrari, e a vantagem então adquirida foi decisiva para a conquista do Mundial.
Foi nos momentos difíceis que não se viu o Schumacher dos bons velhos tempos e isso foi uma desilusão. Enquanto Barrichello ainda foi lutar com os Williams e os McLaren mesmo no Hungaroring, onde a desvantagem dos pneus Bridgestone era evidente, Schumacher ficou preso atrás de Trulli na segunda metade da prova, e no Japão a sucessão de erros cometidos deixou-o a mais de um minuto de Barrichello.
Michael Schumacher conquistou o seu sexto título Mundial e mereceu-o amplamente pela forma demonstrada entre os Grande Prémios de San Marino e de França e, também, por ter tirado o melhor partido das circunstâncias em Monza e Indianápolis. Mas os sinais que ficaram no ar foram duma certa debilidade, que poderá prefigurar o início do declínio do piloto melhor sucedido na história da Fórmula 1.

Renault

Fotos: Photo 4

3 Fernando Alonso

O piloto espanhol foi a grande revelação da temporada, despontando como grande campeão do futuro da primeira vez que teve entre mãos um Fórmula 1 competitivo. Alonso iniciou a temporada super-motivado e nas primeiras três corridas esteve verdadeiramente sensacional. As suas primeiras voltas em Melbourne, a forma como liderou em Sepang e as múltiplas recuperações que protagonizou em Interlagos ficaram na retina de todos, mas o resto da temporada não ficou atrás dessas prestações.
Em Barcelona o piloto espanhol teve o seu primeiro grande banho de multidão, mas resistiu a todas as solicitações e à pressão inerente a correr em casa, arrancando para um fim de semana fabuloso, em que só ele deu luta aos Ferrari. A primeira vitória podia ter acontecido em Montreal, mas uma má estratégia da equipa foi-lhe fatal.
O ponto alto da sua temporada acabou por ser a vitória noa Hungria, onde o asturiano dominou tudo e todos com uma autoridade impressionante. Da pole position a uma confortável vitória, Fernando Alonso teve sempre a situação controlada, mostrando uma maturidade impressionante quando tem apenas 22 anos. E noo Japão, também poderia ter vencido, quando o motor cedeu, condenando o espanhol ao abandono. De negativo só há a registar uma menor velocidade em qualificação na fase final da temporada, sendo regularmente batido por Trulli, e um excesso de fogosidade em algumas ocasiões, que levaram a situações muito perigosas, como em Interlagos e no Nurburgring.

4 Juan Pablo Montoya

O piloto colombiano foi uma enorme decepção na fase final do ano, quando teve a real possibilidade de lutar pelo título, mas cometeu erros e mostrou uma falta de combatividade totalmente inesperada. O início do ano também não foi brilhante, pois foi um erro seu que lhe tirou a possibilidade de vencer na Austrália, despistando-se, também, no Brasil, numa altura em que Ralf Schumacher começou a ganhar ascendente dentro da Williams. Montoya suportou mal o facto de ter o seu companheiro de equipa normalmente à sua frente em qualificação, mas a sua superior capacidade para ganhar posições em corrida ía dando para compensar os seus pequenos erros em qualificação.
O GP de França marcou a sua temporada, pois convenceu-se que estava a ser desfavorecido dentro da equipa, baixando os braços na última fase da corrida, como fez, mais tarde, em Monza e em Indianápolis. Assim sendo, o colombiano não mostrou ter a fibra dos grandes campeões, perdendo o título e baixando a sua cotação junto dos amantes da F. 1. Mas nem tudo foi negativo e a forma como aproveitou as suas oportunidades para vencer, no Mónaco e em Hockenheim, mostraram que o colombiano mantém intacto o seu talento. Mas que não fez o máximo que estava ao seu alcance em 2003, disso também não restam dúvidas.

5 Rubens Barrichello

Pela primeira vez em quatro anos de trabalho em comum, Rubens Barrichello conseguiu ganhar algum ascendente sobre Michael Schumacher em algumas fases da temporada, o que tem de ser visto como o aspecto mais positivo do ano do brasileiro. Em Silverstone e Suzuka o piloto da Ferrari esteve verdadeiramente imparável, mostrando-se bem capaz de liderar uma equipa como a Scuderia, no caso de Schumacher decidir pendurar o capacete mais cedo que o previsto. Mas foi quando a Ferrari esteve na mó de baixo, sobretudo na Hungria, que o brasileiro se mostrou muito acima do seu companheiro de equipa, deixando claro que a sua motivação e combatividade se mantêm intactas.

Sempre mais afectado que o alemão problemas mecânicos, Barrichello teve um hiato na sua competitividade depois do G. P. do Brasil, prova que perdeu em circunstâncias no mínimo estranhas, parecendo muito afectado pela desilusão sofrida em Interlagos.

Mas a partir de Silverstone o brasileiro regressou aos seus melhores dias, sendo pena que isso tenha acontecido quando a Ferrari já não era a força dominante. Mas a forma como terminou a temporada deixa no ar a ideia de que será possível, em 2004, ver Barrichello a lutar pelo título, dando bastante mais trabalho a Schumacher do que aconteceu até aqui.

6 Ralf Schumacher

Ao marcar apenas quatro pontos nas últimas cinco corridas, Ralf Schumacher terminou da pior maneira o Mundial, depois de também o ter iniciado de forma modesta, pois só à sexta corrida é que conseguiu chegar ao pódio.

Mas quando a Williams passou a ter um carro ganhador foi Ralf Schumacher o seu piloto mais produtivo, com 28 pontos conseguidos em 30 possíveis, do GP do Canadá ao de França.

Regularmente mais veloz do que Montoya em qualificação, R. Schumacher começou a perder o Mundial em Hockenheim, quando foi um dos pilotos envolvidos no acidente da primeira curva, antes de ser o principal responsável pelo seu resultado menos bom em Budapeste. O acidente sofrido nos testes de Monza, que o impediu de participar na corrida, foi o estertor da sua candidatura ao título, antes de se equivocar em Indianápolis, quando estava na liderança, e cometer uma impressionante série de erros em Suzuka.

Indubitavelmente veloz, Ralf Schumacher continuou a ser extremamente irregular e, por isso, só muito dificilmente poderá, um dia, aspirar seriamente ao título mundial. O alemão parece funcionar consoante o seu estado de espírito e tem demasiados dias maus para poder ser considerado um dos melhores pilotos do Mundo. Mas vai ter mais uma oportunidade em 2004, pois continuará com a Williams-BMW, o que é uma garantia de dispor de material muito competitivo.

7 Jarno Trulli

O grande mérito de Jarno Trulli em 2003 foi o de ter resistido ao "furacão Alonso". De entrada, a situação foi extremamente complicada para o piloto italiano, face à enorme rapidez e combatividade do seu jovem companheiro de equipa. A sua continuação na Renault chegou a estar mesmo ameaçada, mas a partir do G. P. do Mónaco o seu nível de performances melhorou consideravelmente e foi possível ver o italiano na frente do seu companheiro de equipa, com uma certa regularidade. Infelizmente a sua tradicional má sorte continuou a acompanhá-lo e muitos bons resultados potenciais foram perdidos devido a sucessivos problemas mecânicos.
Trulli também pagou, algumas vezes, o preço de erros inesperados nos Warm-Up, sendo forçado a mudar de carro para a qualificação e a corrida, o que deitou por terra as suas aspirações num par de provas. E em corrida continuou a preocupar-se em demasia com os pilotos que tinha atrás de si, perdendo tempo para quem o precedia com a sua postura demasiado defensiva.
O próximo ano vai ser decisivo para o piloto de Pescara, que terá de se tornar mais constante para ter hipóteses de sucesso no confronto com Alonso. Foi o que lhe faltou este ano, para além da sorte também não ter sido boa companheira.

8 Mark Webber

O piloto australiano foi o melhor entre os que não dispunham de material suficientemente competitivo para vencer, tirando o máximo partido das qualidades do seu Jaguar R4 e do facto de ter os esforços da equipa concentrados em sí. Um estatuto ganho na pista, com trabalho e maturidade, pois a nível técnico não existiram diferenças entre os dois carros da equipa inglesa. Foi em qualificação que Webber mais deu nas vistas, com as suas performances em Interlagos, Imola, Montreal e Budapeste a serem verdadeiramente sensacionais. Em corrida o australiano foi menos impressionante, mas o R4 sofria duma excessiva degradação dos seus pneus, o que o condenou a efectuar corridas muito defensivas, não sendo incomum ver uma fila de carros atrás do seu monolugar. Mesmo assim Webber cometeu pouquíssimos erros e para quem completou apenas a sua segunda temporada na Fórmula 1, deu mostras duma maturidade, dentro e fora do carro, que poderá ser-lhe muito útil num futuro próximo. Talvez lhe falte aquele talento extra que faz com que Räikkönen e Alonso sejam diferentes, mas Webber compensa com trabalho e aplicação esse seu deficit, mostrando-se já capaz de liderar uma equipa como a Jaguar. A forma como bateu os talentosos Pizzonia e Wilson é um bom exemplo de como a transpiração pode superar a inspiração e o seu comportamento foi um grande exemplo para muitos pilotos jovens.

Honda

9 Jenson Button

O primeiro ano de Jenson Button com a BAR-Honda tem de ser considerado positivo, pois foi o inglês quem acabou por liderar a escuderia britânica, relegando para segundo plano Jacques Villeneuve, à volta de quem a equipa tinha sido formada, já lá vão cinco anos. Muito superior ao canadiano em qualificação, também por força de ter cometido muito menos erros, o jovem inglês também marcou pontos em sete ocasiões, dando mostras duma enorme regularidade em corrida. A possibilidade de chegar ao pódio em Indianápolis esfumou-se devido a uma quebra de motor, mas Button reagiu da melhor maneira e efectuou uma corrida sensacional em Suzuka, para ajudar a BAR-Honda a chegar ao quinto lugar no Mundial de Construtores. Tendo respondido na pista às sucessivas provocações de Villeneuve, na pré-temporada, Button mostrou ter temperamento para suportar muitas pressões e o aspecto menos positivo da sua pilotagem continua mesmo a ser a sua menor combatividade em corrida, sendo dos pilotos mais fáceis de ultrapassar do plantel, por não opor grande resistência aos seus adversários. No final do ano Button poderá mesmo ter arruinado definitivamente a carreira de Jacques Villeneuve, restando agora esperar para ver como se comportará na pele dum verdadeiro líder em 2004, quando a responsabilidade de levar a BAR-Honda aos lugares da frente repousará nos seus ombros.

10 Heinz-Harald Frentzen

O veterano alemão teve um regresso em grande à Sauber, deixando bem claro que o seu enorme talento se mantém intacto, apesar de ser o piloto mais velho do plantel. Depois de duas temporadas em que se debateu com material de terceira categoria, Frentzen tirou o melhor partido da competitividade inicial do Sauber C22 para marcar pontos na Austrália e no Brasil, em duas corridas onde a sua experiência foi fundamental para a equipa suíça.

Com a chegada à Europa e o aumento da fiabilidade dos monolugares mais competitivos as possibilidades de chegar aos pontos com um Sauber foram escasseando e no Mónaco Frentzen conheceu o ponto mais baixo da sua temporada. Um despiste na primeira volta tirou-lhe a possibilidade de chegar aos pontos, mas também é verdade que Frentzen já passara quatro adversários em pouco mais de meia volta!

A segunda parte da temporada foi um longo calvário para a Sauber, mas Frentzen mostrou-se sempre mais constante que Heidfeld. Depois, quando a chuva decidiu dar uma ajuda em Indianápolis, o veterano piloto de Moenchengladbach mostou que se mantinha em boa forma, terminando num sensacional terceiro lugar que muito ajudou a Sauber a recuperar até ao sexto posto no Mundial de Construtores.

As perspectivas de futuro não são as melhores, mas a F. 1 tem muito a perder se deixar Frentzen sem volante, pois apesar da idade continua a ser um dos melhores pilotos da actualidade.

Dois vencedores de Grande Prémios em 2003 não tiveram lugar no Top Ten.

David Coulthard começou a temporada com uma vitória fortuita em Melbourne, mas a sorte virou-lhe as costas em Interlagos, quando tinha o triunfo na mão, antes da corrida ser parada no momento errado para o escocês. Daí para a frente o veterano da McLaren eclipsou-se, sendo completamente arrasado pelas performances de Räikkönen, mau grado alguns "flashes" de competitividade. Acabou o ano com uma excelente corrida em Suzuka, mas isso não impede que se pense que o segundo McLaren vai continuar mal entregue em 2004.

Giancarlo Fisichella venceu, finalmente, o seu primeiro Grande Prémio em 2003, com alguma ajuda da sorte no Brasil, mas depois de ter feito uma corrida irrepreensível. No entanto, quando ficou claro que a Jordan não tinha meios para lhe dar material competitivo daí para a frente, o romano perdeu toda a sua motivação e arrastou-se até ao final do ano, pensando já em 2004, quando entrará na esfera de influência da Ferrari ao correr com a Sauber.

Cristiano da Matta foi o melhor dos estreantes, mostrando-se superior a Olivier Panis na segunda metade do ano. Ambos cometeram alguns erros, mas o brasileiro terminou o ano em crescendo, enquanto ao francês pareceu faltar capacidade para liderar uma equipa com os meios da Toyota.

Nick Heidfeld mostrou o seu talento, a espaços, mas sofreu mais no confronto com Frentzen do que tinha sido o caso com Räikkönen ou Massa. O seu futuro está em dúvida, mas o pequeno alemão merece mais uma oportunidade. Quem não deverá ter grandes oportunidades de mostrar o seu talento no futuro é Jacques Villeneuve, que nem terminou a temporada e foi uma das grandes desilusões do ano. O canadiano foi claramente batido por Button e nem as suas jogadas políticas serviram para desestabilizar o jovem britânico. Para já Villeneuve deixa a F1 batido e humilhado pela equipa que ajudou a fundar, sendo difícil que volte a dispor dum monolugar competitivo no futuro, se algum dia voltar aos Grande Prémios.

Ralph Firman não confirmou as credenciais de Campeão da Fórmula Nippon e foi amplamente batido por Fisichella antes do romano perder a sua motivação. Muito agressivo em corrida, o britânico cometeu bastantes erros, mas a sua confiança também sofreu com três acidentes violentos, todos por causas mecânicas. O outro estreante a marcar um ponto foi Justin Wilson, que teve um ano com duas faces bem diferentes. Enquanto esteva na Minardi andou ao nível de Verstappen e parecia bastante promotedor, até porque as suas primeiras voltas levavam o PS03 a posições impensáveis. Mas depois de passar para a Jaguar o longilíneo Wilson foi completamente arrasado por Mark Webber e isso pode ter comprometido o seu futuro.

Renault

Toyota

Jordan

Fotos Photo 4

L. Gorys

Mercedes

Renault

L. Gorys

Toyota

Dois outros pilotos marcaram pontos, apesar de terem efectuado apenas uma corrida cada. Marc Gené tirou o melhor partido da impossibilidade de R. Schumacher completar o fim-de-semana de Monza para conquistar o melhor resultado da sua carreira e só foi pena ter perdido o primeiro dia de treinos, pois o pódio poderia ter estado ao seu alcance. Mesmo assim, mostrou merecer uma oportunidade de regressar a tempo inteiro aos Grande Prémios, ao volante dum carro competitivo.

É isso que vai acontecer com Takuma Sato, chamado à última hora para substituir Villeneuve em Suzuka. O pequeno japonês suportou de forma impecável a enorme pressão a que estava sujeito e ajudou a BAR-Honda a chegar ao quinto posto no Mundial de Construtores.

Jos Verstappen foi o único piloto que completou a temporada sem marcar pontos. Mas o Minardi PS03 estava a milhas concorrência e, por isso, só por milagre o holandês poderia ter chegado aos pontos. Ligeiramente mais rápido que Wilson, o veterano Verstappen ficou muito mais à vontade quando passou a ter Nicolas Kiesa como companheiro de equipa. O jovem dinamarquês teve o mérito de completar as cinco corridas em que participou, mas o seu andamento foi uma enorme desilusão.

O mesmo se pode dizer de António Pizzonia, o único piloto a ser despedido a meio da temporada. O brasileiro raramente andou ao nível de Mark Webber, integrou-se mal na Jaguar e perdeu o lugar depois do G. P. da Grã-Bretanha, num ano em que os seus problemas pareceram ter como base outras coisas que não o seu indubitável talento.

Zsolt Baumgartner teve o mérito de ser o primeiro húngaro a correr em Grande Prémios, mas a sua contrubuição para a Jordan foi muito mais financeira do que competitiva.

Nota para os pilotos que participaram nos Testes Livres de 6ª feira, sem nunca participarem nos Grande Prémios. Allan McNish foi o único a completar a temporada na posição de terceiro piloto e deu uma ajuda fundamental para a competitividade dos Renault. No final do ano o escocês mostrou a sua rapidez, mostrando merecer um lugar a tempo inteiro no plantel. Franck Montagny tomou o seu lugar no G. P. de França e cumpriu, apesar de limitado por problemas mecânicos.

Gianmaria Bruni foi o mais impressionante dos estreantes, deixando Verstappen em dificuldades para acompanhar o seu andamento. Já Matteo Bobbi, na única oportunidade que teve, em Imola, foi limitado por problemas técnicos. Bjorn Wirdheim e Satoshi Motoyama tiveram uma oportunidade cada com a Jordan, e ambos cumpriram o que se esperava deles, mostrando algum talento e abrindo perspectivas para um envolvimento mais amplo já em 2004.

 Por Alan Henry Ilustrações de Paolo D'Alessio

Da menor superioridade Ferrari à guerra de pneus

Em 2003, os desafios técnicos no mundo da Fórmula 1 mantiveram-se os mesmos. Com as restrições aerodinâmicas e de medidas mantendo-se muito semelhantes nas últimas temporadas, as áreas em que se pode melhorar a performance foram confinadas a minúsculos detalhes aerodinâmicos e a capacidade estratégica para tirar o melhor partido das características dos pneus de cada carro tendo em mente que a carga de combustível que cada carro carrega na volta de qualificação dita efectivamente a estratégia do piloto no primeiro sector da corrida do dia seguinte.

SCUDERIA FERRARI 1 2

Como em 2002, a Ferrari começou a temporada com o carro do ano anterior, usado sobretudo no Inverno para testes de pneus com novas versões do motor que retrospectivamente se viu serem muito similares às do motor antigo.
"Não fizemos muito com carro de 2002 para o começo da temporada", confessou Ross Brawn. *"Era basicamente o mesmo carro e pensando bem, tomamos a decisão certa em nos concentrarmos no carro de 2003 pois penso que o carro de 2002, nesse ponto da temporada, era bastante competitivo. Não conseguimos ter os melhores resultados, mas isso foi por outros motivos. Houve outras coisas que nos atrapalharam, mas o carro era mas do que capaz de ganhar corridas ou conquistar muitos pontos no início do ano, pelo que serviu perfeitamente o seu objectivo."*
Da Espanha para diante a equipa passou a usar exclusivamente o F2003-GA (sufixo em honra de Giovanni Agnelli que morrera no início do ano). Brawn descreveu este carro como o melhor Ferrari de sempre. *"Foi um enorme passo em frente no campo da aerodinâmica, e com os regulamentos tão estáveis por tão longo tempo, era muito difícil conseguir progressos nesta área"*, apontou ele.
Apesar de ter feito a sua estreia apenas no início de Maio, não foi possível integrar quaisquer ideias que possam ter tido com os novos regulamentos introduzidos em Janeiro.
No entanto, ser-lhe-iam introduzidas alterações durante o ano: *"Não mudamos muito a suspensão"*, explicou Brawn. *"Fizemos uma série de ajustes dentro dos limites do sistema, trabalho nos amortecedores, tudo muito tradicional. Aerodinamicamente, fizemos constantes actualizações e melhorias. A cada corrida ou após um lote de corridas houve mudanças no carro. Tivemos duas ou três versões dos deflectores laterais atrás das rodas dianteiras, várias asas dianteiras, vários aerofólios traseiros, vários fundos que foram introduzidos ao longo do ano. Hoje em dia, francamente, temos de estar preparados para fazer novas peças para obter pequenas melhorias pois estas são muito difíceis de encontrar.*
"Por isso tivemos um autêntico catálogo de mudanças aerodinâmicas durante a

Nariz esguio com inclinação suave, asa anterior em forma de colher, uma acentuada redução das dimensões da zona posterior do monolugar, radiadores inclinados para a frente, travões carenados e suspensões muito bem trabalhadas, são estas as características gerais do F2003-GA, bem visíveis nesta imagem.
Como se pode notar no desenho, a parte externa dos flancos tem as inovadoras "barbatanas de tubarão", um expediente aerodinâmico que visa aumentar a velocidade do fluxo de ar para a traseira do monolugar, aumentando a carga aerodinâmica total. Muito acentuada, também, a diminuição das dimensões da traseira do chassis, no que constitui um verdadeiro recorde para a Fórmula 1, uma característica que tem como base a posição inovadora dos radiadores.
Ao contrário do que é habitual – uma forma quadrada – a Ferrari optou por um desenho que favorecesse a sua integração em flancos mais estreitos e foi neste pequenos detalhes que esteve a grande força do chassis italiano.

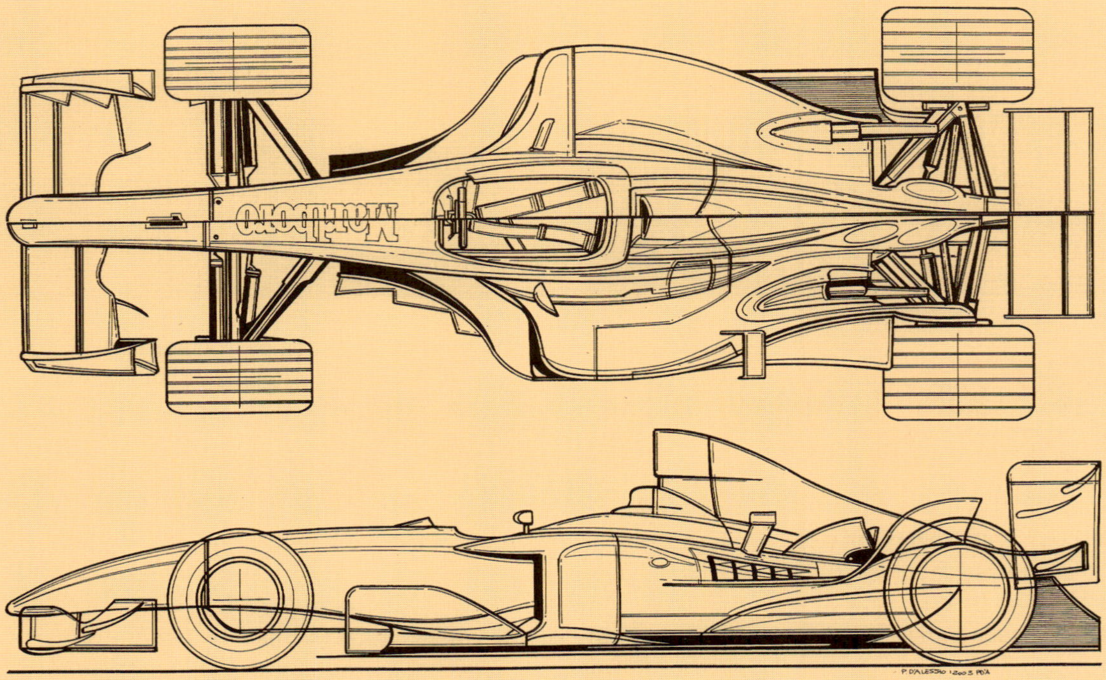

A vista lateral do F2003-GA (em baixo) e o confronto com o seu antecessor (em cima, com o F2002 è esquerda do carro novo), evidencia as acentuadas diferenças no tratamento aerodinâmico dos dois modelos. O monolugar dedicado a Gianni Agnelli é caracterizado pelos seus flancos mais compactos e bombeados e, sobretudo, pela extrema redução da suas dimensões traseiras. Onde se nota a presença de amplos deflectores laterais, montados quase sobre as rodas motrizes e um prolongamento das "chaminés", montadas à volta das saídas dos escapes, em posição elevada na traseira dos flancos. Diferente, também, o desenho dos deflectores laterais.

temporada. Claro que algumas foram bem específicas, como o pacote para Mónaco ou um para Monza com dois níveis de apoio aerodinâmico em extremos opostos."

Também houve evoluções nos motores de Paolo Martinelli, como explica Brawn: *"Houve passos muito úteis. Se olharmos para o que tínhamos no início e no final do ano, vemos que em Indianápolis, por exemplo, demos um passo enorme com melhorias significativas. Vieram com alguns cavalos aqui, mais outros cavalos mais tarde, numa gradual melhoria durante todo o ano. Estivemos no final do ano a um nível de potência bem acima do que tivemos no início da temporada."*

Outra subtileza técnica do F2003-GA assentava nos travões totalmente carenados. Ao fecho da parte interna do sistema, já visto no ano passado, juntou-se o carenamento da parte externa, melhorando a aerodinâmica do conjunto e a refrigeração do sistema de travagem. Uma solução rapidamente copiada pela concorrência, que depois de ter contestado a regularidade do sistema no ano passado, acabou por o adoptar na íntegra.

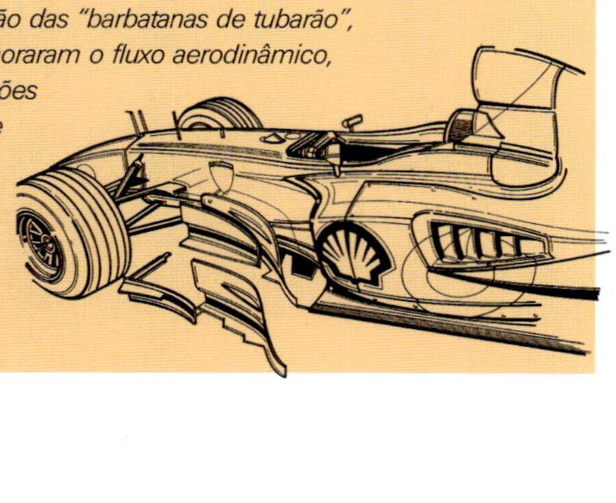

A Ferrari introduziu alterações constantes no F2003-GA, praticamente a cada Grande Prémio. Depois da introdução das "barbatanas de tubarão", que arruinaram a estética mas melhoraram o fluxo aerodinâmico, foram apresentadas sucessivas versões dos deflectores anteriores, vendo-se na imagem o modelo que esteve no G. P. de Espanha e, por fora, a versão introduzida a partir de Silverstone, dotada sempre de dois elementos, mas sem apresentarem o mesmo eixo.

WILLIAMS-BMW 3 4

Sob todos os aspectos, o Williams-BMW FW25 foi o patinho feio que se transformou num belo cisne vencedor. Teve uma nascença problemática numa altura em que parecia que aliança anglo-germânica parecia estar a ponto de se romper. Este FW25 era um tormento para ser pilotado nas suas primeiras corridas e não dava aos seus pilotos nenhuma esperança de que se poderia transformar num contendor para o título. No entanto, corrida a corrida, à medida em que o pacote tecnológico foi refinado e os seus pneus Michelin desenvolvidos, o FW25 ganhou performance.

Só em Imola, o novo carro correu com a sua traseira definitiva, completa com suspensão de barras de torsão e um conjunto de suspensão menor. No entanto, a grande clivagem, a enorme melhoria veio em Mónaco com uma nova distribuição de pesos que alterou – para melhor, claro – o equilíbrio e a maneabilidade. Esta corrida também viu a estreia dos novos Michelin dianteiros mais largos. Montoya ganhou depois de Ralf ter liderado inicialmente.

"O pneu mais largo foi uma pequena melhoria," disse Patrick Head. *"Mas apenas marginalmente. Acho que um dos problemas ao avaliarmos a nossa temporada de 2003 foi que alguns comentadores pensam que em Mónaco fizemos algo muito importante e diferente. Na realidade, porque os nossos melhores resultados apareceram depois dessa corrida, ficou na mente de todos que tivemos uma exagerada evolução de forma. Teríamos tido boas hipóteses em Imola e na Áustria, não tivessem sido maus reabastecimentos e uma falha de motor, respectivamente."*

Para Silverstone os carros tiveram novamente difusores revistos e deflectores nas

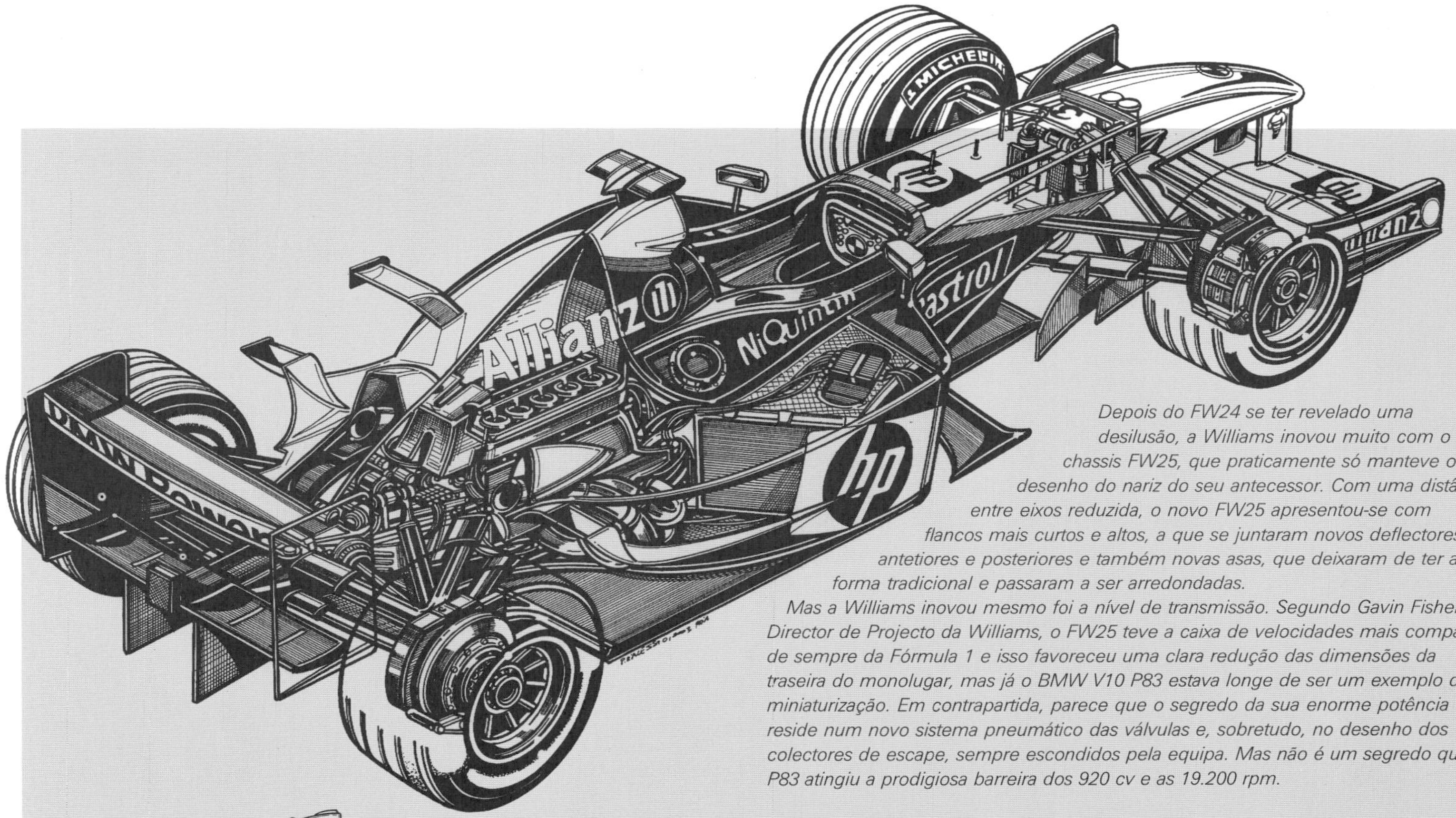

Depois do FW24 se ter revelado uma desilusão, a Williams inovou muito com o chassis FW25, que praticamente só manteve o desenho do nariz do seu antecessor. Com uma distância entre eixos reduzida, o novo FW25 apresentou-se com flancos mais curtos e altos, a que se juntaram novos deflectores antetiores e posteriores e também novas asas, que deixaram de ter a sua forma tradicional e passaram a ser arredondadas.

Mas a Williams inovou mesmo foi a nível de transmissão. Segundo Gavin Fisher, o Director de Projecto da Williams, o FW25 teve a caixa de velocidades mais compacta de sempre da Fórmula 1 e isso favoreceu uma clara redução das dimensões da traseira do monolugar, mas já o BMW V10 P83 estava longe de ser um exemplo de miniaturização. Em contrapartida, parece que o segredo da sua enorme potência reside num novo sistema pneumático das válvulas e, sobretudo, no desenho dos colectores de escape, sempre escondidos pela equipa. Mas não é um segredo que o P83 atingiu a prodigiosa barreira dos 920 cv e as 19.200 rpm.

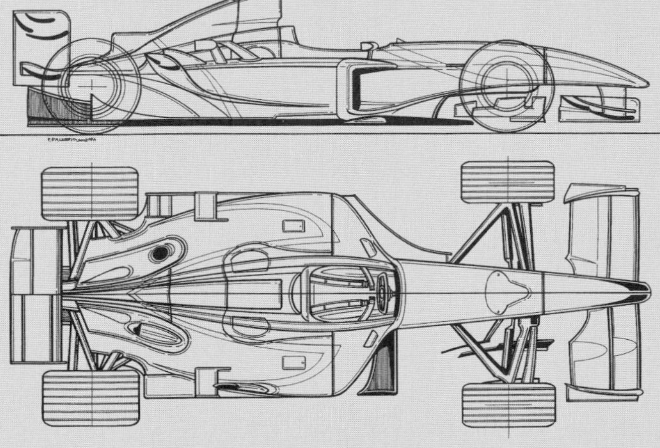

A Williams modificou substancialmente o FW25 ao longo da temporada. À esquerda (desenho de cima), podemos ver as principais alterações, com o modelo que terminou a temporada. Relativamente ao FW25 visto em Melbourne notam-se as "chaminés" para saída do ar quente dos radiadores, o reposicionamento dos escapes e pelos diversos deflectores utilizados, dado que depois de ter iniciado a temporada com elementos aerodinâmicos altos, estilo McLaren, a Williams mudou de filosofia e adoptou o sistema de duplo deflector anterior, montado à volta das suspensões anteriores.

Grandes novidades na Williams foram as suspensões. O FW25 apresentou-se sem os conjuntos mola/amortecedores, optando pelas mais modernas barras de torsão. Como se vê pelo desenho (à direita, em cima), o esquema das suspensões posteriores prevê o uso das barras de torsão no lugar tradicionalmente reservado às molas coaxiais. No FW25 os amortrxedores foram montados em posição transversal sobre a caixa de velocidades, com um terceiro amortecedor central para controlo do rolamento. Num sistema ao utilizado pela Ferrari desde 2001, as barras de torsão apresentaram-se em posição inclinada e, em parte, acopladas internamente numa fusão com a zona superior da caixa de velocidades.

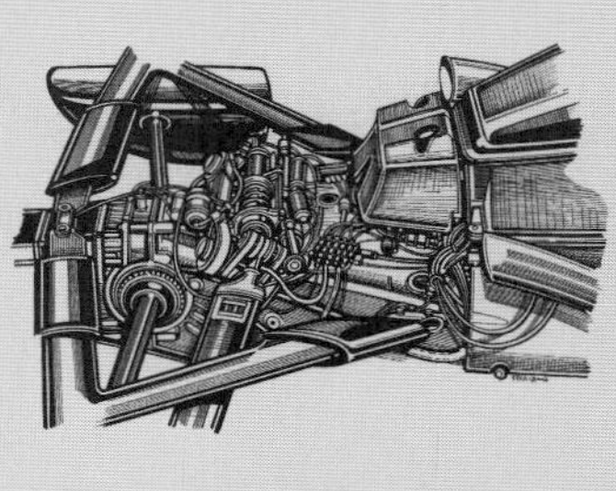

Na segunda parte da temporada o domínio da Williams também passou pela adopção das soluções vistas noutros monolugares (à direita, em baixo). Foi o caso das "chaminés" sobre os flancos, de matriz Renault, enquanto as saídas de ar posteriores, em periscópio, tinham uma ampla influência ferrarista. Curiosamente, o elemento colocado na zona mais alta do capot-motor tem inspiração americana, sendo uma solução muito vista nas ovais estaduninenses.

carenagem do motor para ajudar a estabilidade do fluxo e a direcção de ar. No entanto, houve uma enorme evolução aerodinâmica para o GP de Itália, em Monza, onde a equipa usou novos pneus dianteiros Michelin na sequência da discussão a seguir ao GP da Hungria sobre a dimensão do piso dos pneus.

McLAREN-MERCEDES 5 6

O MP4/17 da temporada passada foi sujeito a uma importante modernização, enquanto a equipa lutava para tentar fazer alguma coisa com o seu tão anunciado MP4/18, uma máquina totalmente nova que iria elevar a aposta tecnológica, e aumentar as esperanças de conseguir lutar com a Ferrari. Já em Agosto de 2002, foi decidido abortar o programa do novo motor Mercedes F0110N em favor de uma postura mais ambiciosa – o F0110P – numa aposta para acompanhar a intenção da McLaren em fazer do chassis MP4/18 algo muito especial. No entanto, embora o novo carro tivesse mostrado ser potencialmente muito rápido, o seu programa de testes foi coalhado de problemas, até mesmo pelo fact com o de por duas vezes ter falhado o teste da FIA de resistência a impacto lateral. Também foi afectado por excessivas vibrações do totalmente novo motor Mercedes F0110P, mais leve e mais baixo que causaram quebras de componentes secundários. Pior ainda: houve

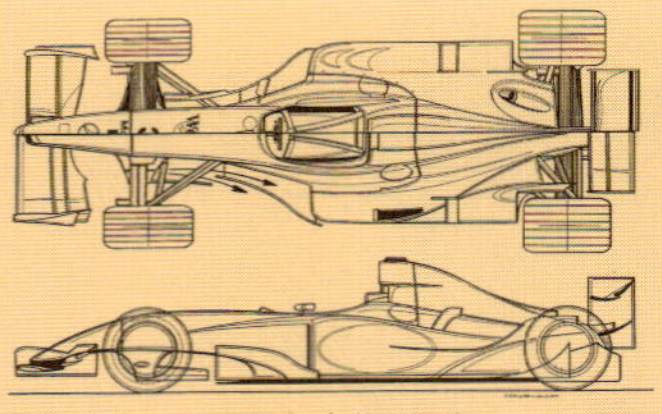

Quando reina a filosofia da evolução, a McLaren surpreendeu com a verdadeira revolução que foi o MP4/18. No confronto entre as formas do carro que não chegou a correr com as do MP4/17D essas diferenças são bem visíveis, pois o MP4/18 (sem logotipos dos patrocinadores) apresenta linhas verdadeiramente inéditas. A começar pelo nariz, que é bastante mais estreito que o do seu antecessor, com uma curvatura mais pronunciada e bordos mais angulares. Surpreendente também a redução da área da traseira do monolugar, fruto da miniaturização da caixa de velocidades e dos elementos externos do motor, permitindo o deslocamento dos escapes da parte alta da carroçaria para o interior do difusor inferior

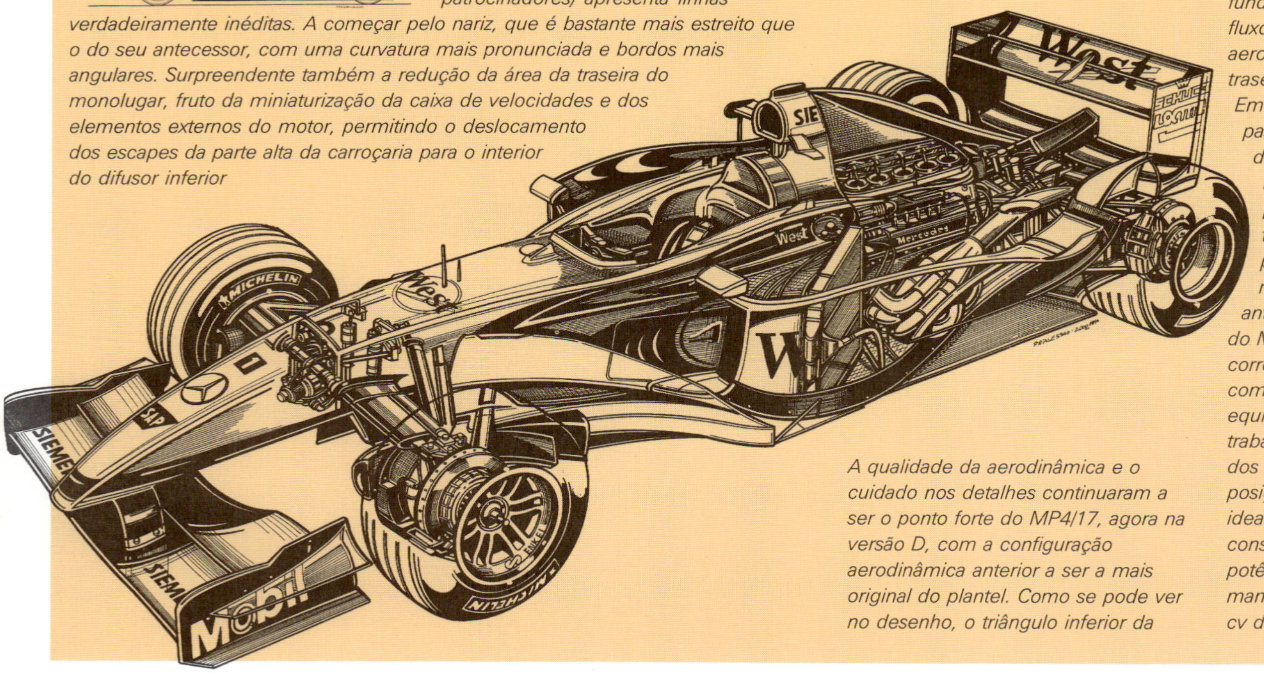

A qualidade da aerodinâmica e o cuidado nos detalhes continuaram a ser o ponto forte do MP4/17, agora na versão D, com a configuração aerodinâmica anterior a ser a mais original do plantel. Como se pode ver no desenho, o triângulo inferior da suspesão da frente, não está ancorado na monocoque, mas sim num prolongamento do chassis. Uma ideia origianl, que permite aumentar a quantidade de ar que passa pelo fundo plano e, assim, a velocidade do fluxo, com reflexos na carga aerodinâmica gerada pelos difusores traseiros.
Em relação ao modelo visto no ano passado o MP4/17D incorpora novos deflectores e importantes modificações nas suspensões. As posteriores incorporam um terceiro amortecedor superior, para um melhor controlo do rolamento, enquanto para o eixo anterior foi introduzida uma solução do MP4/18 que nunca chegou a correr, mas que melhorou o comportamente substancialmente o equilíbrio do MP4/17D. Adrian Newy trabalhou na modificação nas pinças dos travões, passando-as a uma posição vertical, na procura do acerto ideal. Quanto ao Merceces F0110M, conseguiu reduzir a diferença de potência para a BMW e a Ferrari, mas manteve-se, ainda, a cerca de 30/50 cv de distância dos seus rivais.

dois acidentes muito violentos, um envolvendo Alex Würz em Jerez, e outro Räikkönen em Barcelona, que deixaram dois chassis muito danificados. Como resultado, a equipa alinhou com um MP4/17 actualizado desde o início do ano com aerodinâmica revista, algumas mudanças na caixa e algumas alterações internas muito subtis no chassis. Este carro intermédio começou o ano brilhantemente com vitórias de David Coulthard em Melbourne e Räikkönen na Malásia.
Para Montreal, os sistemas de arrefecimento da suspensão dianteira do carro e dos travões foram melhorados, mas até Hockenheim e Hungria este específico McLaren começou a ficar sem fôlego para os carros da frente e foram logo introduzidas com toda a urgência versões melhoradas do motor e do pacote aerodinâmico em Monza.
"Se não tivéssemos tido esse novo pacote em Monza, teria sido triste", disse Martin Whitmarsh, Director Geral da McLaren. *"Não foi concebido para nos ajudar a diminuir a desvantagem para os líderes – a intenção era manter-nos como estávamos de forma a não baixarmos ainda mais o nosso nível competitivo."*
Na realidade, houve mais alguns elementos do MP4/18 que foram introduzidos no 17D, mas que eram pouco visíveis. *"A actualização de Monza incluiu elementos do 18, como travões mais desenvolvidos, sistema de arranque e sistemas do motor apesar de haver elementos do novo carro que obviamente não podiam ser usados, como o conjunto de arrefecimento dos travões e outros"*, continuou Whitmarsh. No final, apesar da temporada ter trazido apenas duas vitórias, a equipa McLaren-Mercedes pode ficar razoavelmente satisfeita com o que conseguiu sob condições de certa forma tão adversas. A estratégia para 2004 é muito diferente, com o novo MP4/19 programado para ser testado muito antes do final de Novembro de 2003, com o objectivo de andar em Melbourne como um carro confiável capaz de fazer frente à Ferrari.

RENAULT 7 8

A Renault foi talvez a única a conseguir mais do que aquilo a que se tinha proposto. As expectativas para 2003 eram consolidar o quarto lugar no campeonato e talvez desafiar o terceiro com alguns pódios. No entanto, Fernando Alonso e Jarno Trulli chegaram ao pódio cinco vezes (com a parte de leão sendo do espanhol). A Renault até se manteve na segunda posição temporariamente antes de se segurar em terceira e depois aceitar uma confortável quarta posição no Campeonato de Constructores, quilómetros à frente dos restantes.
Se o conjunto do R23 teve algum ponto fraco, foi o binário do motor nas faixas médias e alta de rotações. Mas, por outro lado, a Michelin teve um papel muito importante e o pacote de chassis e da aerodinâmica não foi inferior a nenhum outro. Isso foi notório no Hungaroring, onde Alonso liderou da polé até à vitória e se tornou o mais jovem vencedor de um GP. Igualmente satisfatória foi a sua perseguição ao Ferrari vencedor de M. Schumacher em Barcelona. *"Temos tido esta constante evolução desde que a Renault se tornou proprietária da equipa (em 2000) e começou a investir nela"*, disse o Director de Engenharia Pat Symonds. *"Não temos mais que pagar directamente pelos nossos motores e isso liberou dinheiro*

para outras áreas. Em termos de competitividade geral, o dinheiro investido em pessoal, em engenharia e especialmente no túnel de vento tem tido um efeito muito positivo na nossa performance.
"Mostramos de novo um progresso muito consistente e conseguimos dar um passo em frente muito realista ao terminar o campeonato com melhores classificações. Quando digo credível, não me refiro a pessoas dentro da equipa, mas sim a todo o mundo fora da equipa. Agora podemos dizer que somos uma equipa que tem de ser encarada como um forte adversário."

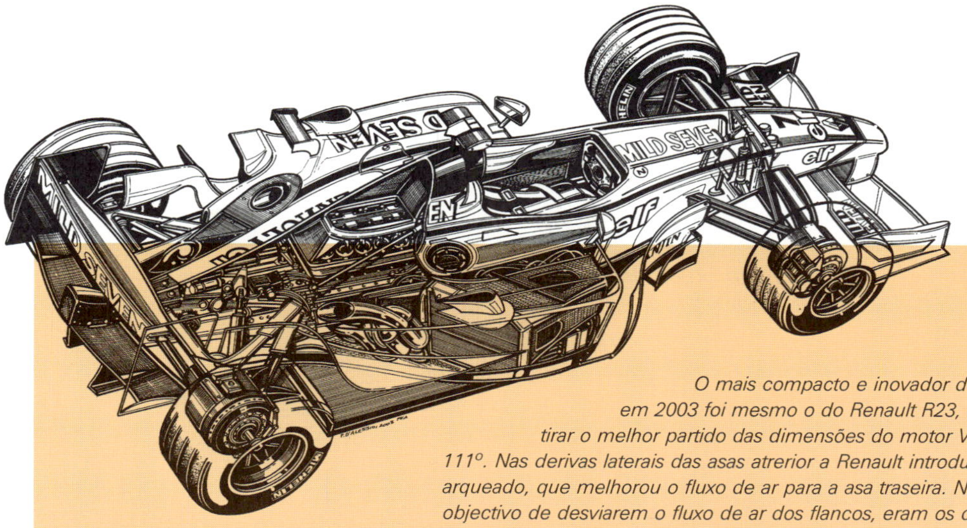

O mais compacto e inovador dos chassis que correra em 2003 foi mesmo o do Renault R23, com Mike Gascoyne a tirar o melhor partido das dimensões do motor V10 com abertura a 111º. Nas derivas laterais das asas atrerior a Renault introduziu um perfil arqueado, que melhorou o fluxo de ar para a asa traseira. Novos, e com o objectivo de desviarem o fluxo de ar dos flancos, eram os deflectores laterais, colocados atrás das rodas anteriores..
Com um perfil muito baixo, sobretuzo a partir de Silverstone, onde foi introduzida uma nova carroçaria, o R23 era dotado dum elevado número de apêndices aerodinâmicos. Foi o caso dos deflectores que quase cobriam as rodas traseiras, das "chaminés" que saiam dos flancos e desviavam o ar quente da asa traseira e das pequena aletas no interior das rodas motrizes. Também o difusor foi bastante alterado, passando as suas paredes internas a terem um perfil arqueado, enquanto a asa traseira – muito copiada posteriormente – inovou com o ser perfil em arco. As novas suspensões, sem terem o nível tecnológico visto na Ferrari e na McLaren, fizeram da simplicade o seu ponto forte, mostrando-se muito adaptáveis, enquanto o motor, apesar do seu evidente handicap em potência, permitiu soluções extremas na aerodinâmica e na suspensão posterior, onde se podia ver que as barras de torção faziam a ligação da parte alta do chassis com a transmissão.

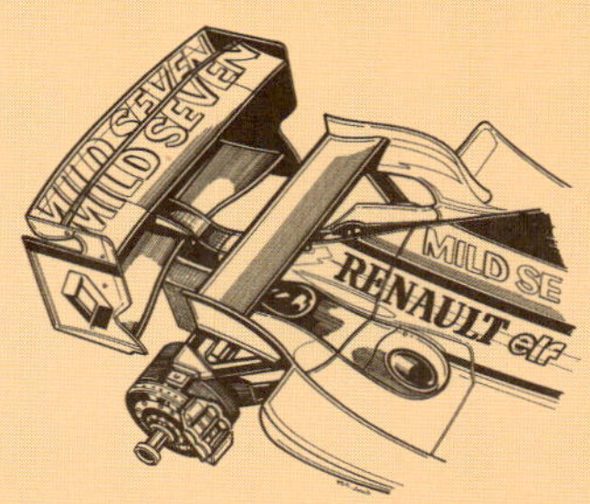

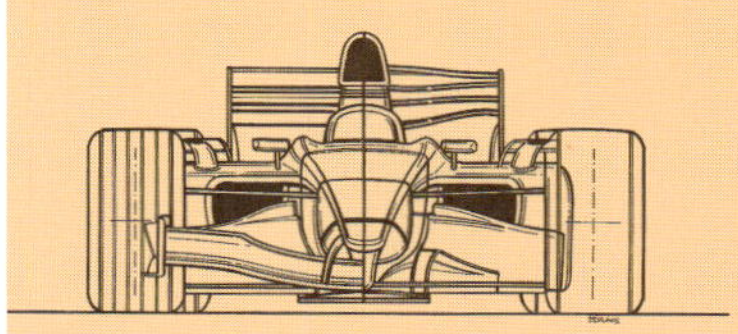

No Mónaco e em Budapeste, pistas lentas onde a carga aerodinâmica é muito importante, a Renault apresentou-se com uma asa traseira onde a originalidade estava concentrada nas derivas. Como se pode ver no desenho, existe um claro espaço na sua parte superior, que consente ao perfil mais alto da asa alterar a sua incidência em andamento. Uma modificação nos limites do regulamento, pois este impõe o uso de componentes aerodinâmicos fixos.

Visto de frente, o R23 é aquí apresentado na versão origina (à esquerda) e naquela vista a partir de Silverstone (à direita). Em destaque as novas asas traseiras, com o seu perfil arqueado, que tem limitados custos em termos de arrasto, mas garantiram uma maior carga aerodinâmica no trem traseiro do Renault, com evidentes vantagens nas curvas de média e alta velocidade. À direita, e retiradas as asas anteriores, pode igualmente ver-se como a marca francesa duplicou o número de deflectores, introduzindo uma nova parede lateral, mais baixa e estreita, um pouco como fez a Ferrari com o F2003-GA

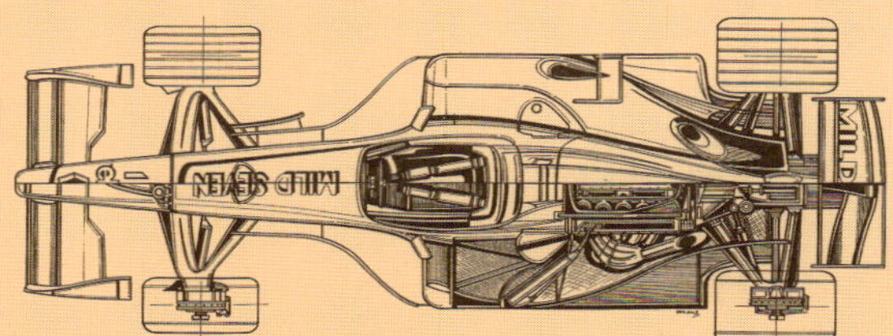

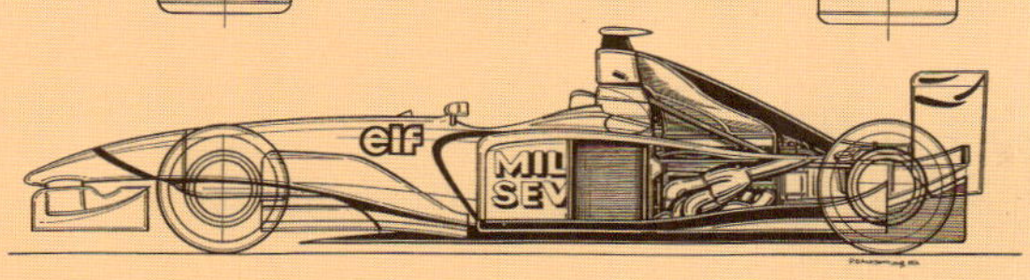

Para melhor compreensão dos segredos do R23, seccionamos em duas partes o monolugar francês, juntando o conjunto completo a um desenho privado do capot-motor (à esquerda). Assim podem notar-se as maiores dimensões laterais do motor e a presença dum roll-bar colocado por trás do piloto, com a intenção de aumentar a rigidez do conjunto traseiro. Isto porque o dez cilindros da Renault não é auto-portante e necessita duma estrutura tubular à sua volta para dar mair rigidez ao conjunto.

BAR HONDA 16 17

O excelente departamento de compósitos da equipa construiu um chassis muito leve. *"Acreditamos que seja um dos mais leves de toda a F1"*, disse o Director Técnico, Geoff Willis. Mais, este chassis passou todos os testes de impacto imediatamente, sem problemas.
Subsequentemente, aponta Willis *"contratamos mais alguns engenheiros mecânicos e concentrámo-nos em todos os outros assuntos, incluindo a instalação do motor, direcção assistida mecanicamente, sistemas hidráulicos. Nós, basicamente, redesenhamos todo o carro, sempre tendo em mente que teria de dar certo à primeira, e que teria de ser simples, com um uso sensato dos recursos de materiais, de projecto e de fabrico."*
Também houve um motor Honda completamente novo que rodou pela primeira vez no dinamómetro em Agosto de 2002 e funcionou num carro logo no primeiro teste de Inverno em Barcelona. A orientação era ir melhorando-o ao longo do Inverno, com mais cinco melhorias em potência (entre 0,3 e 1,5 a 2%) e reduzindo o peso (um total entre 5 a 10%) durante o ano. Na realidade tiveram de dar um passo atrás em Melbourne depois de um problema com um lote de veios de excêntricos (árvore de cames) ter causado problemas iniciais, mas isso foi corrigido até à Malásia.
A primeira melhoria em potência da equipa japonesa chegou em Imola, e a segunda no Canadá, elevando-a a mais de 900 cavalos. A terceira foi em Silverstone, depois em Monza e finalmente em Suzuka onde o desenvolvimento num *"componente importante no qual já trabalhávamos durante o ano todo"* resultou em Button ter liderado a corrida durante três voltas. Este foi um significativo aumento de potência e também em regime de rotações, que eles esperavam tivesse repercussões no motor do próximo ano. A primeira redução de peso chegou em Mónaco no sistema de válvulas, depois em Silverstone, seguida por uma redução no bloco na Hungria.

Houve um subsequente emagrecimento para ambas as corridas que lideraram em Indianápolis e em Suzuka. O compromisso de Willis em acertar à primeira deu certo na medida em que *"não houve grandes novos redesenhos de qualquer coisa no carro, pelo que nos podemos concentrar no desenvolvimento aerodinâmico. Demos quatro ou cinco grandes passos em frente e todos funcionaram bem!"* Estes incluíram o conjunto de grande apoio aerodinâmico para Mónaco e baixo para Monza, mais um enorme avanço em Silverstone: um arco de segurança mais leve, novas carroçaria, difusor e pontões laterais. Houve quatro alterações às asas dianteiras, e duas nos aerofólios traseiros inferiores e cinco nos superiores. Além disso, um conjunto mais leve da barra estabilizadora dianteira, carretos de caixa mais leves e mudanças experimentais da geometria da suspensão.

JAGUAR COSWORTH 14 15

A equipa de aerodinâmica liderada pelo antigo engenheiro da Renault, Ben Agathangelou, havia já feito um promissor trabalho na alteração do R3. No entanto, agora precisavam de uma estrutura de chassis bem mais rígida para o desenvolvimento do R4. *"O importante foi ele ter escrito o que precisávamos de fazer em termos de especificação"*, contou o chefe da equipa, David Pitchforth. *"Então testámos o carro muito antes de ter chegado à pista e certificamo-nos que tudo estivesse estruturalmente certo. Pelo menos foi o que esperávamos. Há a crença no meio automobilístico que a única forma de testar é com um piloto dentro do carro, e numa pista. Mas, nós somos de outra opinião. A melhor coisa é, primeiro, testar em laboratório e, só depois, levar o carro para a pista. O outro grande ganhou foi na área aerodinâmica. Começámos com um novo conjunto aerodinâmico em Março de 2002, desenvolvemo-lo no R3 e depois aplicámos no novo R4 o que aprendemos. Foi um projecto evolutivo."*

Webber andou bem no começo do ano, apesar de alguns irritantes problemas de falta de fiabilidade terem afligido o R4 nas primeiras corridas. Pitchforth comentou: *"No começo da temporada tivemos alguns problemas de fiabilidade que foram realmente resultado do R4 ter sido desenvolvido tão tarde. Por termos começado o programe de desenvolvimento melhorando o R3 e depois mudando para o R4, a quilometragem que este fez antes de Melbourne foi muito pequena. Nunca fizemos testes de durabilidade suficientes. Por isso, quando fizemos tivemos de fazer uma corrida completa o carro aquecia demasiado e parte do rolamento do veio de transmissão sobreaqueceu e queimou-se, gripando, o que causou que o veio rebentasse e partisse e suspensão. Pareceu uma falha de suspensão, mas foi na realidade um pequeno rolamento da transmissão que falhou. Isto tudo por falta de testes."*

O parceiro técnico da Jaguar – a Cosworth – esforçou-se bastante com o promissor motor V10 CR5 que foi exclusivo para a equipa. Foi portanto uma desilusão para a equipa não ter feito testes suficientes com o novo motor antes de começar o campeonato. *"A Cosworth fez um grande trabalho, mas a ideia era termos tido o novo motor a andar no final de 2002 no R3 híbrido de testes"*, disse Pitchforth. *"Mas isso não aconteceu como deveria, pelo que eles andaram sempre um atrasados em testes do motor. Também tiveram alguns problemas com peças originárias de motores anteriores, que no novo projecto causavam mudanças de pontos de tensão. No entanto, eles ajustaram-se muito depressa à situação, e apesar de algumas vezes parecer de termos tido as mesmas falhas duas vezes, isso na realidade jamais aconteceu."*

A briga com a Michelin

A controvérsia sobre a legalidade dos pneus Michelin eclodiu depois que a Bridgestone informou a Ferrari que, na sua opinião, os pneus franceses podiam estar ilegais em certas circunstâncias ao infringirem a regra que determina que a largura da banda de piso em contacto com a pista não pode exceder 270 mm.

As objecções foram imediatamente após o GP da Hungria, onde M. Schumacher terminou a prova em oitavo, com uma volta de atraso, o que inevitavelmente levou as equipas equipadas com Michelin a criticar a Ferrari, apelidando-a de má-perdedora. A princípio isto parecia ter um grande problema para Montoya e Räikkönen que estavam a um e dois pontos do alemão na luta pelo título depois da corrida de Budapest. A Ferrari inicialmente rejeitou qualquer acusação de que estivesse por trás desta reclamação. A Scuderia tinha sido acusada sem mercê pela imprensa italiana depois da péssima performance húngara. A Bridgestone comportou-se do mesmo modo. *"A largura da área de contacto dos nossos pneus com o asfalto não nos preocupa"*, disse o seu porta-voz. *"A Bridgestone não reclamou, formal ou informalmente à FIA sobre este assunto."* No entanto, eles deram conhecimento à Ferrari das suas preocupações...

Charles Whiting, o delegado técnico da FIA, subsequentemente escreveu a todas as equipas delineando anterações na forma como de futuro os pisos dos pneus dianteiros passariam a ser verificadas de modo a certificar-se que nenhum dos fabricantes de pneus tirasse qualquer vantagem desleal da aderência adicional ganha por ter mais borracha em contacto com o asfalto do que o permitido.

No entanto, esta nova regra da FIA implicava que a Michelin teria ganho uma vantagem adicional ao ter mais do que a permitida largura de piso em contacto com a pista. A Michelin apontou ter confirmação escrita da FIA que o perfil dos seus pneus estava dentro do regulamento e pediu que qualquer alteração dos regulamentos fosse adiada para 2004. Estava-se a entrar numa área confusa e suja da F1.

Whting aconselhou as equipas: *"Está bem claro que sob certas circunstâncias que a área total dos pneus em contacto com a pista em alguns carros pode exceder 270 mm de largura, apesar do facto de quando medida estaticamente num pneu novo a aparente largura não exceder o máximo estipulado no regulamento. Com efeito imediato, qualquer parte de um pneu dianteiro que considerarmos ter estado em frequente ou sistemático contacto com a pista será considerada como sendo parte do piso do pneu e será levada em conta quando medirmos a largura do pneu conforme definido nos regulamentos."*

Sam Michael, engenheiro chefe de operações da Williams comentou: *"A FIA mudou a forma como mede a área do pneu em contacto com a pista. Estamos a rever as consequências disso."*

O director de operações da McLaren, Jonathan Neil, levantou o problema da maior dificuldade de medir o piso do pneu depois de uma corrida: *"Quando os pneus estão quentes e cobertos de detritos, têm obviamente uma superfície muito menos definida. Mesmo que se removam os detritos, teremos sempre um grau de desgaste numa direcção, pelo que teremos de pedir à FIA um esclarecimento à FIA sobre o que ela quer dizer."*

Guerra psicológica suja

Por fim, a Michelin fabricou uma nova série de pneus a tempo do GP de Itália, a tempo de estarem dentro das novas regras da FIA. Os novos pneus funcionaram extremamente bem e a corrida passou sem qualquer momento desagradável nas verificações técnicas. No entanto, o que não pode ser esquecido foi o clima de suspeição levando pela Ferrari sobre as equipes de ponta com pneus Michelin. Mais uma sujeira da F1.

SAUBER-PETRONAS 9 10

O C22 foi um carro completamente novo fabricado, na sua maioria, com peças novas. O C21 fora uma evolução do C20, mas este era um carro totalmente novo, com vários objectivos. Um era usar melhor os pneus, mas os testes logo revelaram falta de apoio aerodinâmico. A aerodinâmica era conceptualmente considerada melhor, mas não o suficiente. Em vez de ser muito melhor em testes, foi apenas um pouco melhor. Por isso, uma melhoria aerodinâmica foi imediatamente planeada.
Como de costume, os Sauber andaram com motores Ferrari do ano anterior, com a sua própria caixa de velocidades. O motor foi melhorado por duas vezes durante o ano – primeiro para a qualificação em Montreal, tendo depois feito a corrida de Nurburgring, e depois outra modificação ara Monza. Em cada um dos casos *"foi algo que os pilotos sentiram de imediato",* disse o Director Técnico Willy Rampf. Enquanto o seu próprio e bem avançado túnel de vento ainda está a ser construído, continuaram a usar as instalações governamentais em Emmen, a uma hora de carro, onde compraram 2.200 horas, mas isso foi apenas um terço do tempo de túnel de vento usado pela Renault, por exemplo. Este é também um túnel antiquado, para modelos a 50%, com uma secção estreita, que provoca turbulência. Este túnel só pode ser usado em horário laboral normal.
"No entanto, depois das primeiras corridas vimos que se nos concentrássemos no aerofólio dianteiro não iríamos conseguir o que pretendíamos. Os passos eram demasiado pequenos para vermos algumas melhorias, para nos aproximarmos dos nossos competidores. Este foi o motivo pelo qual mudamos a nossa filosofia", continuou Rampf. *"Assim passamos a concentrarmo-nos na traseira do carro – no aerofólio traseiro e na cobertura do motor. Fizemos várias alterações até à nova cobertura do motor apresentada em Indianápolis. De Silverstone em diante, tivemos modificações aerodinâmicas na asa traseira e no fundo, que tiveram excelentes resultados. Passou a haver uma tendência de melhoria."*
Eles também tentaram diferentes geometrias de suspensão dianteira e trabalharam duro nos amortecedores. Outro objectivo era manter os pneus mais consistentes para que a quebra da sua performance durante uma corrida não fosse tão grande, mas isso foi apenas aparente no fim do ano.

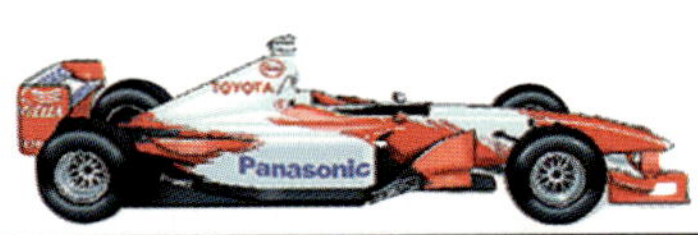

TOYOTA 20 21

O Toyota TF103 também se inspirou bastante no dominante Ferrari F2002, especialmente em redor da forma dos pontões laterais, na cobertura do motor, nos escapes em periscópio e na posição dos radiadores.
O TF103 era cerca de 20 kg mais leve que o seu antecessor, o que possibilitou uma mais estratégica colocação de balastro, e o novo e mais curto motor RVX-03 desenvolvido pela equipa dirigida por Luca Marmorini desenvolvia cerca de 850 cavalos mesmo abaixo das 19.000 rpm.
No lançamento do carro, o Vice-Presidente da equipa, Ove Andersson, comentou: *"Realisticamente deveremos apontar para qualificações nos Top Tem e desafiarmos os demais com frequência pelas posições pontuáveis."*
Dez meses depois, a Toyota só conseguiu concretizar parte dessa ambição. Eles qualificaram-se nos Dez Primeiros apenas 14 vezes em 32 participações. Não conseguiram um único pódio, e terminaram o Campeonato de Construtores num desapontador oitavo lugar, atrás da BAR-Honda, Sauber e Jaguar na luta pelo "melhor dos outros". Apenas a Jordan e a Minardi ficaram atrás da Toyota.
Em Suzuka, o chefe do departamento de motores, Norbert Kreyer, reflectiu pesarosamente sobre as 16 corridas: *"Delineamos objectivos bem claros, e se tudo tivesse corrido bem, teríamos conquistado 15 pontos e, talvez, se tivesse corrido muito bem, teríamos tido um pódio",* disse ele. *"Neste momento (antes da corrida do Japão) temos 14 pontos e nenhum pódio, o que não era uma obrigação, mas um meta valiosa. Começamos o ano com um problema de combustível na Austrália. Olivier partiu da quinta posição do grid, e depois tivemos um problema misto com o chupador e com a gasolina a ferver, devido às altas temperaturas; ao longo do Inverno testamos com temperaturas baixas e com simulações. Na Austrália tivemos este problema de sobreaquecimento da gasolina. O problema seguinte foi no sistema de reabastecimento na Malásia, que conseguimos resolver para o Brasil. Quando resolvemos tudo isto já tínhamos perdido demasiado tempo e perdido pontos. No final do ano fizemos mais melhoramentos aerodinâmicos. No fundo aprendemos com os nossos erros, como, por exemplo, no erro de escolha de pneus em Indianápolis. Realisticamente a nossa posição no grid era sétimo e décimo. Tudo o que fosse melhor do que isso era um bónus.*
"Demos quatro grandes passos em frente: cinco a seis cavalos de cada vez, e também uma grande evolução aerodinâmica em Silverstone. Ainda estávamos a aprender como conseguir o melhor conjunto aerodinâmico e como conseguir a melhor performance dos pneus."

JORDAN-FORD 11 12
MINARDI-COSWORTH 18 19

Para os dois lanternas vermelhas da F1, a temporada de 2003 foi uma questão de sobrevivência e jamais se tratou de conseguir melhorar a performance.
A Minardi mudou dos motores Asiatech e pneus Michelin para a Cosworth e a Bridgestone.
A Jordan da Honda para a Cosworth.
Houve pequenos desenvolvimentos durante o ano, mas sem os recursos financeiros para desenvolver o carro, para ambas as equipas os testes de sexta-feira de manhã foram as únicas oportunidades para os verificar, o que por vezes lhes custou em termos de preparação para as corridas.
Outros testes foram muito poucos e, no caso da Jordan em especial, a falta de fiabilidade dos motores foi pior do que eles pensavam ter direito e esperavam da Cosworth.

JAGUAR

L. Gorys

Michael Schumacher alcançou o recorde mais cobiçado da Fórmula 1 com o seu sexto título Mundial, quarto consecutivo. O alemão teve uma temporada bem mais difícil que a de 2002, mas atingiu os seus objectivos mesmo na última corrida da temporada

Michael Schumacher conquistou o seu sexto título Mundial, suplantando o recorde histórico de Juan Manuel Fangio, mas sofreu muito para bater Raikkonen. A Ferrari continuou a ser a força dominante, mas a superioridade vista em 2002 esbateu-se de forma evidente. Culpa, também, dos progressos da Michelin, que teve os melhores pneus na maior parte das corridas.

Um ano depois de ter passeado a sua superioridade por todas as pistas do Campeonato do Mundo de Fórmula 1, Michael Schumacher e a Ferrari tiveram de esperar até à última volta do Grande Prémio do Japão para respirarem de alívio, pois só quando Rubens Barrichello cortou a meta em Suzuka é que ambos os títulos ficaram garantidos. O alemão ainda tinha uma volta quase completa para efectuar, no que foi uma das corridas mais penosas da sua carreira, mas no final pôde festejar o seu sexto título, tornando-se no piloto melhor sucedido da história da Fórmula 1.

Mas se o resultado final de ambos os Mundiais foi o mesmo de 2002 – com triunfos do piloto alemão e da Ferrari – a história dos Campeonatos não teve quase mais nada em comum com a do ano anterior, tal a emotividade e as constantes alterações na supremacia a que assistimos ao longo desta temporada. Depois dum início fulgrante da McLaren-Mercedes, assisitimos ao já esperado domínio da Ferrari, mas, a meio do ano, foi a Williams-BMW quem assumiu o comando das operações. E foi só depois da primeira vitória da Renault em 20 anos que a Ferrari voltou a passar para a frente das tabelas de tempos, com três vitórias nas últimas corridas a garantirem a conquista dos dois títulos em disputa.
Num ano em que oito pilotos venceram Grande Prémios, com as estreias esperadas de Kimi Raikkonen e Fernando Alonso a juntarem-se ao surpreendentre triunfo de Giancarlo Fisichella em Interlagos, o equilíbrio foi a nota dominante, pois esses oito pilotos dividiam-se por cinco equipas diferentes. Isto quer dizer que metade das escuderias do plantel pôde festejar pelo menos uma vitória em 2003, o que é assinalável e já não acontecia há uns anos largos.

Mas como foi possível à Ferrari perder, de forma tão acentuada, o domínio que exercera no ano passado? Por três razões fundamentais: primeiro, porque a sua margem de progressão técnica era bem menor que a das sua rivais, dada a excelência do F2002 que dominara tudo e todos no ano passado. É evidente que o F2003-GA era superior ao carro do ano anterior, mas a diferença nunca podia ser tão grande como a apresentada pela Williams, McLaren e Renault, o que, só por sí, reduziu a margem de vantagem da Scuderia. Mas as razões para tamanha diferença não se ficaram por aquí
Em diversas ocasiões, sobretudo a meio da temporada, foi evidente a dificuldade da Bridgestone em apresentar pneus capazes de competirem com a Michelin, do que resultou uma impressionante passagem em branco para Michael Schumacher, desde o G. P. do Canadá – onde já nem tinha os melhores pneus – até ao G. P. de Itália. Nessa altura a marca francesa foi forçada a alterar os seus pneus na sequência duma decisão muito controversa da FIA, que deixou no ar a ideia de estar, uma vez mais, a fazer o jogo da equipa italiana. No seu período mais complicado a Bridgestone pagou o preço de apostar tudo numa só equipa, e isso penalizou-a em termos do desenvolvimento dos pneus. Em contrapartida, a Michelin dividiu o trabalho pelas suas três equipas de ponta e chegou ao final do ano com a certeza de ter os melhores pneus para piso seco, pois no molhado a superioridade dos japoneses continua a ser evidente.
O terceiro elemento decisivo para as inesperadas dificuldades da Ferrari acabou mesmo por ser Michael Schumacher. Igual a sí próprio sempre que a Scuderia lhe entregou um carro ganhador, o alemão pareceu desmotivado sempre que as suas ambições estavam limitadas pelo chassis ou pelos pneus. De cada vez que a Ferrari se encontrou numa posição de inferioridade foi Rubens Barrichello o seu piloto mais forte, com Schumacher remetido a uma toada de compromisso, sem atacar ninguém, como lhe bastasse limitar os danos com a conquista de um ou dois pontos. Este ano não se viu o Schumacher combativo, das ultrapassagens para a história. Agressividade só na defesa das suas posições, como em Silverstone, mas já em Budapeste o alemão foi passado com enorme facilidade por pilotos que raramente têm a ocasião de o superar. É evidente que com tantos triunfos na sua carreira Schumacher não pode continuar a ter a enorme ambição que o caracterizava anteriormente, mas não é menos verdade que isso contribuiu para que tivesse inesperadas dificuldades em chegar ao título.

Lugar aos novos

Esperava-se que fossem os pilotos da Williams-BMW a dar mais trabalho ao alemão, mas o seu grande rival acabou por ser o jovem Kimi Raikkonen. Com apenas 23 anos, o finlandês mostrou-se senhor duma rapidez e maturidade impressionantes, coleccionando lugares no pódio com uma regularidade espantosa. Coulthard foi completamente aniquilado pela rapidez do jovem nórdico e se este cometeu alguns erros em qualificação, isso deveu-se ao facto de ter o menos competitivo dos monolugares que lutavam pelos títulos. Em corrida Raikkonen foi verdadeiramente impressionante, atacando sempre, sem nunca cometer erros e só assim se explica que com um chassis que tinha na base o desenho do McLaren de 2002, tenha discutido até ao último metro o Mundial deste ano.
A forma determinada como esteve em pista, dando apenas o espaço necessário aos seus rivais, mas sem que a sua agressividade o levasse a passar das marcas, mostrou que o finlandês já é um osso duro de roer, mas que na linha do seu antecessor Hakkinen, joga sempre limpo, o que é encorajador para os amantes do automobilismo.
Raikkonen já é um rival de peso para Schumacher e regressará em 2004 ainda mais forte, o que será uma preocupação extra para o alemão, que se vê na posição do veterano campeão, atacado pelos jovens, junto dos quais a memória das suas conquista anteriores não suscita qualquer efeito intimadatória. Raikkonen já sabe que Schumacher pode ser batido e, por isso, vai iniciar a nova temporada mais determinado do que nunca em chegar ao título.

Kimi Raikkonen surpreendeu ao conseguir lutar pelo título com um chassis do ano anterior, mas a maturidade do finlandês juntou-se à sua enorme rapidez e a uma nova regularidade, tornando-o num sério rival para Schumacher

Fotos: Photo4

A Williams teve o melhor carro durante boa parte da temporada, mas a irregularidade dos seus dois pilotos e a luta interna a que entregaram fizeram com que ambos os títulos escapassem à equipa de Grove

O outro jovem que mostrou credenciais para ser Campeão do Mundo no futuro foi Fernando Alonso. O jovem espanhol foi a grande vedeta da primeira parte da temporada, para ter, em Budapeste, a sua primeira consagração.
No único fim de semana em que teve o melhor carro do plantel, Alonso fez o melhor uso possível do R23, dominando desde a qualificação até ao final da corrida, como se dum veterano se tratasse.
A sua agressividade em corrida deu frutos em Melbourne e no Brasil, pois protagonizou imensas ultrapassagens num espaço de tempo muito curto, mas também incorreu em alguns erros, próprios da sua juventude e que, com o tempo, vão desaparecer da sua forma de estar em pista. Basta que a Renault lhe dê um monolugar ainda mais competitivo em 2004 para Alonso aspirar ao título, pois rapidez e capacidade de terminar corridas já tem e ambição, também, não lhe falta.

Oportunidade perdida

Os grandes perdedores do ano foram os dois pilotos da Williams-BMW. Apesar do FW25 ser pouco competitivo nas primeiras corridas, Montoya e Ralf Schumacher cometeram diversos erros que lhes fizeram perder pontos preciosos. Depois, a partir do G. P. do Mónaco, a equipa de Grove acertou com o caminho para desenvolver o chassis e a superioridade dos Williams foi intensa. Foi então que a rivalidade entre Montoya e Ralf Schumacher custou pontos, sobretudo ao colombiano, que geriu mal o facto de ter concorrência interna e amuou por mais de uma vez, o que também lhe custou pontos preciosos.
O G. P. da Hungria foi catastrófico para ambos, pois cometeram erros em catadupa e perderam a possibilidade de lutar com Alonso pela vitória. Depois, Ralf Schumacher "desapareceu" e Montoya voltou a desapontar em Indianapolis, dizendo adeus ao título. Não estaremos a cometer uma grande injustiça se

Rubens Barrichello (ao alto) não chegou ao vice-campeonato, como em 2002, mas foi bem mais competitivo, relativamente a Schumacher, mostrando-se mesmo superior ao alemão em diversas ocasiões. Mark Webber (em cima), foi o melhor representante do segundo pelotão, assumindo a liderança da Jaguar com naturalidade

Fotos: Photo4

Villeneuve ao fundo

A temporada de 2003 foi particularmente negativa para Jacques Villeneuve, Campeão do Mundo em 1997.
O canadiano começou por entrar em conflito com Jenson Button, tentando desestabilizar o jovem britânico, mas acabou por ser ele a cometer a maior quota parte dos erros contabilizados pelos pilotos da BAR-Honda.
De permeio manteve-se em clima de Guerra Fria com David Richards, numa altura em que negociavam uma eventual continuidade de Villeneuve na equipa, mas acabou por ser preterido face a Takuma Sato, para satisfação dos homens da Honda.
Se fora de pista as coisas lhe correram bastante mal, pois não desestabilizou Button, não manteve o seu lugar para 2004 e não conseguiu criar condições que levassem ao afastamento de Richards, na pista as coisas não se passaram melhor para o canadiano. Muitos erros em qualificação deixaram-no em posições secundárias por diversas ocasiões e acabou por ser Button a recolher a maioria dos pontos conquistados pela BAR.
E para terminar a temporada ainda mais em baixa, Villeneuve decidiu não correr em Suzuka, pois já sabia que estava fora da BAR-Honda para 2004, mas até aí o tiro lhe saiu pela culatra, pois Button e Sato deram à equipa o seu melhor resultado do ano, conquistando um precioso quinto lugar final no Mundial de Construtores para David Richards. Foi a machadada final num ano que Villeneuve quererá esquecer rapidamente. Tempo para descansar não lhe falta, pois ainda não tem volante para o próximo ano, mas o canadiano está a tentar todas as opções, aceitando mesmo pagar para correr, pois quer estar no mercado no final de 2004, quando vários lugares de topo estarão disponíves.

Fiabilidade de Motores e Chassis em 2003

MOTORES	Largadas	Quebras %		Vitórias	Poles	Melhores voltas	Voltas no comando
		Motores	Acessórios				
BMW V10	32	3.13	0.00	4	4	4	310
Cosworth V10	64	4.69	10.94	0	0	0	2
Ferrari V10	32	0.00	0.00	8	8	8	377
Ford V10	32	28.13	9.38	1	0	0	1
Honda V10	31	12.90	16.13	0	0	0	17
Mercedes V10	32	3.13	12.50	2	2	3	182
Petronas FerrariV10	31	9.68	6.45	0	0	0	1
Renault V10	32	15.63	6.25	1	2	1	110
Toyota V10	32	6.25	9.38	0	0	0	18

CARROS	Largadas	NQ NL	Abandonos	Acidentes	Vitórias	Poles	Melhores voltas	Voltas no comando
BAR 005	31	1	13	1	0	0	0	17
Ferrari F2002	8	0	3	2	1	3	3	65
Ferrari F2003-GA	24	0	3	3	7	5	5	312
Jaguar R4	32	0	16	5	0	0	0	2
Jordan EJ13	32	0	18	3	1	0	0	1
McLaren MP4-17D	32	0	9	4	2	2	3	182
Minardi PS03	32	0	12	2	0	0	0	0
Renault R23	20	0	6	1	0	1	1	41
Renault R23B	12	0	4	0	1	1	0	69
Sauber C22	31	1	11	2	0	0	0	1
Toyota TF103	32	0	13	4	0	0	0	18
Williams FW 25	32	0	5	2	4	4	4	310

Fotos: Photo4

Fernando Alonso (em cima) foi a grande sensação do Mundial-2003, conquistando uma vitória e o coração dos amantes da Fórmula 1. Giancarlo Fisichella (à direita) conseguiu, finalmente, o seu primeiro triunfo em Grande Prémios, mas o resto da temporada foi uma desilusão para o piloto da Jordan-Ford

dissermos que com M. Schumacher, Raikkonen ou Alonso ao volante dum dos FW25 a equipa de Frank Williams teria ganho o Mundial de Pilotos, o que quer dizer que consideramos que foram Juan Pablo Montoya e Ralf Schumacher os principais desapontamentos deste ano. Tiveram carro para lutar pelo título, mas perderam-no por culpa própria.

Barrichello foi o melhor dos "segundos"

Se bem que oficialmente nenhuma equipa dê aos seus pilotos estatuto diverso, é evidente que na Ferrari conta mais Michael Schumacher do que Rubens Barrichello. Já na McLaren foi o superior andamento de Raikkonen que estabeleceu uma hirarquia interna, enquanto na Renault foi Alonso o mais forte, deixando no ar a ideia de ser o primeiro piloto da marca francesa.

Entre os "segundos pilotos" foi Rubens Barrichello que melhor se saiu. Primeiro, porque tinha a missão mais difícil – a de competir com o melhor piloto da última década – e voltou a demonstrar ser capaz de sobreviver face ao alemão. E acabou mesmo por ser superior a Schumacher nas provas em que a Ferrari não tinha o melhor carro, sendo fundamental para a conquista de mais um título de construtores para Scuderia. Só que quando o F2003-GA se mostrou uma arma absoluta foi, por norma, o alemão o mais rápido, se bem que em Silverstone e Suzuka o brasileiro tenha estado muitos furos acima do seu companheiro de equipa.

Trulli começou mal, mas conseguiu sobreviver ao "furacão Alonso", demonstrando uma capacidade que não se lhe conhecia de dar a volta aos acontecimentos, mesmo se em corrida raramente conseguiu superiorizar-se ao seu companheiro de equipa. Mas em qualificação voltou a dar boa conta de sí, provando que não é rapidez que lhe falta, mas talvez seja sõ uma questão de ter a sorte pelo seu lado para começar a atingir os resultados que o seu talento merece.

Quanto a Coulthard, voltou a desiludir, mostrando-se bem mais lento que Raikkonen na maior parte do ano e a sua continuidade na McLaren é um daqueles mistérios que só Ron Dennis poderá explicar. Em dez temporadas de Fórmula 1 o escocês foi sempre mais lento que os seus companheiros de equipa, não se percebendo bem como sobrevive desde 1996 numa das melhores escuderias do plantel.

Quanto aos restantes, a melhor nota tem de ir para Mark Webber e a Jaguar. Com um orçamento superior, somente, ao da Minardi, a equipa de Milton Keynes efectuou progressos notáveis, demonstrando que o dinheiro, só por sí, não compra resultados. Bem mais eficiente que em anos anteriores, quando esbanjou dinheiro de forma impressionante, a Jaguar criou condições para continuar a progredir, sobretudo se tiver a possibilidade de manter o rápido, regular e maduro Webber, sem dúvida um dos melhores pilotos da nova geração.

Nota final para Giancarlo Fisichella, que conseguiu vencer, por fim, um Grande Prémio, mesmo se isso aconteceu de maneira fortuita. Mas tanto o italiano como a Jordan afundaram-se por completo na segunda metade da temporada, nequele que poderá ter sido o ano da despedida de Eddie Jordan da Fórmula 1, pois as suas perspectivas são bastante negras para 2004, a não ser que lhe apareça mais um investidor milagroso, que compre a sua participação na equipa e o mantenha como responsável pela Jordan Grand Prix.

Toyota promete

O resultado final foi um desapontador oitavo lugar no Mundial de Construtores, mas a Toyota mostrou ser uma equipa com grande futuro na Fórmula 1, como, aliás, se esperava desde que anunciou a sua intenção de participar em Grande Prémios. É certo que foram cometidos erros estratégicos, que a equipa levou demasiado tempo a reagir a alguns problemas técnicos e de funcionamento e que o modo de trabalhar ainda é demasiado burocrático para as necessidades duma equipa de Fórmula 1. Mas o TF103 mostrou ser, de base, um bom carro e a partir do momento em que a equipa colocou o acelerador no programa de desenvolvimento os resultados começaram a aparecer. Com alguma ajuda da sorte Cristiano da Matta liderou por 17 voltas o G. P. da Grã-Bretanha e foi o brasileiro que se mostrou o mais incisivo dos pilotos da equipa japonesa, com excelentes exibições em Hockenheim e, sobretudo, Suzuka. Quanto a Panis, ficou aquém das expectativas, pois não usou a sua enorme experiência para se manter bem à frente do piloto mineiro, acabando a temporada de forma penosa, com uma exibição medíocre em Suzuka.

De bom ficaram, também os resultados em qualificação nas últimas corridas do ano e com a chegada de Mike Gascoyne fica a certeza de que a parte técnica da equipa de Colónia vai ficar muito bem organizada num curto espaço de tempo, o que só augura um bom salto de qualidade nos resultados da Toyota já para 2004.

Cristiano da Matta foi o melhor dos estreantes e mostrou-se capaz de liderar a Toyota na fase final da temporada, num ano em que a marca japonesa evoluiu consideravelmente

DIFERENÇAS EM QUALIFICAÇÃO

	Piloto menos rápido	Diferença	Piloto mais rápido	
9	R. SCHUMACHER	0,014	MONTOYA	5
0	GENÉ	0,820	MONTOYA	1
##	M. SCHUMACHER	0,121	BARRICHELO	6
5	VILLENEUVE	0,133	BUTTON	8
0	SATO	0,450	BUTTON	1
6	FRENTZEN	0,152	HEIDFELD	9
3	DA MATTA	0,316	PANIS	13
2	WILSON	0,399	VERSTAPPEN	6
0	KIESA	1,774	VERSTAPPEN	5
4	COULTHARD	0,520	RÄIKKÖNEN	10
3	PIZZONIA	0,698	WEBBER	8
0	WILSON	0,875	WEBBER	5
2	FIRMAN	0,859	FISICHELLA	12
0	BAUMGARTNER	2,920	FISICHELLA	2
7	ALONSO	1,869	TRULLI	8

Somente foram contabilizadas 15 qualificações para as equipes Sauber, Renault e Williams; 14 para as equipes BAR e McLaren e 13 para a equipe Minardi. Com as qualificações a disputarem-se numa única volta lançada para cada carro, com os carros sózinhos em pista, vários foram os pilotos que ficaram sem tempos nalguns circuitos: Verstappen na Austrália, San Marino e Austria; Wilson na Austrália; Raikkonen em Espanha e Canadá; Heidfeld na Europa; R. Schumacher e Trulli no Japão e Button na Grã-Bretanha e Mónaco (acidente nos treinos livres).

Grid Ideal
Pole Ideal: 1'20"438

1 – R. BARRICHELLO 0,356s
2 – M. Schumacher 0,477s
3 – J. P. Montoya 0,501s
4 – R. Schumacher 0,533s
5 – K. Räikkönen 0,615s
6 – J. Trulli 0,803s
7 – M. Gené 0,871s
8 – D. Coulthard 1,172s
9 – O. Panis 1,210s
10 – M. Webber 1,344s
11 – C. Da Matta 1,526s
12 – J. Button 1,558s
13 – J. Villeneuve 1,644s
14 – N. Heidfeld 1,713s
15 – H.-H. Frentzen 1,903s
16 – A. Pizzonia 2,042s
17 – G. Fisichella 2,073s
18 – T. Sato 2,211s
19 – F. Alonso 2,589s
20 – R. Firman 2,937s
21 – J. Wilson 3,486s
22 – J. Verstappen 3,599s
23 – Z. Baumgartner 4,954s
24 – N. Kiesa 5,360s

Pole ideal nos GPs em que correram:

1.19,595	R. Schumacher	1.20,527	Pizzonia
1.20,979	Räikkönen	1.31,713	Sato
1.19,686	Trulli	1.20,311	Firman
1.20,963	Gené	1.19,989	Wilson
1.20,753	Button	1.20,643	Verstappen
1.19,686	Villeneuve	1.21,326	Baumgartner
1.19,699	Heidfeld	1.20,240	Kiesa

Fotos L. Gorys

West
MICHELIN
MICHELIN
SIEMENS
mobile
West
6
Mobil
1
SAP
SIEMENS
mobile
SIEMENS
mobile

Foster's Australian Grand Prix

Melbourne

Só Coulthard escapou à confusão

Cyrsler

Mundial abre com triunfo feliz de Coulthard na primeira derrota da Ferrari em nove meses. Penalização de Räikkönen e erro de Montoya ajudam o escocês a ganhar.

O início do Campeonato abriu boas perspectivas, porque depois dum ano em que a Ferrari dominou tudo, em Melbourne as três equipas da frente discutiram a vitória que acabou por sorrir a Coulthard, como consequência de ter sido o único que escapou a problemas e evitou erros. Mas mesmo sem os excessos de Michael Schumacher e Barrichello a Scuderia teria tido um dia difícil em Melbourne, o que prova que a concorrência estava mais forte.
Com a pista ainda molhada, mas a secar rapidamente, só os utentes dos pneus Michelin puderam arrancar com pneus para piso seco, enquanto os da Bridgestone tiveram de partir com pneus de chuva. A vantagem destes durou duas voltas – Schumacher ganhou 11,2s a Montoya só aí! – mas daí para a frente a situação inverteu-se e os Williams, McLaren, Renault invadiram os lugares da frente.
Um acidente de Firman levou à entrada em pista do Safety Car à 6ª volta, o que ajudou Schumacher, mas o alemão passou o resto da corrida atrás de Räikkönen sem nunca o conseguir superar. Alguns

Fotos L. Gorys

Kimi Räikkönen venceu o primeiro round no seu combate com Schumacher, nesta disputa muito apertada em Melbourne, quando o alemão tentou passá-lo por fora. Mas a vitória escapou a ambos e foi Coulthard (em baixo) o primeiro a abrir o champanhe em 2003

excessos levaram-no mesmo a sair de pista por três vezes – numa delas apertado pelo finlandês – e com um deflector em posição perigosa o alemão teve de rumar às boxes, acabando a prova num desapontador quarto lugar.

Räikkönen tinha a corrida dominada, mas perdeu a vitória devido a uma penalização por ter excedido o limite de velocidade nas boxes – um erro de software, não do piloto – e, por isso, teve de contentar-se com o terceiro lugar. Isso deixou Montoya tranquilo na frente, mas o colombiano errou a dez voltas do fim e o seu pião na primeira curva entregou a liderança a Coulthard. Assim, sem ter passado ninguém, mas também sem cometer erros, o escocês triunfou na prova de abertura.

Bom início de ano para a Renault com Trulli e Alonso a serem quinto e sétimo, respectivamente, com o espanhol a pagar o preço dum desentendimento com Ralf Schumacher. Entre os dois ficou Frentzen, que fez valer toda a sua experiência, enquanto o mais novo dos Schumacher foi apenas oitavo, depois duma corrida comprometida por um mau arranque e dois despistes, um por culpa própria, o outro para evitar Heidfeld. A zero ficou Barrichello que bateu na sexta volta, quando já estava a ser chamado para cumprir uma penalização por ter queimado a largada e depois do airbag do seu sistema HANS ter furado, causando-lhe bastantes dores.

1

1º David Coulthard
2º Juan Pablo Montoya
3º Kimi Räikkönen
4º Michael Schumacher
5º Jarno Trulli
6º Heinz-Harald Frentzen
7º Fernando Alonso
8º Ralf Schumacher
9º Jacques Villeneuve
10º Jenson Button
11º Jos Verstappen
12º Giancarlo Fisichella
13º António Pizzonia

Pontuação
Pilotos
10 David Coulthard
8 Juan Pablo Montoya
6 Kimi Räikkönen
5 Michael Schumacher
4 Jarno Trulli
3 Heinz-Harald Frentzen
2 Fernando Alonso
1 Ralf Schumacher

Construtores
16 McLaren-Mercedes
9 Williams/BMW
6 Renault
5 Ferrari
3 Sauber/Petronas

Michelin
Ferrari

698ª prova do mundial de pilotos

42ª primeira fila Ferrari

13ª vitória de Coulthard

93 GPs liderados por M. Schumacher

> *Imaginem o que Jacques pensou quando viu Jenson fazer o quarto tempo?*
> **David Richards**

> *Quando entrei na curva cinco o carro fugiu de frente e eu perdi-o...*
> **Rubens Barrichello**

Cyrsler

Renault

A idade é um posto!

Jordan

Era grande a expectativa antes desta primeira qualificação com novo figurino. Quais os pilotos que iriam sucumbir à pressão de ter de dar tudo por tudo numa única volta? E que estratégias iriam escolher as equipas nesta nova experiência? A resposta para a primeira pergunta foi simples, com os veteranos a darem um valente banho aos novos. Michael Schumacher somou mais uma pole, à frente de Barrichello, mas foram os resultados de Frentzen (4-º), Panis (5º) e Villeneuve (6º) que mostraram o valor da experiência neste novo tipo de qualificação. Só Coulthard destoou com um erro na primeira curva a atirá-lo para o 11º lugar.

Entre os novos Heidfeld (7º) foi o melhor, enquanto Ralf Schumacher desiludiu com o seu 9º lugar, muito longe de Montoya, excelente 3º. Alonso (10º), Trulli (12º) e Räikkönen (15º) passaram mesmo pelas escapatórias com a inevitável perda de tempo, mostrando a natural falta de maturidade para este novo tipo de qualificação.

Quanto às estratégias foi necessário esperar pela corrida para se saber, com exactidão, quanta gasolina havia no depósito de cada carro. Ficou, assim, claro que a Ferrari qualificara os seus carros com pouquíssima gasolina, o que explica a diferença de um segundo entre M. Schumacher e Montoya, o mesmo se passando com a Sauber. Em contrapartida os McLaren foram os que mais gasolina transportaram na qualificação, o que acabou por pagar dividendos na corrida. Entre os estreantes os melhor foi Cristiano da Matta (16º), mas os quatro novatos ficaram claramente "abaixo do par".

TESTES LIVRES

Renault ganha experiência

A Renault acumulou quilómetros preciosos com Trulli (o mais rápido), Alonso e o piloto de testes Allan McNish a somarem 129 voltas (mais de duas corridas completas!) Destaque para o bom andamento de Webber (2º) e Fisichella (3º) enquanto Firman foi o melhor dos estreantes (6º) e os Minardi efectuaram a primeira rodagem a sério do novo PS03.

MOMENTO DECISIVO

Erro de Montoya

Entre a penalização de Räikkönen e o pião de Montoya venha o diabo e escolha. Ambos tinham a corrida na mão quando tiveram de ceder a liderança, mas se o colombiano só se pode culpar a sí próprio, o finlandês foi vítima dum problema electrónico quando o limitador de velocidade do seu McLaren falhou.

"Os meus pneus estavam gastos e eu errei em não os ter trocado."
Juan Pablo Montoya

"Foi uma grande corrida para todos nós, equipes e media. Ficamos todos a ganhar."
Ian Phillips - Jordan

Fotos Ferrari

Coulthard, à esquerda, começou a corrida no meio do pelotão, mas evitou problemas erros a caminho duma inesperada vitória. Nas boxes reinou a tranquilidade, por força dos novos regulamentos de Parque Fechado (ao lado em cima) e os 20 pilotos reuniram-se na tradicional foto de família (ao lado em baixo). Allan McNish iniciou o seu trabalho como 3º piloto da Renault nova sessão de testes livres (esquerda em baixo) enquanto Verstappen regressou à F. 1 com a Minardi (em baixo)

Verstappen voltou à F1 depois de 18 meses.

600 pilotos já participaram do mundial:

81 ganharam corridas, 253 pontuaram.

CASO DA CORRIDA

Se Schumacher e Barrichello ganharam mais de dez segundos em duas voltas a Montoya, quando a trajectória secou só deu Michelin, com os pilotos da Williams, McLaren, Renault a passaram os homens da Bridgestone como se estes estivessem parados. É que estes não podiam utilizar os seus pneus para piso seco enquanto houvesse água na pista, ao contrário dos Michelin, que se adaptaram lindamente às condições e deram vantagem decisiva aos seus pilotos.

O pior dia da McLaren

Foi a pior qualificação da McLaren desde o GP da Argentina de 1997, quando Coulthard e Häkkinen alinharam em 10º e 17º no grid.
Agora, o 11º tempo de Coulthard foi o seu pior desde a Áustria 1998, e Raikkönen igualou a sua pior qualificação na Sauber no Monaco 2001.

Panis melhora

Panis superou com o seu 5º tempo todas as qualificações que obtivera na BAR. Sua melhor qualificação continua a ser 3º nos GPs da Argentina '97 e da França '99, na Prost.

Ferrari e Schumi: interrupção da série de sucesso

Foi a primeira vez desde o GP da Europa de 1999 – depois de 53 GPs – que o pódio não teve um piloto Ferrari. Foi a primeira vez depois de 19 GPs que M.Schumacher falhou um pódio. Schumi esteve 93 GPs consecutivos sempre no comando do campeonato, ou seja, 896 dias, até esta corrida.

ARC

> *Se numa corida se vai à box à 2ª volta, é o fim, mas para o David deu certo.*
> **Juan Pablo Montoya**

L. Gorys

ESTREANTES

Cristiano da Matta

19.09.1973, Belo Horizonte, Brasil.
1989/92: Kart, no Brasil.
1993: Fórmula Ford: Campeão Brasileiro.
1994: F3: Campeão Brasileiro.
1995: F3: Campeonato Britânico: 9º (1 vit.).
1996: F3000: 8º.
1997: Indy Lights: Estreante do ano (1 vit. e 3 poles).**1998:** Indy Lights: Campeão (4 vit. e 3 poles).
1999: CART: 18º.
2000: CART: 10º (1 vit.).
2001: CART: 5º (3 vit.).
2002: CART: Campeão (7 vit. e 7 poles).

L. Gorys

António Pizzonia

11.09.1980, Manaus, Brasil.
1991: Kart: Campeão regional cadete.
1992: Kart: Campeão Júnior de S.Paulo.
1993/96: Kart.
1997: Fórmula Vauxhall Jr: Vice-Campeão.
1998: Fórmula Vauxhall Jr: Campeão (mais jovem de sempre); Fórmula Renault: Campeão do Torneio Britânico de Inverno.
1999: Fórmula Renault: Campeão Britânico (15 vit.) e Vice-Campeão Europeu.
2000: F3: Campeão Britânico (mais jovem de sempre).
2001: F3000: 6º (1 vit.).
2002: F3000: 8º; F1: piloto de testes Williams.

Justin Wilson

31.07.1978, Sheffield, England.
1987: Estreia em kart, aos 8 anos.
1994: Fórmula Vauxhall Júnior: Torneio de Inverno: 1º piloto de 16 anos a ganhar uma corrida britânica.
1995: Fórmula Vauxhall Júnior Challenge Cup: 3º (4 vit.)
1996: Fórmula Vauxhall Júnior: Vice-Campeão (1 vit.).
1997: Fórmula Vauxhall: 4º (1 vit.).
1998: Formula Palmer Audi: Campeão (9 vit.).
1999 e 2000: F3000.
2001: F3000: Campeão (3 vit. e 10 pódios em 13 corridas).
2002: Fórmula Nissan Telefónica: 4º (2 vit.).

L. Gorys

Jordan

Ralph Firman

20.05.1975, Norwich, England.
1986: Kart.
1990: Kart: Campeão Britânico Júnior.
1991: Kart: Campeonatos Seniores Britânico (3 vit.) e Mundial.
1992: Kart: Campeão Britânico Sénior e 3º no Troféu Europeu.
1993: Fórmula Vauxhall Júnior (3 vit.).
1994: Fórmula Vauxhall: 4º. F3: 9º e Estreante do Ano).
1995: F3: Vice-Campeão Britânico.
1996: F3: Campeão Britânico. Macau: 1º. Vence o Troféu do Jovem Piloto Autosport BRDC McLaren.
1997: Fórmula Nippon.
1998: Fórmula Nippon: 8º.
1999: Fórmula Nippon: 4º.
2000: Fórmula Nippon: 9º.
2001: Fórmula Nippon: 4º.
2002: Fórmula Nippon: Campeão. F1: teste com a BAR.

Foster's Australian Grand Prix

Grid

1 – M. SCHUMACHER 1.27,173
2 – R. Barrichello 1.27,418
3 – J. P. Montoya 1.28,101
10 – H. H. Frentzen 1.28,274
20 – O. Panis 1.28,288
16 – J. Villeneuve 1.28,420
9 – N. Heidfeld 1.28,464
17 – J. Button 1.28,682
4 – R. Schumacher 1.28,830
8 – F. Alonso 1.28,928
5 – D. Coulthard 1.29,105
7 – J. Trulli 1.29,136
11 – G. Fisichella 1.29,344
14 – M. Webber 1.29,367
6 – K. Räikkönen 1.29,470
21 – C. da Matta 1.29,538
12 – R. Firman 1.31,242
15 – A. Pizzonia 1.31,723
19 – J. Verstappen S/ tempo
18 – J. Wilson S/tempo

Diferença entre o pole e o último: Pizzonia: 4,550s
Diferença em 2002: 5,661s
Pole de 2002: Barrichello (Ferrari F2001)-1.25,843s

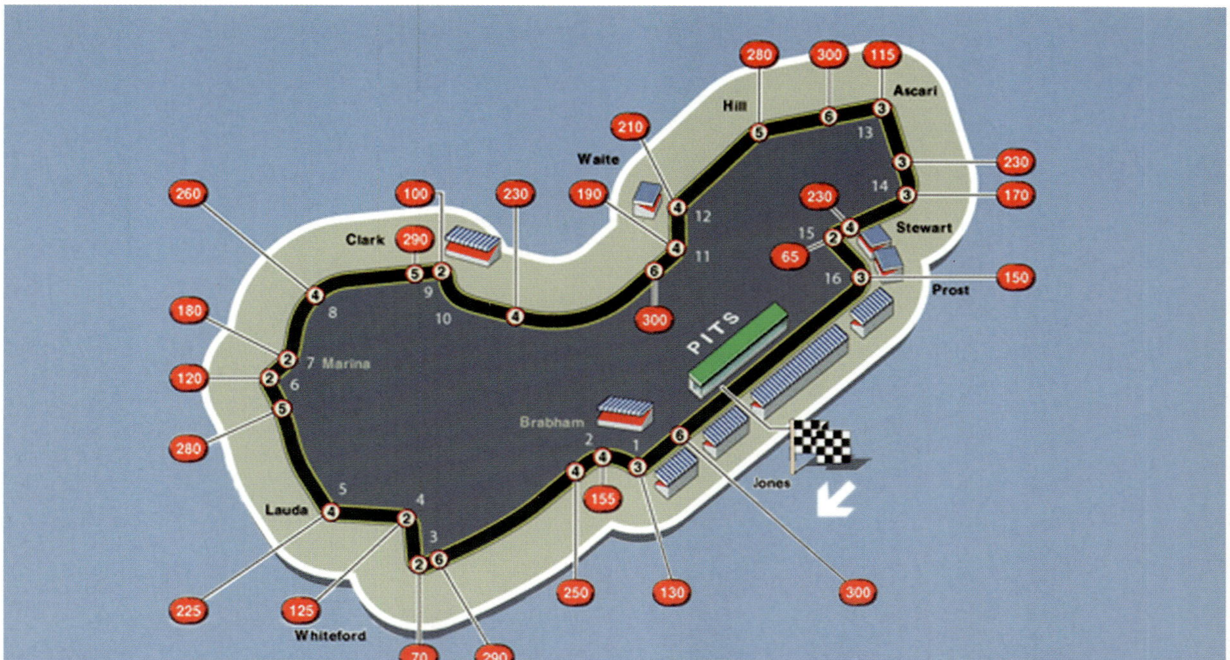

Graphic: © Russell Lewis

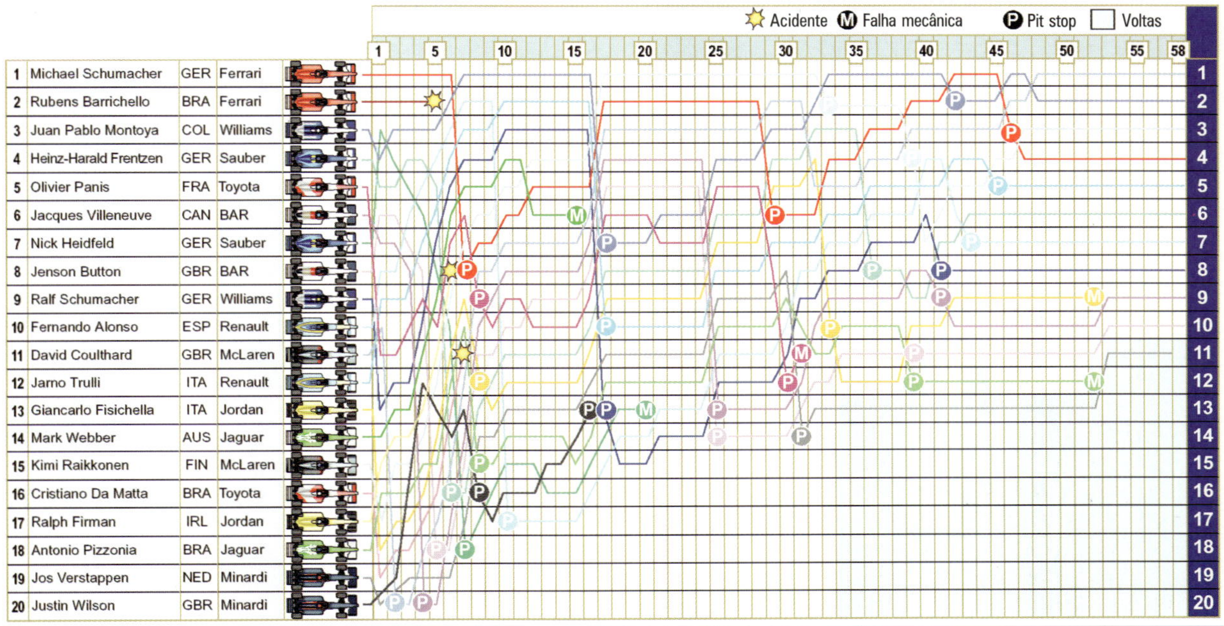

Condições Atmosféricas
6ª feira: Seco. Ar: 20º/25º. Pista: 24º/30º
Sábado: Seco. Ar: 14º/18º. Pista: 20º/27º
Domingo: Pista húmida, secando rapidamente. Ar: 20º/23º. Pista: 21º/30º

Melhor Pit Stop
McLaren
Räikkonen
14,699s

Velocidades de Ponta Km/h
Maior: M. Schumacher – 318,4
Menor: Verstappen – 301,7

Data: 09.03.2003 **Público:** 150.000
Distância: 58 voltas de 5.303m – 307,574 Km
Treinaram:20 **Largaram:**20 **Classificados:**13
Recorde da volta nos treinos: R. Barrichello (Ferrari F2001) 1m25,843s; 222,392Km/h – 2002
Recorde anterior da volta na corrida: M. Schumacher (Ferrari F2001) 1m28,214s; 216,414Km/h – 2001
Novo recorde da volta na corrida: K. Räikkonen (McLaren MP4-17D/Mercedes) 1m27,724s; 217,724Km/h – 2003
Média do vencedor:194,868 km/h.

CLASSIFICAÇÃO FINAL

CL.	Nº	PILOTO	CHASSIS/MOTOR	Pneus	SEXTA-FEIRA Treinos Livres	SEXTA-FEIRA Treinos Qualificativos	SÁBADO Treinos Livres	SÁBADO Warm-up	N.º VOLTAS	MELHOR VOLTA	TEMPO FINAL DIFERENÇA / CAUSA
1º	**5**	**DAVID COULTHARD**	**MCLAREN MP4-17D/MERCEDES**	**M**	1.26,988	1.27,242	1.28,090	1.28,692	**58**	(28ª) 1.28,272	**1h 34m 42,124s**
2º	3	Juan P. Montoya	Williams FW25/BMW	M	1.27,929	1.27,450	1.27,700	1.30,325	58	(39ª) 1.27,942	a 8,675s
3º	6	Kimi Räikkönen	McLaren MP4-17D/ Mercedes	M	**1.26,509**	1.26,551	1.28,564	1.28,903	58	**(32ª) 1.27,724**	a 9,192s
4º	1	M. Schumacher	Ferrari F2002	B	1.27,666	1.27,103	1.27,517	**1.27,844**	58	(27º) 1.27,759	a 9,482s
5º	7	Jarno Trulli	Renault R23	M	1.27,286	1.27,411	**1.26,928**	1.28,654	58	(44ª) 1.28,638	a 38,801s
6º	10	Heinz H. Frentzen	Sauber C22/Petronas	B	1.28,207	1.27,563	1.28,590	1.29,485	58	(35ª) 1.29,096	a 43,928s
7º	8	Fernando Alonso	Renault R23	M	1.27,671	1.27,255	1.27,424	1.28,142	58	(35ª) 1.28,170	a 45,074s
8º	4	Ralf Schumacher	Williams FW25/BMW	M	1.27,982	1.28,266	1.27,814	1.28,895	58	(37ª) 1.28,617	a 45,745s
9º	16	J. Villeneuve	BAR 005/Honda	B	1.31,529	1.26,832	1.28,509	1.28,694	58	(57ª) 1.28,770	a 1m 05,536s
10º	17	Jenson Button	BAR 005/Honda	B	1.28,493	1.27,159	1.27,415	1.29,205	58	(57ª) 1.28,600	a 1m 05.974s
11º	19	Jos Verstappen	Minardi PS03/Cosworth	B	1.30,198	1.30,053	1.31,066	1.30,288	57	(29ª) 1.31,765	a 1 volta
12º	11	G. Fisichella	Jordan EJ13/Ford	B	1.29,327	1.27,633	1.28,619	1.29,888	52	(49ª) 1.29,274	câmbio
13º	15	Antonio Pizzonia	Jaguar R4/Cosworth	M	1.28,092	1.30.092	1.30,551	1.32,414	52	(37ª) 1.29,217	suspensão
	20	Olivier Panis	Toyota TF103	M	1.28,362	1.27,362	1.28,609	1.29,346	31	(23ª) 1.29,694	pressão de gasolina
	9	Nick Heidfeld	Sauber C22/Petronas	B	1.27,918	1.27,510	1.28,049	1.29,653	20	(14ª) 1.33,519	suspensão
	18	Justin Wilson	Minardi PS03/Cosworth	B	1.30,606	1.30,479	1.30,857	1.31,063	16	(13ª) 1.33,139	radiador
	14	Mark Webber	Jaguar R4/Cosworth	M	1.27,654	1.27,675	1.28,421	1.29,991	15	(14ª) 1.29,697	suspensão
	21	C. Da Matta	Toyota TF103	M	1.28,698	1.27,478	1.28,177	s/ tempo	7	(7ª) 1.33,753	saída de pista
	12	Ralph Firman	Jordan EJ13/Ford	B	1.29,531	1.29,977	1.29,814	1.32,229	6	(6ª) 1.36,644	saída de pista
	2	R. Barrichello	Ferrari F2002	B	1.27,459	**1.26,372**	1.27,558	1.27,738	5	(5ª) 1.37,086	saída de pista

Ferrari

Renault

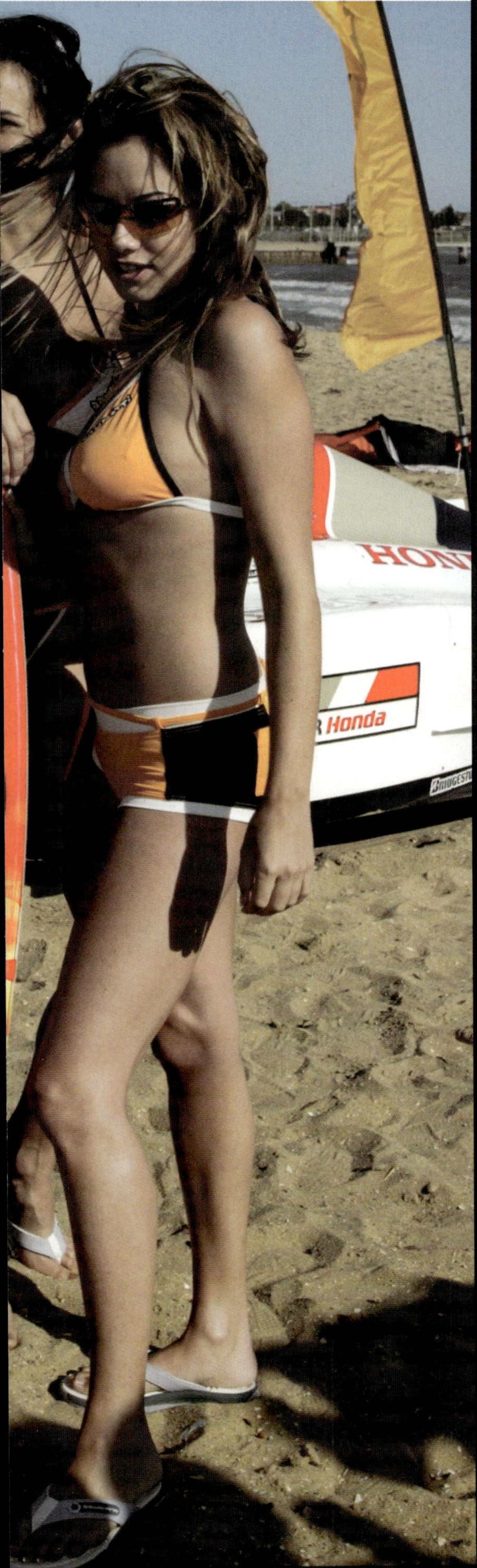

L. Gorys

Renault

Mesmo se o tempo não ajudou, os bikinis marcaram presença na Austrália. A Vodafone voltou a chamar Meg Gale para se promover junto com a Ferrari, enquanto BAR manteve a tradicional festa na praia de St. Kilda, com as meninas da Brunotti e a Foster, patrocinadora do GP, deu nas vistas com esta apresentação em plena recta da meta (em cima). Mais ousada foi a Renault, que contratou duas modelos locais para atrair fotógrafos. E deu certo...

Grand Prix of Malaysia
Sepang

Räikkönen foi o melhor dos novos

McLaren volta a ganhar, mas agora com Räikkönen. Alonso foi a estrela, conquistando a pole e um lugar no pódio. M. Schumacher voltou a errar, num dia para a Williams esquecer.

O aviso tinha sido dado em Melbourne, mas em Sepang os jovens assumiram mesmo o poder, frente a uma velha guarda nervosa, que cometeu erros a mais. Alonso tinha dado o mote nos treinos, garantindo a pole e aproveitou o menor peso do seu Renault para dominar até ao seu primeiro reabastecimento, à 14ª volta. Räikkönen assumiu, então, a liderança, que manteve até ao final da corrida, com um brevíssimo interregno aquando da sua primeira paragem.

Os dois jovens estiveram irrepreensíveis em Sepang, comportando-se como autênticos veteranos. Com o seu triunfo Räikkönen assumiu a liderança do Campeonato, sendo o terceiro finlandês a conseguir esse feito, depois de Rosberg e Hakkinen. Quanto a Alonso, resistiu a Barrichello até ao segundo reabastecimento, mas foi passado pelo Ferrari nas boxes e optou por segurar o terceiro lugar até ao final da corrida. Uma opção quase imposta pelo seu debilitado estado de saúde, pois correu com mais de 39 graus de febre e só com muito sacrifício suportou as 56 voltas duma corrda disputada com mais de 40 graus de temperatura!

A tarefa dos dois jovens ficou facilitada logo no início, por um erro de Michael Schumacher. Pelo segundo ano consecutivo o ferrarista envolveu-se num acidente nas primeiras curvas, desta vez ao acertar em cheio no Renault de Trulli – que seguia Alonso na frente da

Renault

Kimi Räikkönen festejou na Malásia o seu primeiro triunfo em Grande Prémios, enquanto Barrichello (em cima, à direita) salvou o dia da Ferrari com o seu segundo posto. Alonso (em cima e à direita) foi o outro herói do dia, festejando o seu primeiro pódio como se duma vitória de tratasse, num dia em que correu com quase 40 graus de febre.

Renault

corrida – o que atrasou definitivamente dois potenciais candidatos à vitória. O italiano recuperou até ao quinto lugar, enquanto o Campeão do Mundo teve de mudar a frente do carro, primeiro, e cumprir uma penalização, depois, o que o condenou a uma corrida de recuperação, que culminou com a subida ao sexto lugar. Mas tanto Trulli como Schumacher beneficiaram dos problemas de caixa de velocidades no BAR de Button para ganharem um lugar cada na última volta, com o britânico a salvar um decepcionante sétimo posto. Entre os veteranos Barrichello acabou por ser o melhor, conquistando um excelente segundo lugar. O brasileiro perdeu tempo no incidente da segunda curva, ao passar pela relva para evitar Trulli e Schumacher,e se chegou rapidamente ao quarto lugar, a ultrapassagem a Heidfeld demorou mais do que o previsto, só se concretizando à 10ª volta. Sem nunca ter andamento para Räikkönen, o brasileiro acabou por passar Alonso durante o segundo reabastecimento, sendo um tranquilo segundo classificado até ao final da corrida.
E os Williams, tão em evidência em Melbourne? Ralf Schumacher recuperou bem da má posição na grelha e chegou ao quarto lugar logo à 17ª volta,mas nunca se aproximou dos três primeiros e ficou longe do pódio. Quanto a Montoya, a sua corrida ficou comprometida logo na segunda curva, quando Pizzonia o abalroou de forma violenta, acabando por perder três voltas nas boxes até ter o seu FW25 reparado. Azar também para Coulthard, que seguia Alonso à terceira volta quando o motor Mercedes cedeu, enquanto Heidfeld salvou um ponto para a Sauber, depois de ter andado entre os três primeiros até à 10ª volta. Mas um erro no primeiro reabastecimento custou-lhe mais de dez segundos e a possibilidade de lutar pelo quarto posto até final.

2

1º Kimi Räikkönen
2º Rubens Barrichello
3º Fernando Alonso
4º Ralf Schumacher
5º Jarno Trulli
6º Michael Scumacher
7º Jenson Button
8º Nick Heidfeld
9º Heinz-Harald Frentzen
10ºRalph Firman
11º Cristiano da Matta
12º Juan Pablo Montoya
13º Jos Verstappen

Pontuação
Pilotos
16 Kimi Räikkönen
10 David Coulthard
8 Michael Schumacher
8 Juan Pablo Montoya
8 Jarno Trulli
8 Fernando Alonso
8 Rubens Barrichello
6 Ralf Schumacher
3 Heinz-Harald Frentzen
2 Jenson Button
1 Nick Heidfeld

Construtores
26 McLaren-Mercedes
16 Renault
16 Ferrari
14 Williams/BMW
4 Sauber-Petronas
2 Jordan-Honda

Räikkönen e Alonso
M. Schumacher

1ª vitória de Räikkönen
137ª vitória McLaren
42ª vitória de um motor Mercedes
1º pódio de Alonso

Grand Prix of Malaysia

"No nosso país a guerra começou há 30 ou 40 anos e todos os dias há mortes e raptos. Por isso é tão importante dar alegria aos colombianos."
Juan Pablo Montoya

A primeira de Alonso

Depois da velha guarda ter dominado a qualificação em Melbourne, foi a vez de Fernando Alonso liderar a revolta dos jovens e conseguir uma inesperada, mas totalmente merecida, pole position em Sepang. A sua primeira e a primeira dum espanhol na Fórmula 1 no dia em que se tornou no pole position mais jovem da história do Mundial. E para ajudar à festa, Jarno Trulli completou uma primeira linha monopolizada pela Renault, coisa que aconteceu pela primeira vez em 20 anos à marca francesa! É claro que os cépticos juraram que os carros azuis e amarelos só tinham um pingo de gasolina no depósito, mas a corrida encarregou-se de demonstrar o contrário. É que mesmo se estavam mais leves que os seus rivais, os Renault não desmereceram a primeira linha arduamente conquistada.
Michael Schumacher foi o melhor dos mais experientes, e também o melhor representante da Bridgestone, batendo Coulthard e Barrichello por pouco na luta pelo terceiro lugar. Heidfeld voltou a estar em evidência, fazendo até melhor do que em Melbourne com o 6º tempo, enquanto Räikkönen e Montoya pagaram o preço dos pequenos erros cometidos na última curva, ficando juntos na quarta fila de grelha.
A fechar os dez primeiros ficaram Button e Panis, com da Matta e Villeneuve logo atrás, numa luta muito japonesa entre a BAR-Honda e a Toyota.
Quem falhou redondamente foi Ralf Schumacher, que já errara na qualificação de 6º feira e repetiu a graça no sábado. Dois erros enormes custaram-lhe mais de 1,5s e, assim, tivemos o pouco habitual panorama dum piloto da Williams a qualificar-se em 17º lugar, sem que tivesse como desculpa qualquer problema mecânico.

MOMENTO DECISIVO

"KIITOS" MICHAEL!

Kimi Räikkönen até tinha o conjunto mais veloz em Sepang, mas Michael Schumacher deu-lhe uma preciosa ajuda logo à segunda curva. Tentando colocar o Renault de Trulli entre sí e os seus adversários na luta pelo título o alemão acertou em cheio no italiano, comprometendo a corrida de ambos, para além de ter contribuido para um atraso significativo de Barrichello. Atrás, no meio da confusão para evitar os carros atravessados na pista, Montoya foi vítima da impetuosidade de Pizzonia e, duma assentada, quatro dos potenciais candidatos à vitória ficaram arredados da luta pelo triunfo. Kiitos (obrigado em Finlandês) Michael, terá dito Räikkönen dentro do seu capacete...

2

“Se tivesse pressionado mais poderia ter andado como o Kimi, mas não chegaria nele...”
Rubens Barrichello

“Ainda não ganhámos, mas demos um grande passo adiante...”
Mike Gascoyne, Director Técnico da Renault

“Mesmo que eu não ganhe outra vez, este dia será inesquecível.”
Kimi Räikkönen

CASO DA CORRIDA

ESTRATÉGIAS POR AFINAR

Em Melbourne as estratégias das equipas tinham sido baralhadas pela pista molhada e pela entrada em cena do Safety Car à 6ª volta. Por isso, só em Sepang se ficou com uma imagem clara da disparidade de ideias que ainda reinava entre os engenheiros. É certo que todos optaram por duas paragens na corrida, mas as primeiras aconteceram entre as voltas 13 (Heidfeld) e 22 (para Barrichello e R. Schumacher), o que diz bem da difereça de pesos com que os pilotos enfrentaram a qualificação. Naturalmente que para as segundas paragens houve maior uniformidade (início na volta 34, final na volta 40), mas não faltaram razões para reflexão para os estrategas no final desta corrida.

TESTES LIVRES

SECAR, LIMPAR E TESTAR

Com a pista molhada, primeiro, e muito suja, depois, parecia que as equipas que optaram pelo acordo de Heathrow estavam a perder o seu tempo às voltas ao traçado de Sepang, mas os homens da Renault trabalharam que se fartaram e lá somaram 157 voltas em duas horas - quase três Grande Prémios! Serviu para alguma coisa? Serviu sim senhor, como Alonso e Trulli demonstraram durante o resto do fim de semana.
Para Firman, Pizzonia e Wilson a aprendizagem da pista incluiu algumas saídas de pista, mas o menos afortunado foi mesmo Webber, que nunca rodou com a pista limpa, pois teve de esperar que lhe trocassem o motor do seu Jaguar e, depois, despistou-se naquela que seria a sua primeira volta lançada. Um azar, de facto, nunca vem só.

Alonso e Trulli festejaram a primeira dupla de Renault em qualificação desde 1983 (!!!), mas a corrida do italiano foi estragada por Michael Schumacher, que pecou por excesso de optimismo na travagem para a 2ª curva. Um erro que atrasou os dois e também Barrichello, forçado a fugir para a relva para escapar da confusão causada pelo seu companheiro de equipa.

Grand Prix of Malaysia

> *“M. Schumacher: ‘Crashmacher’ ou ‘Dumi’ (estúpido).”*
> **Imprensa alemã**

> *“Um dia sou rei, no outro um Zé-ninguém ...”*
> **Michael Schumacher**

Pódio mais jóvem

Com uma idade média de apenas 25 anos e 112 dias este foi o pódio mais jovem da história da F1 (Räikkönen, 23 anos; Alonso, 21, Barrichello, 30), batendo por 122 dias a média mais nova anterior, no GP da Bélgica de 1974 – E. Fittipaldi, 27 anos; Lauda, 25; J. Scheckter, 24.

Pizzonia ausente na 1ª qualificação

Quatro horas depois da primeira qualificação, saiu o comunicado de imprensa da Jaguar que apenas refere generalidades sobre a não-participação do amazonense. Jaime Brito, manager do piloto estivera em negociações com a Jaguar para que o texto não fosse prejudicial à imagem de Pizzonia, cujo carro não pegou a tempo dele arrancar para a qualificação (espera superior a 30 s). É evidente que a insatisfação é mútua...

Alonso: melhor que Schumi

Com apenas 16 GPs disputados, Fernando Alonso conquistou a sua primeira pole position, enquanto M. Schumacher teve de esperar pelo seu 41º GP para conquistar a sua primeira pole.

Mais jovem pole e líder

Alonso, aos 21 anos e 237 dias, é o mais novo pole da história e também o piloto mais novo a liderar um GP. Em ambos os casos ele bateu o recorde de Barrichello no GP da Bélgica de 1994 (22 anos e 96 dias).

1ª pole de Alonso

32ª pole Renault

Villeneuve não largou (seria o seu 117º GP)

Começou a invasão do Iraque pelas forças dos EUA e da GB.

17º - segunda pior qualificação de R. Schumacher

Photo 4

Honda

Ferrari

Jordan

Renault: 1ª desde 1984 e 1983

A última pole da Renault fora a de Patrick Tambay no GP de França de 1984, uma corrida também ganha pela McLaren (Lauda). Desde o GP de França em 17 de Abril de 1983 (Prost e Cheever) que a Régie não conseguia monopolizar a primeira fila do grid.

Num grid virtual ...

No entanto, a revista Autosport inglesa fez os cálculos e concluiu que, com a mesma carga de gasolina (45 kg) de Alonso, Schumi teria sido pole, e a volta mais extraordinária teria sido a de Montoya com apenas o 8º tempo, mas com 35 kg a mais e com um Williams a fugir de frente: GRÁFICO de grid: M. Schumacher, 1m 36,34s; Barrichello, 1m 36,53s; Coulthard, 1m36,87s; Trulli, 1m36,88s; Montoya, 1m37,03s; Alonso, 1m37,04s; Räikkönen, 1m37,27s.

Chegam os chineses...

Muito significativa foi a estreia de dois patrocinadores chineses da Jordan: CCTV (China Central TV – um dos maiores media chineses) e a SIC (Shangai Internacional Circuit). Além da chegada de empresas chinesas à F1, e de novos tempos que se aproximam rapidamente, mostra também a ajuda que Ecclestone dá a Eddie Jordan.

Portago foi o primeiro espanhol

Alonso não foi o primeiro espanhol a chegar a um pódio da F1: Alfonso de Portago partilhou com Peter Collins o Lancia/ Ferrari D50 que foi segundo no GP da Grã-Bretanha de 1956.

Räikkönen: 3º mais jovem vencedor

Com 23 anos e 159 dias, o finlandês passou a ser o terceiro mais jovem ganhador na F1, apenas ultrapassado por Bruce McLaren no GP dos EUA de 1959 (22 anos e 103 dias) e Jacky Ickx no GP de França da 1968 (22 anos e 188 dias).
Räikkönen é também o segundo piloto mais jovem a liderar o campeonato, atrás de Bruce McLaren que liderou no começo de 1960. Depois de Rosberg e Häkkinen, Kini é o terceiro finlandês vencedor na F1.

Schumi: 2ª ausência do pódio

Pela primeira vez desde os GPs da Alemanha e Áustria de 2000 que M. Schumacher não esteve no pódio em dois GPs consecutivos.

Com Räikkönen, Barrichello e Alonso, a Malásia teve o pódio mais jovem da história da Fórmula 1. Villeneuve (ao centro) não passou da 1ª volta, no início dum ano negro, enquanto Schumacher (em baixo) pagou o preço do seu erro na 2ª curva. Eddie Jordan conseguiu o apoio do circuito de Shanghai e teve razões para sorrir (em baixo à esquerda).

Grid

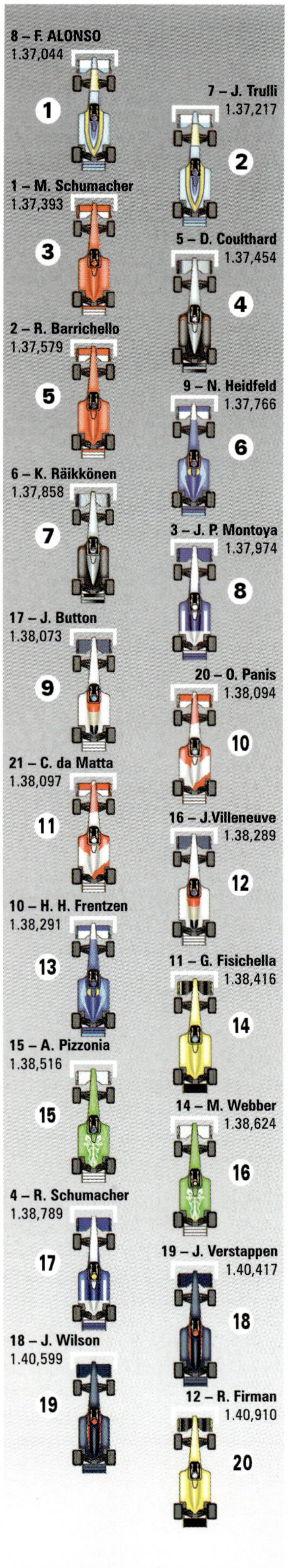

Diferença entre o pole e o último: 3,866s
Diferença em 2002: 4,892s
Pole de 2002: M. Schumacher (Ferrari F2001) – 1m35,266s

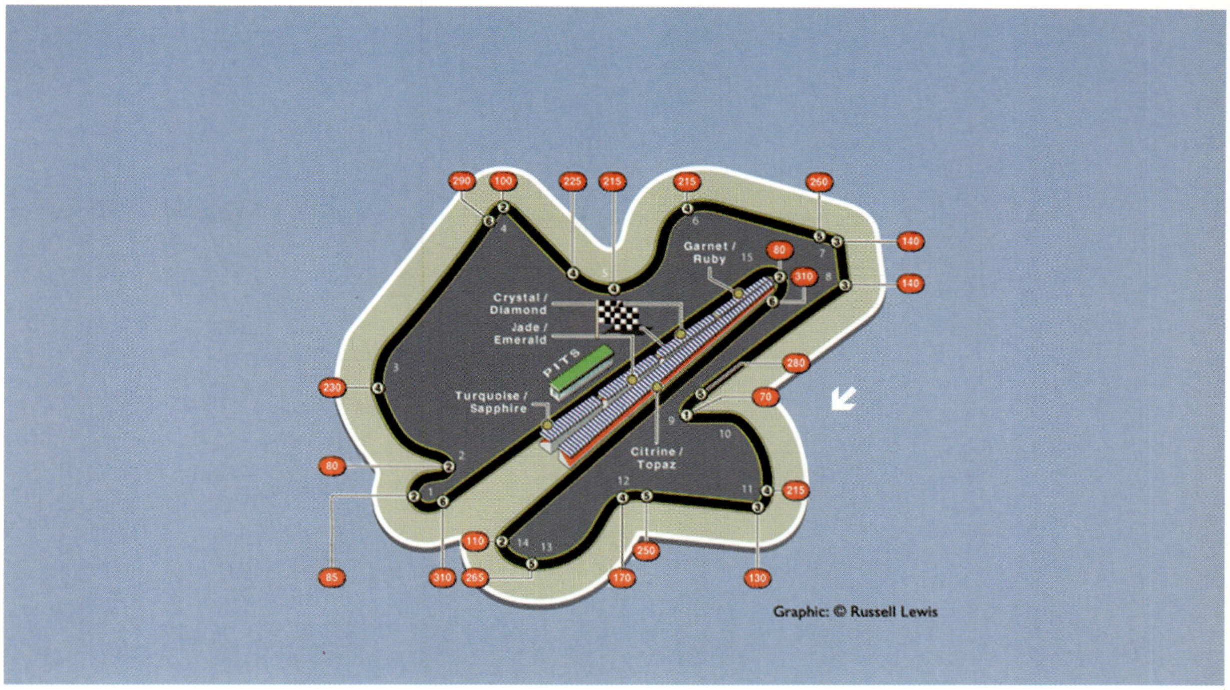

Graphic: © Russell Lewis

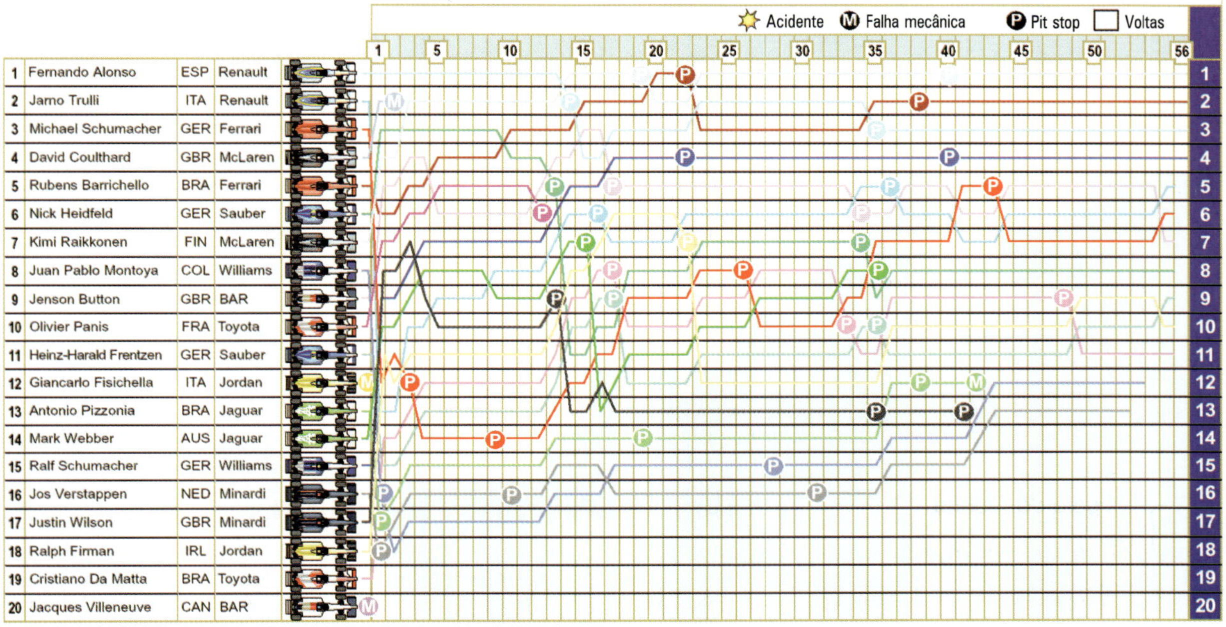

Condições Atmosféricas

6ª feira: Pista húmida secando depois.
Ar: 28º/34º. Pista: 36º/46º
Sábado: Seco. Ar: 27º/34º. Pista: 36º/47º
Domingo: Seco. Ar: 35º/36º. Pista: 39º/42º

Melhor Pit Stop

Ferrari
M. Schumacher
24,113s

Velocidades de Ponta Km/h

Maior: Montoya – 317,2
Menor: Coulthard – 298,6

Data: 23.03.2003 **Público:** 101.485
Distância: 56 voltas de 5.543m – 310,403 km
Treinaram:20 **Largaram:**20 **Classificados:**13
Recorde da volta nos treinos:M. Schumacher (Ferrari F2001) 1m35,220s; 209,565 Km/h – 2001
Recorde anterior da volta na corrida: J. P. Montoya (Williams FW24/BMW) 1m38,049s; 203,518 Km/h – 2002
Novo recorde da volta na corrida: M. Schumacher (Ferrari F2002) 1m36,412s; 206,974 Km/h – 2003
Média do vencedor:201,629 km/h.

CLASSIFICAÇÃO FINAL

					SEXTA-FEIRA		SÁBADO				
CL.	Nº	PILOTO	CHASSIS/MOTOR	Pneus	Livres	Treinos Qualificativos	Treinos Livres	Warm-up	N.º VOLTAS	MELHOR VOLTA	TEMPO FINAL DIFERENÇA/CAUSA
1º	**6**	**KIMI RÄIKKÖNEN**	**MCLAREN MP4-17D/ MERCEDES**	**M**	1.36,038	1.38,515	**1.36,557**	**1.37,506**	**56**	(10ª) 1.36,764	**1h 32m 22,195s**
2º	2	R. Barrichello	Ferrari F2002	B	1.35,681	1.37,497	1.37,422	1.38,060	56	(24ª) 1.36,542	a 39,286s
3º	8	Fernando Alonso	Renault R23	M	1.36,693	1.36,231	1.36,849	1.38,122	56	(12ª) 1.37,078	a 1m 04,007s
4º	4	Ralf Schumacher	Williams FW25/BMW	M	1.36,805	1.37,045	1.37,436	1.38,640	56	(24ª) 1.38,071	a 1m 28,026s
5º	7	Jarno Trulli	Renault R23	M	1.36,301	1.36,372	1.37,198	1.38,443	55	(53ª) 1.37,484	a 1 volta
6º	1	M. Schumacher	Ferrari F2002	B	**1.34,980**	1.37,313	1.36,990	1.39,483	55	**(45ª) 1.36,412**	a 1 volta
7º	17	Jenson Button	BAR 005/Honda	B	1.36,632	1.37,060	1.37,418	1.38,468	55	(10ª) 1.38,413	a 1 volta
8º	9	Nick Heidfeld	Sauber C22/Petronas	B	1.36,407	1.37,906	1.38,090	1.38,700	55	(9ª) 1.38,528	a 1 volta
9º	10	Heinz H. Frentzen	Sauber C22/Petronas	B	1.36,615	1.37,951	1.37,751	1.38,933	55	(19ª) 1.39,287	a 1 volta
10º	12	Ralph Firman	Jordan EJ13/Ford	B	1.38,240	1.38,516	1.38,282	1.42,884	55	(14ª) 1.39,665	a 1 volta
11º	21	C. Da Matta	Toyota TF103	M	1.36,706	1.37,992	1.37,093	1.38,876	55	(35ª) 1.38,156	a 1 volta
12º	3	Juan P. Montoya	Williams FW25/BMW	M	1.35,939	1.36,998	1.37,218	1.38,615	53	(26ª) 1.37,787	a 3 voltas
13º	19	Jos Verstappen	Minardi PS03/Cosworth	B	1.38,904	1.39,193	1.40,382	1.41,458	52	(3ª) 1.39,667	a 4 voltas
	15	Antonio Pizzonia	Jaguar R4/Cosworth	M	s/ tempo	1.38,839	1.37,947	1.38,907	42	(3ª) 1.38,572	saída de pista
	18	Justin Wilson	Minardi PS03/Cosworth	B	1.39,354	1.39,695	1.40,638	1.40,588	41	(12ª) 1.39,752	problemas físicos
	14	Mark Webber	Jaguar R4/Cosworth	M	1.37,669	1.38,870	1.37,980	1.38,680	35	(6ª) 1.38,464	motor
	20	Olivier Panis	Toyota TF103	M	1.36,995	1.37,748	1.37,623	1.38,187	12	(7ª) 1.38,176	pressão de gasolina
	5	David Coulthard	McLaren MP4-17D/Mercedes	M	1.36,297	**1.36,102**	1.36,777	1.37,848	2	(2ª) 1.38,021	avaria eléctrica
	11	G. Fisichella	Jordan EJ13/Ford	B	1.36,759	1.37,847	1.37,443	1.41,202	0	s/ tempo	controlo de partida
	16	J. Villeneuve	BAR 005/Honda	B	1.37,585	1.37,357	1.38,329	1.38,621	0	s/ tempo	avaria eléctrica

Fotos Photo 4

A miscelânea de raças na Malásia voltou a estar em destaque em Sepang (em cima) e desta vez os mecânicos tiveram tempo para apreciar as vistas e até comer um gelado, graças às limitações impostas pela FIA à sua intervenção nos monolugares.
A intervenção americana no Iraque motivou alguns protestos, mas o governo malaio impediu grandes manifestações (à direita)

Grande Prêmio do Brasil

Interlagos

3

1º Giancarlo Fisichella
2º Kimi Räikkönen
3º Fernando Alonso
4º David Coulthard
5º Heinz-Harald Frentzen
6º Jacques Villeneuve
7º Mark Webber
8º Jarno Trulli
9º Ralf Schumacher
10º Cristiano da Matta

Pontuação
Pilotos
24 Kimi Räikkönen
15 David Coulthard
14 Fernando Alonso
10 Giancarlo Fisichella
9 Jarno Trulli
8 Juan Pablo Montoya
8 Rubens Barrichello
8 Michael Schumacher
7 Heinz-Harald Frentzen
6 Ralf Schumacher
3 Jacques Villeneuve
2 Mark Webber
2 Justin Wilson
1 Nick Heidfeld

Construtores
39 McLaren-Mercedes
23 Renault
16 Williams/BMW
8 Sauber/Petronas
8 Jordan/Ford
5 Bar/Honda
2 Jaguar/Cosworth

Giancarlo Fisichella
Comissários desportivos

700ª corrida do Campeonato do Mundo

1ª vitória de Fisichella

4ª vitória Jordan

176ª vitória de um motor Ford

4 entradas em pista do Pace Car

3º vencedor em três GPs

1ºs pontos do ano: Villeneuve e BAR

9º abandono consecutivo de Barrichello no Brasil

A chuva forçou o início da corrida atrás do Safey Car, para desagrado da Michelin, que tinha os pneus certos para as condições. Fisichella passou da euforia à desilusão (em cima), quando os Comissários Desportivos decidiram entregar a vitória a Räikkönen., numa decisão que acabou por ser anulada pela FIA.

Fisichella na hora certa

Mercedes

Engano dos Comissários adia festa de Fisichella. M. Schumacher e Montoya erram na chuva, dando vantagem à McLaren que quase faz o pleno. Acidentes de Webber e Alonso levam à paragem da corrida.

Estranho este G. P. do Brasil. A largada foi dada atrás do Safety Car, a bandeira xadrês não foi mostrada no final da corrida, o vencedor na pista foi classificado em segundo, Räikkönen viu-lhe ser dada a vitória quando estava a reabastecer nas boxes e o terceiro classificado faltou ao pódio porque estava no hospital! E como se isso não bastasse, a FIA reviu a classificação da prova e reconheceu que tinha sido Fisichella e não Räikkönen a ganhar este extraordinário Grande Prémio.
Três horas antes do início da corrida um autêntico temporal caiu sobre Interlagos e a possibilidade de adiar a corrida por 24 horas chegou a ser bem real. Mas a chuva amainou e, por isso, foi possível minimizar o atraso no início da prova, se bem que tenha sido o Safety Car a liderar nas primeiras oito voltas. Um período aproveitado por Fisichella, Panis, Frentzen, Pizzonia, Verstappen e Firman para encherem o depósito de gasolina dos seus carros, esperando que, mais cedo ou mais tarde, o Safety Car voltasse a ser chamado. Como aconteceu.
Mesmo sem a vantagem que poderiam ter tido se a corida se tem iniciado normalmente, os Michelin de chuva deram cartas nas primeiras voltas e à 11ª volta Räikkönen liderava Montoya, Coulthard e Mark Webber, todos à frente de M. Schumacher e Barrichello. Com a pista a secar o alemão foi subindo lugares, mas à 19ª volta rumou às boxes, como todos os seus rivais, excepto Räikkönen, aproveitando a presença do Safety Car em pista, na sequência do acidente Firman-Panis.
Quatro voltas mais tarde a pista ficou livre, mas a chuva aumentou de intensidade e a Curva do Sol começou a fazer vítimas. Montoya e Pizzonia despistaram-se aí na 25ª volta e Michael Schumacher seguiu-lhes os passos duas voltas mais tarde, quase acertando nos comissários de pista. Com três carros em posição perigosa a intervenção do Safety Car voltou a ser requerida, momento aproveitado por Räikkönen para reabastecer, deixando Coulthar, Barrichello e R. Schumacher na frente. À 33ª volta Button saiu na Curva do Sol e o Safety Car voltou à pista, com Webber a aproveitar para reabastecer. Na frente continuaram

>>

> *"A melhor qualidade de Webber? É australiano, como eu..."*
> **John Hogan, Director da Jaguar Racing**

>>

Coulhard, Barrichello e R. Schumacher, seguidos de Alonso – que efectuara uma volta com pneus de piso seco por erro da Renault! – Räikkönen e Fisichella. Com a pista livre o finlandês ganhou lugares, enquanto a recuperação de Alonso foi comprometida por um "drive through" – ultrapassara com bandeiras amarelas.
Com a pista a secar Barrichello aproveitou um erro de Coulthard para assumir a liderança à 45ª volta, voando para o que parecia uma vitória certa, mas a Ferrari enganara-se nas contas e o brasileiro ficou sem combustível duas voltas mais tarde. Coulthard reabasteceu à 52ª volta, deixando Räikkönen e Fisichella na frente, e um erro do finlandês permitiu que o italiano assumisse a liderança à 54ª volta. Em boa hora o fez, pois 30 segundos mais tarde Webber bateu na saída da Junção e o Safety Car voltou a ser chamado à pista. Räikkönen rumou às boxes e Alonso ía pelo mesmo caminho, mas o espanhol continuou a andar a fundo e acertou em cheio numa roda que o Jaguar tinha deixado no meio da pista, saíndo directo ao muro em grande velocidade. Por isso a corrida foi dada por terminada e como Fisichella já iniciara a 56ª volta quando a bandeira vermelha foi mostrada, valeu, por isso, a classificação da 54ª volta, a primeira que o italiano liderou.
Assim, e mesmo se com uma semana de atraso, Fisichella pode festejar o seu primeiro triunfo, enquanto Räikkönen aumentou a sua liderança no Mundial com os oito pontos do 2º lugar. Alonso foi classificado em 3º, enquanto Coulthard ficou com o 4º posto. Frentzen deu mais pontos à Sauber com o seu 5º lugar, à frente de Villeneuve, R. Schumacher e Trulli.

L.Gorys

Samba de Barrichello

Photo4

Pouco a pouco as equipas foram uniformizando estratégias, adaptando-se aos novos regulamentos, mas em Interlagos entrou em linha de consideração um novo elemento – a chuva. O primeiro dia de treinos deu poucas indicações acerca do andamento relativo de cada piloto, pois os seus tempos dependeram do momento em que fizeram as suas voltas, mas no Sábado a pista esteve sempre seca e isso colocou toda a gente no mesmo barco. A prová-lo o facto de um segundo ter separado o 1º do 15º na grelha, num demonstração de equilíbrio que há muito tempo não era vista na Fórmula 1.
Rubens Barrichello deu uma enorme alegria aos brasileiros, conseguindo a sua primeira pole position em Interlagos, no final duma volta sempre ao ataque, mas sem o menor erro. Os 11 milésimos de segundo que o separaram de Coulthard foram uma boa expressão do equilíbrio de valores, enquanto os restantes se qualificaram, mais ou menos, consoante a gravidade dos erros que cometeram nas suas voltas lançadas.
Mark Webber, que surpreendera na 6ª feira ao obter a pole provisória com a pista húmida esteve a um passo da pole definitiva mas errou na última curva, o que lhe custou a queda para o terceiro lugar, mesmo assim um novo recorde para a Jaguar. E Räikkönen, que errou no miolo, ficou com o quarto tempo, mas a apenas 59 milésimos da pole position. O equilíbrio, de facto, foi a nota dominante.
Trulli foi o melhor dos Renault, no 5º lugar, enquanto Alonso foi demasiado cauteloso e não foi além do 10º tempo. Michael Schumacher cometeu um erro logo na primeira curva e não foi além do 7º tempo, logo atrás do seu irmão Ralf, que foi o melhor representante da Williams. Montoya, que passara por fora da pista na 1ª Qualificação, foi apenas nono, atrás dum inspirado Giancarlo Fisichella, autor duma volta brilhante, a caminho do 8º tempo na grelha. Desapontadora foi a performance dos Toyota, pois Panis prometia lutar pela pole, mas cometeu um erro enorme do Bico de Pato e caiu para 15º, enquanto da Matta não tinha o carro bem acertado e não foi além do 18º tempo.

"Iriam pensar que somos um bando de medrosos. Recebemos muito dinheiro e seria um insulto para os fãs."
Jacques Villeneuve

7ª pole de Barrichello

9ª pole de um brasileiro no Brasil (6 de Senna)

160ª pole Ferrari

Melhor qualificação (3º) de Weber e de um Jaguar

200º GP da Jordan

7 Michelin nos primeiros 10 do grid

TESTES LIVRES

SÓ "VALEU" UMA HORA

Durante uma hora os nove pilotos envolvidos nesta sessão muito matinal lá foram fazendo o seu tradicional de acerto dos carros e escolha de pneus, mas quando começou a chover a acção parou. Com apenas um pneu de tipo de chuva disponível não havia muito que trabalhar e, por isso, a segunda hora desta sessão foi uma verdadeira seca... apesar de estar a chover. No final todos fizeram meia dúzia de voltas à chuva, só para confirmar o que já sabiam e, por isso, os tempos que valeram foram os da primeira hora, com Pizzonia e Webber a mostrarem que, desta vez, a Jaguar iria ser protagonista do fim de semana brasileiro.

MOMENTO DECISIVO

ESTRATÉGIA AJUDOU À VITÓRIA

Giancarlo Fisichella liderou apenas um quilómetro, mas escolheu bem o momento para superar Räikkönen. O finlandês estava em dificuldades com os pneus quando errou na Junção e permitiu a ultrapassagem do italiano. Mas o triunfo do piloto da Jordan começou a ser construído quando Gary Anderson o mandou reabastecer no final da 8ª volta, quando o Safety Car entrou nas boxes. Com o depósito cheio o italiano evitou erros que outros, com carros mais leves, cometeram e, por isso, aproveitando as sucessivas neuteralizações da prova para subir na classificação. 13º à 25ª volta, "Fisico" já era 8ª cinco voltas mais tarde, subindo ao 6º posto depois da terceira intervenção do Safety Car. Os reabastecimentos dos outros deram-lhe o 2º posto, encostado a Räikkönen e forçando o nórdico ao erro. É certo que o italiano estava a duas voltas de reabastecer quando a corrida foi parada, mas àparte Coulthard e Trulli todos tinham de parar mais uma vez, pelo que o seu triunfo começou a ser construído nas boxes, para ser concretizado com uma pilotagem brilhante.

CASO DA CORRIDA

NASCIDO PARA ESPERAR

Pobre Giancarlo Fisichella. Não lhe bastou esperar 111 Grande Prémios para conseguir o seu primeiro triunfo, teve ainda de amargar mais cinco dias até a FIA reconhecer que os Comissários Desportivos se tinham enganado em Interlagos, repondo então a verdade dos factos e entregando a vitória ao italiano. Depois de alguns minutos de festejos ainda na pista, Fisichella recebeu a notícia da sua "derrota" com enorme frustração, bem visível no pódio e nas entrevistas pós-corrida.
Dizem as regras que se uma corrida é parada com bandeira vermelha, conta a classificação da penúltima volta completada pelo líder e, por isso, a TAG/Heuer recolocou nos ecrãs a classificação da 54ª volta quando ficou claro que o G. P. do Brasil não iria ser recomeçado. Mas os Comissários de Pista mandaram publicar a classificação da 53ª volta, não se apercebendo que Fisichella já estava na 56ª volta quando a bandeira vermelha foi mostrada, o que levou Räikkönen a festejar o triunfo no pódio.
Sem querer polemizar – e feliz com oito inesperados pontos – a Jordan não protestou os resultados, mas quando teve acesso a todos os dados disponíveis comunicou as suas conclusões à FIA, o que levou a Federação a rever os resultados, repondo a verdade desportiva. Por uma vez todos estiveram de acordo e a McLaren aceitou com desportivismo a troca de lugares entre Fisichella e Räikkönen, pois era óbvio que a razão estava do lado do italiano. Por responder voltou a ficar a questão da profissionalização dos Comissários Desportivos, pois está mais do que visto que o sistema actual não funciona quando acontece algo ligeiramente fora do normal.

A instabilidade meteorológica proporcionou lutas interessantes, como esta reedição do duelo Michael Schumacher-Juan Pablo Montoya, mas esteve na origem de diversos acidentes. Alonso foi o responsável pela interrupção da prova, falhando a ida ao pódio por ter sido transportado para o hospital, na sequência do seu impressionante acidente (à esquerda).

Honda

MICHELIN PREJUDICADA

Sabendo que no Brasil quando chove, chove mesmo, a Michelin levou para Interlagos pneus adaptados para as condições típicas da pista, mas a Bridgestone manteve a sua postura das duas corridas anteriores e apostou em pneus intermédios como alternativa aos pneus para piso seco. Por isso, quando a corrida estava prestes a iniciar-se, as equipas da Bridgestone, com a Ferrari à cabeça, insistiram numa largada atrás do Safety Car, pois não tinham a mínima possibilidade de manter os seus carros no asfalto com tanta água na pista. Isso foi-lhes consedido, mas manter o SC em pista oito voltas foi um exagero que prejudicou a Michelin. É que em condições normais os pilotos da marca francesa teriam andado bem mais rápido que os rivais da Bridgestone enquanto a pista esteve mais molhada, vantagem que lhes foi negada pela manutenção excessiva do SC em pista.

HISTÓRIA

Corridas à chuva

Das 700 corridas do Campeonato do Mundo, 109 foram afectadas pela chuva. M. Schumacher ganhou 16 dessas corridas na chuva, seguido por Senna, com 13 vitórias na chuva, Fangio ganhou sete e Prost cinco. Dos actuais pilotos, Coulthard ganhou duas, Räikkönen e Panis uma, cada.

Fabricantes de pneus

Enquanto na F1 moderna tem sido habitual haver apenas dois ou mesmo só uma marca de pneus, antigamente era diferente: entre 1954 e '58 cinco companhias estavam envolvidas na F1: Avon, Continental, Dunlop, Englebert e Pirelli. Em 1981/82 quatro marcas forneciam pneus: Avon, Goodyear, Michelin e Pirelli.

Pódio incompleto

Com Alonso acidentado e levado para o Centro Médico, apenas Fisichella e Räikkönen estiveram no pódio. A última vez que um pódio de um GP não teve os três primeiros, foi no Japão, em 1977, quando os dois primeiros – Hunt e Reutemann – não compareceram, deixando Depailler e um mecânico da Ferrari para as fotos. A FIA depressa interveio e a partir de então os pilotos foram obrigados a ir ao pódio, salvo força maior, como agora.

TV Globo: péssima transmissão

Há muito tempo que não assistíamos a uma tomada e edição de imagens tão medíocre. Felizmente que Ecclestone já decidiu ter um director de TV único para todos os GPs.

FOI MESMO ERRO DA FERRARI?

Rubens Barrichello tinha a corrida na mão quando ficou sem gasolina à 47ª volta. Como todos os outros pilotos o brasileiro tinha de reabastecer mais uma vez, mas o impensável aconteceu e a Scuderia deixou o seu piloto ficar a seco, desculpando-se com um consumo excessivo nas primeiras voltas, devido um problema de motor, que se resolveu quando a pista começou a secar. Para além disso, segundo a Ferrari, a equipa ficara sem telemetria do carro do brasileiro desde as voltas iniciais e, por isso, não se apercebeu da disparidade entre o consumo previsto e o realizado de facto. Só isso explica que Barrichella tenha parado a quase três quilómetros das boxes sem que a equipa estivesse à sua espera no final dessa volta.
A polémica veio depois, quando um elemento da Scuderia confidenciou a alguns jornalistas que não havia nada de errado com a telemetria do brasileiro e ficou no ar a ideia de que a Ferrari quis que Barrichello perdesse. É que se o paulista tem ganho em Interlagos, ficava com 18 pontos contra 8 de M. Schumacher e seria complicado impor-lhe ordens de equipa. Teoria da conspiração ou maquievelismo da Ferrari? Ficou mesmo por saber...

> *"Não é necessário um segundo pneu de chuva porque em caso de muita chuva sempre entra o pace car..."*
> **Pierre Dupasquier - Michelin**

Fotos: Photo4

> *Devia ser autorizado um segundo tipo de pneu de chuva.*
> **Michael Schumacher**

> *Desde criança, a minha ambição era ser pole no GP do Brasil.*
> **Rubens Barrichello**

CASO TÉCNICO

Os pneus de chuva

Para 2003 o Regulamento da F1 prevê o uso de apenas um tipo de pneu de chuva, o que nas condições de grande pluviosidade durante este GP foi muito controverso. Por isso, a FIA emitiu em Interlagos um comunicado lembrando que:
"Em Outubro de 2002, as equipes de F1 votaram unanimemente a limitação do uso de um único tipo de pneu de chuva. Tendo em conta as habituais condições pluviométricas desta prova é surpreendente que as equipes tenham decidido de trazer para aqui pneus intermédios em vez de pneus de chuva".
O caso de Interlagos é peculiar e bem diferente de outras pistas planas, onde não há o perigo de formação de autênticos lagos ou rios. Aqui, devido às subidas e descidas que provocam grandes rios de água, como na curva 3 onde se deu a maior parte das saídas de pista por acqualanning. Este ano tudo foi pior devido à tremenda pancada de água que caiu na manhã da corrida.

Mike Gascoyne, Director Técnico da Renault F1 explica as características necessárias para eu um pneu seja adequado a todas as condições de chuva, e os problemas causados pelos pneus intermédios:
"São necessárias misturas mais macias para gerar calor na chuva. O truque é ter borracha macia que não se gaste demais quando o piso seca. É preciso um pneu macio mas que gere apenas calor interno, mantendo o pneu robusto. O problema é a largura dos pneus e o piso com menor profundidade dos intermédios que escoam menos água.
"É um problema de escolha. O regulamento não nos obriga a usar pneus intermédios..."

Chuva provocou

Várias situações até caricatas, como na Sala de Imprensa ou no Paddock Club com água a jorrar dos telhados. Adiamento da partida em 15 minutos. Largada lançada, atrás do Pace Car.

A chuva esteve na origem dum inusual número de acidentes, com Button, M. Schumacher, Montoya e Pizzonia a saírem de pista na Curva 3, forçando a entrada em acção do Safety Car. Firman foi vítima de mais uma falha mecânica no seu Jordan (em cima), acabando por envolver Panis (ao lado) na sua saída de pista. Mas o acidente mais violento foi o de Alonso (em cima à esquerda), que levou à paragem da corrida. Villeneuve, à direita, teve o mérito de acabar nos pontos, mas foi dos mais lentos na chuva.

Sem cigarros

As Ferrari andaram sem os seus logótipos Marlboro na 6ª feira de manhã. O mesmo aconteceu com os demais teams patrocinados por marcas de tabaco. A Agência Nacional de Saúde já decidira alinhar com a decisão da União Europeia de antecipar a proibição à publicidade a tabaco de 2006 para 2005 e aproveitou a oportunidade para implementar desde já a medida. Quem transgredisse estaria sujeito a uma multa de R$20 milhões (€6 milhões). No entanto, a Prefeita de S.Paulo tratou do assunto com o Presidente Lula, que invocou a lei que permite a publicidade a tabaco em alguns eventos internacionais até 31 de Julho de 2005. Assim, os carros já tiveram os logos dos seus patrocinadores de tabaco na qualificação. Ecclestone: *"O futuro do GP do Brasil estava em jogo..."*

Greve de pilotos

Todos os pilotos – fora Villeneuve e Heidfeld – assinaram uma petição para não participarem na primeira qualificação de sexta-feira, caso a chuva tornasse as condições da pista demasiado perigosa.

Primeira pole da Jaguar

O melhor tempo de Webber na qualificação de 6ª feira – pole provisória – foi a primeira da Jaguar desde que a marca entrou na F1.

Pior qualificação de Schumi

Desde o GP da Alemanha de 1998, que Schumi não se qualificava tão mal. Até agora, o alemão só se qualificou 10 vezes abaixo dos seis primeiros. Foi batido pelo irmão Ralf pela nona vez em 94 GPs que correrem juntos.

Terceiro, na clínica

Foi só na clínica São Luiz, no Morumbi, que um recuperado, mas surpreso Alonso recebeu de Patrizia Spinelli, assessora de imprensa da Renault F1, o troféu da 3ª posição no GP.

Alonso: batida de 33G

Na telemetria do Renault de Alonso ficou registado que a sua batida no muro teve uma desaceleração de 33G, ou seja, 33 vezes a massa do seu corpo.

Quatro anos sem abandonar

Mais um recorde da Ferrari: pela primeira vez em quatro anos e sete meses – desde o GP da Bélgica de 1998 – a Ferrari não teve um carro no final de um GP. Foi também o primeiro abandono de Schumi desde o GP da Alemanha de 2001. O alemão pontuou em 54 GPs consecutivos.
ZULMIRA CHECAR

Rubinho: pane seca

Duas semanas depois, Ross Brawn admitiu: *"Rubens ficou sem gasolina"*.

FIA reconhece erro

Pela primeira vez na F1 moderna, a FIA alterou o resultado de um GP devido a um erro de cronometragem, admitido cinco dias depois da corrida, após verificação das folhas. O regulamento indica que no caso de uma corrida parada por bandeira vermelha, o resultado final é a classificação duas voltas antes da paragem. Nessa 54ª volta, Físico era o líder, como a Jordan já sabia no final da corrida.

McLaren mantém comando

Mesmo a vitória de Räikkönen tendo sido retirada cinco dias depois pela FIA, a McLaren mantém uma boa vantagem no comando do mundial de construtores – 16 pontos sobre a Renault F1, que se isolou na 2ª posição.

Vitória italiana

Há 168 GPs – desde o GP do Japão 1992 (Patrese) – que um italiano não ganhava uma corrida do mundial de F1.

Honda

BRAKE ON
Panasonic
TOYOTA

Com um Céu tão ameaçador, não espantou que a chuva marcasse presença ao longo de toda a prova. Os mecânicos tiveram trabalho forçado, com múltiplas trocas de pneus (em cima à esquerda), mas a corrida teve mesmo de ser parada, pois os destroços espalhados na entrada da recta da meta (em cima à direita) não permitiam que os Fórmula 1 continuassem a prova.

Fotos Photo 4

3 Grande Prêmio do Brasil

Grid

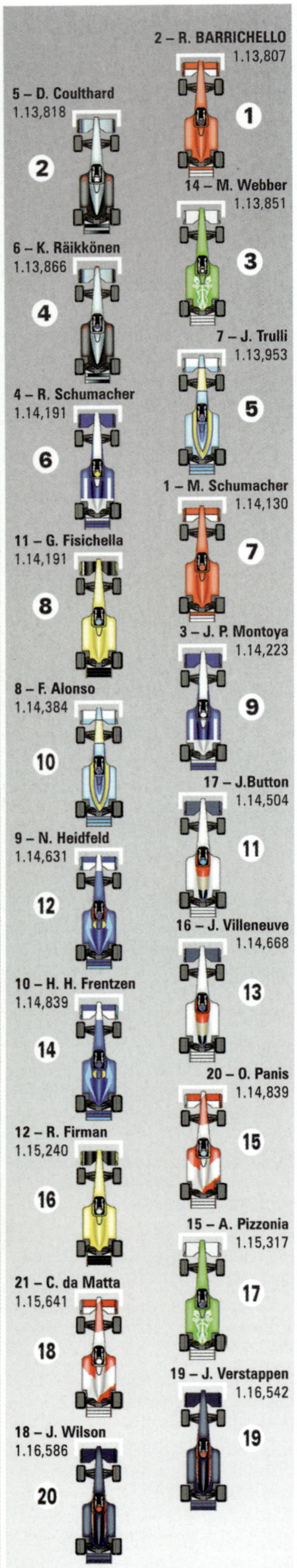

Diferença entre o pole e o último: 2,779s
Diferença em 2002: 3,614s
Pole de 2002: Montoya (Williams FW24/BMW)-1m13,114s

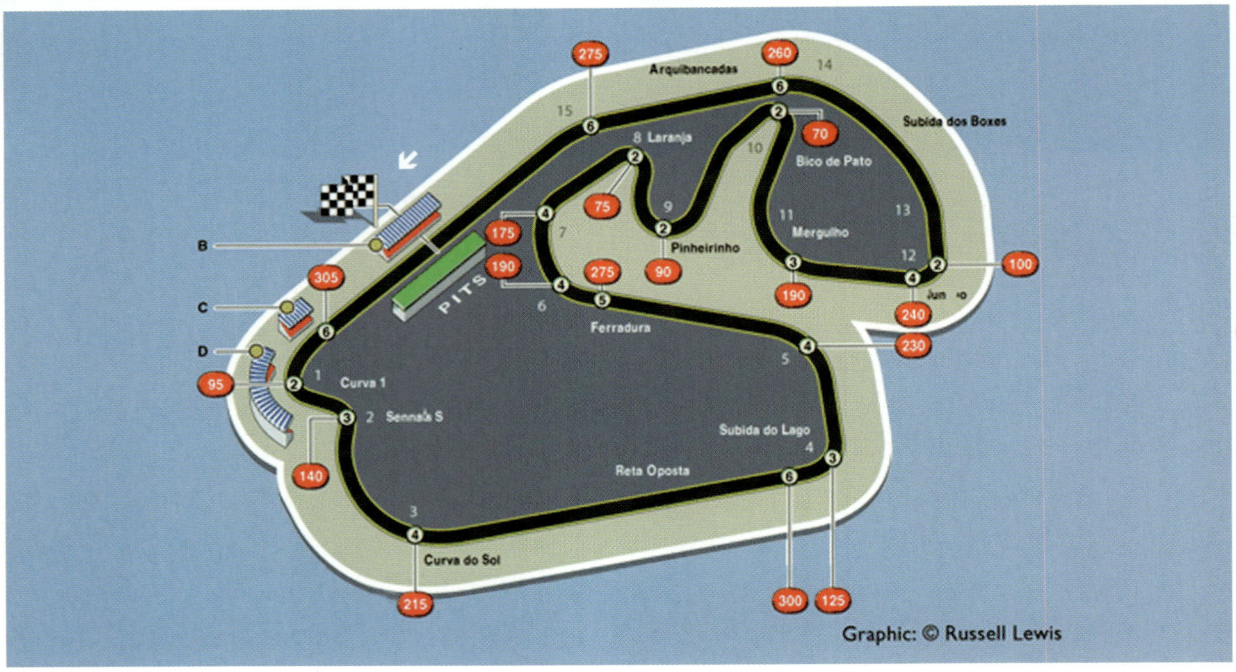

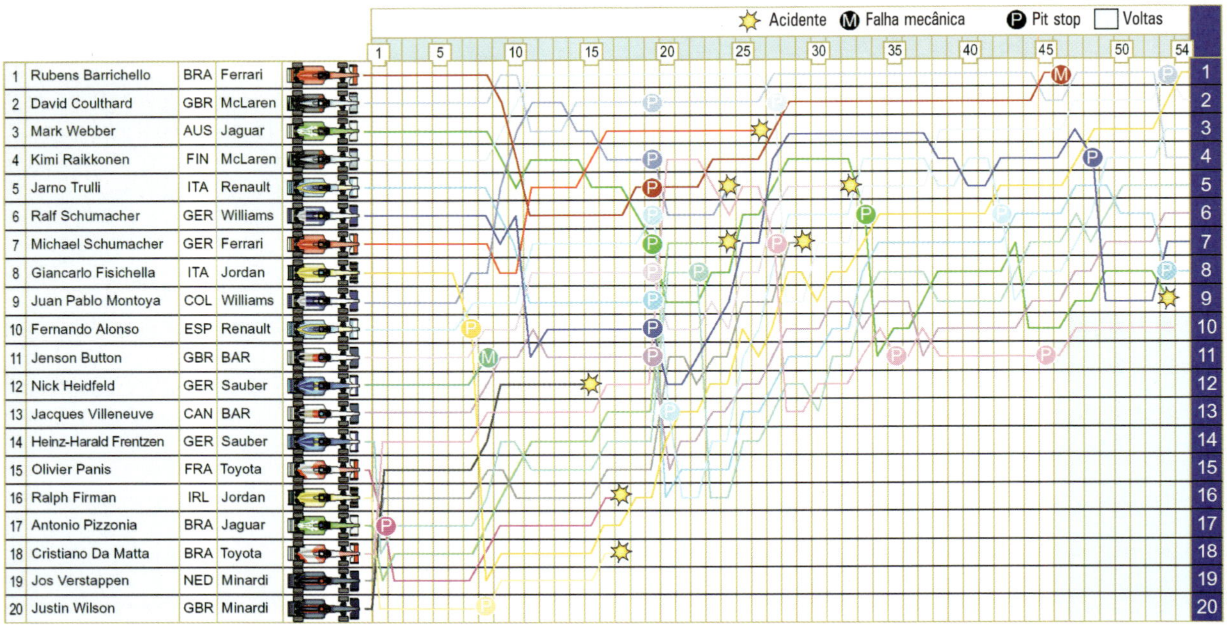

Condições Atmosféricas

6ª feira: Inicialmente seco, chuva intermitente depois. Ar: 24º/26º. Pista: 21º/24º
Sábado: Seco. Ar: 21º/25º. Pista: 22º/35º
Domingo: Chuva intermitente. Ar: 18º/20º. Pista: 18º/21º

Velocidades de Ponta Km/h

Maior: Montoya – 317,5
Menor: Wilson – 295,0

Data: 06.04.2003 **Público:** 70.000
Distância: 54 voltas de 4.309m – 232,656 Km
Treinaram: 20 **Largaram:** 20 **Classificados:** 10

Recorde da volta nos treinos: J. P. Montoya (Williams FW24/BMW) 1m13,114s; 212,167 Km/h – 2002

Recorde da volta na corrida: M. Schumacher (Ferrari F1 2000) 1m14,755s; 207,509 Km/h – 2000
Média do vencedor: 152,902 km/h.

CLASSIFICAÇÃO FINAL

					SEXTA-FEIRA		SÁBADO				
CL.	Nº	PILOTOS	CHASSIS/MOTOR	Pneus	Livres	Treinos Qualificativos	Treinos Livres	Warm-up	N.º VOLTAS	MELHOR VOLTA	TEMPO FINAL DIFERENÇA/CAUSA
1º	**11**	**G. FISICHELLA**	**JORDAN EJ13/FORD**	**B**	1.32,603	1.26,726	1.14,224	1.14,913	**54**	(51ª) 1.23,454	**1h 31m 17,748s**
2º	6	Kimi Räikkönen	McLaren MP4-17D/Mercedes	M	s/ tempo	1.24,607	1.13,946	**1.13,886**	54	(39ª) 1.24,104	a 00,945s
3º	8	Fernando Alonso	Renault R23	M	s/ tempo	1.26,203	1.14,209	1.14,934	54	(41ª) 1.23,770	a 06,348s
4º	5	David Coulthard	McLaren MP4-17D/Mercedes	M	1.28,188	1.24,655	1.13,893	1.14,253	54	(40ª) 1.23,132	a 08,096s
5º	10	Heinz H. Frentzen	Sauber C22/Petronas	B	1.33,131	1.26,375	1.14,921	1.15,291	54	(53ª) 1.23,089	a 08,642s
6º	16	J. Villeneuve	BAR 005/Honda	B	1.48,359	1.25,672	1.14,523	1.14,768	54	(54ª) 1.22,713	a 16,054s
7º	4	Ralf Schumacher	Williams FW25/BMW	M	1.35,013	1.26,709	1.14,192	1.14,719	54	(46ª) 1.24,778	a 38,526s
8º	7	Jarno Trulli	Renault R23	M	1.29,607	1.26,557	1.13,621	1.14,863	54	(43ª) 1.25,036	a 45,927s
9º	14	Mark Webber	Jaguar R4/Cosworth	M	1.33,714	**1.23,111**	1.14,102	1.14,584	53	(50ª) 1.24,956	acidente
10º	21	C. Da Matta	Toyota TF103	M	1.31,548	1.26,554	1.14,819	1.15,352	53	(47ª) 1.27,080	a 1 volta
	2	R. Barrichello	Ferrari F2002	B	1.31,462	1.23,249	1.13,993	1.14,002	46	**(46ª) 1.22,032**	falta de gasolina
	17	Jenson Button	BAR 005/Honda	B	1.28,903	s/ tempo	1.14,464	1.14,690	32	(17ª) 1.26,042	saída de pista
	19	Jos Verstappen	Minardi PS03/Cosworth	B	1.37,226	1.26,886	1.15,610	1.16,744	30	(25ª) 1.28,010	saída de pista
	1	M. Schumacher	Ferrari F2002	B	**1.28,060**	1.25,585	1.13,546	1.14,166	26	(18ª) 1.24,040	saída de pista
	3	Juan P. Montoya	Williams FW25/BMW	M	1.30,885	1.27,961	1.13,929	1.14,321	24	(24ª) 1.25,814	saída de pista
	15	Antonio Pizzonia	Jaguar R4/Cosworth	M	S/ tempo	1.25,764	1.14,511	1.15,245	24	(24ª) 1.27,990	saída de pista
	20	Olivier Panis	Toyota TF103	M	1.31,518	1.25,614	**1.13,457**	1.15,401	17	(17ª) 1.30,494	saída de pista
	12	Ralph Firman	Jordan EJ13/Ford	B	1.57,783	1.28,083	1.15,475	1.16,115	17	(13ª) 1.29,159	suspensão/acidente
	18	Justin Wilson	Minardi PS03/Cosworth	B	s/ tempo	1.28,317	1.16,067	1.16,935	15	(15ª) 1.28,023	rodada/motor
	9	Nick Heidfeld	Sauber C22/Petronas	B	1.38,728	1.27,111	1.14,744	1.14,773	8	(4ª) 2.11.396	problema eléctrico

Gran Premio Foster's di San Marino

Imola

Arc

Mercedes

Michael Schumacher (em cima) regressou ao triunfo na corrida caseira da Ferrari, num fim de semana em que o seu irmão Ralf (ao centro) também esteve em destaque. Räikkönen (acima), consolidou a liderança no Mundial, com o seu quarto pódio consecutivo.

Regresso ao passado em Imola

Ferrari

Vitória clara da Ferrari na despedida do F2002. Michael e Ralf Schumacher correm apesar da morte da mãe, na madrugada de domingo. Räikkönen volta a ser segundo e mantém liderança do Mundial.

Três derrotas consecutivas tinham abalado a Ferrari, levantando um coro de vozes que exigia a estreia do F2003-GA em Imola. Mas a Scuderia considerou que o carro novo não dava garantias suficientes de fiabilidade e prolongou a vida do F2002 por mais um Grande Prémio. Em boa hora o fez, pois Michael Schumacher conquistou em Imola o seu primeiro triunfo da temporada e Barrichello só não foi segundo, devido a um problema no seu derradeiro reabastecimento.

Duraram 18 voltas as dúvidas quanto ao resultado final do G. P. de San Marino. Ralf Schumacher largou melhor que o irmão e foi o líder até ao seu primeiro reabastecimento (16ª volta). Mas o seu andamento não era muito forte, pois formou-se um fila de cinco carros na frente da corrida, com M. Schumacher, Barrichello, Montoya e Räikkönen encostados ao líder. Tudo iria depender do momento das paragens de cada um, mas R. Schumacher tornou a sua situação mais complicada ao deixar o motor morrer nas boxes, abrindo as portas da liderança ao irmão. A ameaça da Williams começou a desaparecer quando Montoya também perdeu tempo nas boxes e com os McLaren a pararem bem mais tarde que os seus rivais, cada um dos pilotos da equipa de Sir Frank perdeu um lugar

>

4

1º Michael Schumacher
2º Kimi Räikkönen
3º Rubens Barrichello
4º Ralf Schumacher
5º David Coulthard
6º Fernando Alonso
7º Juan Pablo Montoya
8º Jenson Button
9º Olivier Panis
10º Nick Heidfeld
11º Heinz-Harald Frentzen
12º Cristiano da Matta
13º Jarno Trulli
14º Antonio Pizzonia
15º Giancarlo Fisichella

Pontuação
Pilotos

32 Kimi Räikkönen
19 David Coulthard
18 Michael Schumacher
17 Fernando Alonso
14 Rubens Barrichello
13 Ralf Schumacher
10 Giancarlo Fisichella
10 Juan Pablo Montoya
9 Jarno Trulli
7 Heinz-Harald Frentzen
3 Jacques Villeneuve
2 Mark Weber
2 Justin Wilson
1 Nick Heidfeld

Construtores

51 McLaren-Mercedes
32 Ferrari
26 Renault
23 Williams/BMW
10 Jordan/Ford
8 Sauber/Petronas
6 Bar/Honda
2 Jaguar/Cosworth

Ferrari F2003-GA
Boxes da Williams

65ª vitória de M. Schumacher (1ª do ano)

160ª vitória Ferrari (1ª do ano)

6 Michelin nos 10 primeiros

100º GP de Trulli

4º vencedor diferente em 4 GPs

15ª vitória da Ferrari F2002

> *"Foi Enzo Ferrari que me pediu para fazer este Grande Prémio."*
> **Bernie Ecclestone**

> *"Comparando com a performance de Irvine em 2002, somos três segundos mais rápidos."*
> **Mark Webber**

nas boxes. E Ralf continuava a ter um Ferrari encostado aos seus escapes, neste caso o de Barrichello, pois o de Michael já estava fora do seu alcance.

Como em Imola ultrapassar é quase impossível, tivemos nova procissão até aos segundos reabastecimentos. Aí o maior perdedor foi Montoya, pois a máquina da Intertechnique não funcionou e o colombiano teve de fazer uma paragem extra para reabastecer, duas voltas depois da paragem original. Nessa altura já se percebera que os McLaren só parariam por duas vezes, contra três dos restantes e era, por isso, fundamental a M. Schumacher regressar à pista na frente de Räikkönen. O que aconteceu por pouco mais de um segundo, selando o destino da corrida.

Luta mesmo só para o 3º lugar, pois nem no último reabastecimento a Ferrari conseguiu colocar Barrichello na frente de R. Schumacher. Mas o brasileiro não se deu por vencido, forçou um erro do alemão na Variante Bassa e quando Ralf teve de levantar o pé, para não sair de pista, passou-o em aceleração, correndo atrás de Räikkönen, que estava três segundos à sua frente.

Mas o finlandês não se deixou impressionar e manteve o segundo lugar até ao fim, cimentando a sua posição de líder do Mundial. Mas sabia que M. Schumacher passava a ser o principal candidato ao título, depois da Scuderia ter ultrapassado a fase negativa das primeiras três corridas. Com Ralf Schumacher em 4º e Montoya em 7º a Williams teve um dia negro em Imola, enquanto Coulthard nunca recuperou da má posição na grelha e foi apenas 5º. Alonso fez o melhor que pode com um Renault menos competitivo que o habitual, sendo o 6º, enquanto Button marcou o último ponto disponível, depois duma boa luta com Panis e os dois pilotos da Sauber.

Ferrari

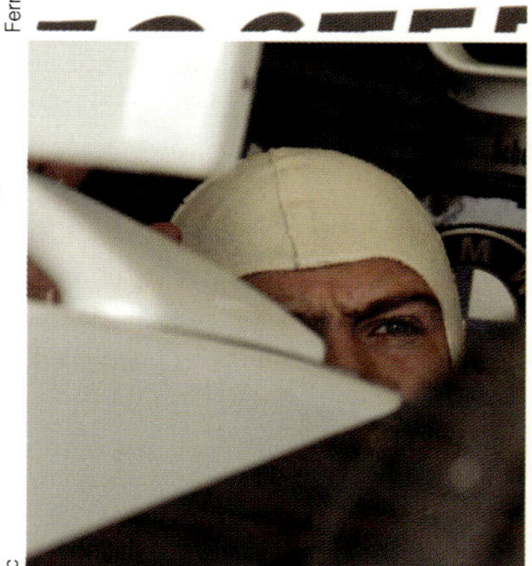

Arc

MOMENTO DECISIVO

GANHAR TAMBÉM NAS BOXES

Duas voltas, foi de quanto necessitou Michael Schumacher para compensar um arranque menos bom e ascender ao primeiro lugar de forma definitiva. Uma largada que não foi das melhores fez o alemão ficar preso atrás do seu irmão Ralf durante 16 voltas, até este reabastecer. Aí Michael sabia que tinha duas voltas para andar a fundo, para ganhar vantagem ao piloto da Williams e o seu irmão mais novo até o ajudou ao perder alguns segundos nas boxes, por ter deixado morrer o motor BMW do seu FW25. Por isso, quando o ferrarista reabasteceu à 18ª volta, conseguiu regressar à pista quase três segundos à frente do irmão. Estava tudo decidido.

Ralf Schumacher liderou até ao 1º reabastecimento, com os Ferrari na sua cola. Na pista os irmãos Schumacher estiveram em destaque, mas quando os carros estavam parados, o seu pensamento estava com a mãe Elizabeth, falecida a poucas horas do início da prova. Mark Webber (à direita) esteve em destaque com o seu 6º tempo na qualificação, mas foi traído pela mecânica na corrida. No final, foi M. Schumacher que fez a festa, na despedida do glorioso F2002 (à direita em baixo).

CASO DA CORRIDA

PROFISSIONAIS ACIMA DE TUDO

No final da qualificação o tema de conversa era a participação dos irmãos Schumacher na corrida. Autores dos melhores tempos da sessão, Michael e Ralf despacharam o mais rapidamente que puderam todas as entrevistas e reuniões em que tinham de participar no sábado à tarde, voando rapidamente para Kerpen, na Alemanha, onde a sua mãe Elizabeth, vivia as derradeiras horas da sua vida.

Os dois pilotos regressaram a Imola ao início da madrugada de domingo e aproveitaram o facto de não se realizarem treinos antes da corrida para recuperarem algumas horas de sono. Mas foram acordados pela notícia do falecimento da mãe e, uma vez mais, a questão da sua participação na prova ficou em aberto.

Dando mostras dum profissionalismo a toda a prova, Michael e Ralf acabaram mesmo por correr, terminando em primeiro e quarto lugar, respectivamente. O vencedor foi mesmo ao pódio, mas os dois não tiveram mais qualquer participação nas habituais entrevistas pós-corrida, rumando de imediato ao aeroporto de Forli, donde seguiram novamente para Kerpen. E se durante a prova as suas emoções não foram visíveis, no final da prova a tristeza era bem evidente no rosto dos dois irmãos.

“*Admiro o que os irmãos Schumacher fizeram hoje.*”
David Coulthard

Ferrari mostra o jogo

Ferrari

Na despedida do Ferrari F2002, Michael Schumacher esteve ao seu melhor nível e deu razão à Scuderia, que preferiu guardar o carro novo para outras batalhas ao conseguir uma pole position inesperada no Autódromo Enzo e Dino Ferrari. Mas a tarefa do penta-campeão do Mundo foi dificultada ao máximo pelo seu irmão Ralf, que depois de duas tentativas frustrada lá conseguiu acertar com o novo formato da qualificação e ficou a apenas 14 milésimos de segundo da pole position. Uma demonstração que o FW25 começava a ficar bem mais competitivo, numa altura em que as modificações aerodinâmicas se tornavam visíveis no carro azul e branco.
Desta vez a McLaren ficou bastante longe das suas rivais, mas também ficou claro que tanto Räikkönen como Coulthard se qualificaram com bastante mais gasolina no depósito de combustível do que aconteceu com os pilotos da Ferrari e da Williams. Se na frente predominaram os irmãos Schumacher, com vantagem para o ferrarista, a situação repetiu-se com Barrichello e Montoya, que ficaram na segunda linha da grelha com o brasileiro à frente do seu amigo colombiano.
A surpresa veio mesmo de Mark Webber, 5º mais rápido, a confirmar que o andamento demonstrado em Interlagos não tinha sido fruto do acaso. Räikkönen, líder do campeonato, ficou com o 6º tempo, enquanto Coulthard, que errou na Rivazza, não foi além da 12ª melhor marca. Destaque para o bom andamento dos BAR-Honda, com Villeneuve (7º) a ser melhor do que Button (9º), enquanto Panis confirmou os progressos da Toyota na passagem sobre as zebras – o ponto fraco dos chassis japoneses – ao efectuar o 10º tempo.
Abaixo do esperado estiveram os Renault, mas Alonso ainda conseguiu um promissor 8º tempo, enquanto Trulli, a contas com problemas de acerto no seu R23, não foi além dum decepcionante 16º lugar na grelha.

TESTES LIVRES

PIZZONIA SURPREENDEU

Desta vez os Renault não acumularam voltas, porque Trulli e McNish despistaram-se no final da primeira hora de treino, mas Alonso acabou por somar tantas voltas como os seus dois companheiros de equipa juntos.
Por uma vez foi Pizzonia o mais rápido, à frente dum inspirado Fisichella, com Webber e Firman nos lugares seguintes. Claramente a Renault não acertara à primeira com as afinações para Imola, numa pista onde as constantes acelerações eram demasiado para o motor francês. Nota para a estreia muito curta de Matteo Bobbi, que com o terceiro Minardi não foi além de 17 voltas, por culpa dum problema com a caixa de velocidades do PS03.

L. Gory's

Ferrari

Gran Premio Foster's di San Marino

"Michael mostrou hoje o tipo de piloto e de homem que é."
Jean Todt

Ferrari

Renault

O domínio de Michael Schumacher começou na qualificação, com a sua 1ª pole position do ano. Alonso voltou a marcar pontos, numa corrida difícil para a Ferrari, enquanto Button deu um precioso ponto à BAR-Honda (em baixo) no final duma corrida sempre ao ataque.

161ª pole Ferrari

7ª primeira fila dos irmãos Schumacher

300 comissários de pista CEA

Schumi e Alonso desculpados

Se a FIA reconheceu o seu erro no Brasil, apontou as faltas graves de M. Schumacher e de Alonso em Interlagos ao não baixarem o andamento sob bandeiras amarelas, como provam as suas saídas de pista em locais onde estavam a ser agitadas bandeiras amarelas.
Só a intervenção rápida de Jean Todt e de Flávio Briatore junto de Mosley evitou a suspensão dos dois pilotos.

Morte da mãe Schumacher

Em segredo total, na 2ª feira, Michael e Ralf Schumacher visitaram no Hospital de Colónia sua mãe Elisabeth em estado crítico. Willi Weber, manager dos dois não foi a Imola para garantir a rápida comunicação entre os irmãos e o estado de saúde da mãe.
No final da qualificação de sábado, os dois Schumi voaram para Colónia e ao chegarem ao quarto da mãe, onde o pai Rolf já se encontrava, encontraram-na já inconsciente. Corina fica a seu lado enquanto os pilotos regressaram a Imola.
No domingo, já confirmada a morte de Elizabeth Schumacher, não houve champanhe no pódio e Jean Todt substituiu Schumi na conferência de imprensa pós-corrida enquanto os dois irmãos órfãos voavam para Colónia.
A vida de um piloto profissional é dura a este ponto, e apesar de não ser dos maiores fãs dos irmãos Schumi como homens, preciso tirar-lhes o chapéu depois desta provação, como o tinha feito em relação a Michael depois de Monza 2000 com as suas lágrimas na Sala de Imprensa.

Tradição confirmada?

O líder do campeonato ao chegar primeira prova europeia tornou-se sempre campeão. Só duas vezes isso não aconteceu: Senna, em 1993, e Irvine, em 1999. Mesmo em 2001, Coulthard partilhava o mesmo número de pontos que o campeão Schumi.

Vencedores diferentes

Pela primeira vez desde 1983 os primeiros quatro GPs do ano foram ganhos por quatro pilotos. Nesse ano houve cinco vencedores diferentes no início do ano: Piquet, Watson, Prost, Tambay e Rosberg).

Desaparece a cidade TV

As dezenas de camiões que transportavam todo o material da TV Digital desapareceram dos parkings. Talvez agora a imprensa volte a poder estacionar seus carros mais perto do paddock. Também sumiu a gigantesca tenda/estúdio da TV Digital, operação que Bernie Ecclestone parou devido à falta de resposta do mercado, principalmente do "pay-per-view" na Alemanha, França e Itália.
Possivelmente esta Ilha de edição vá ser recuperada, muito reduzida, para fornecer o sinal de TV de todos os GPs, para dar uma qualidade unificada a todas as transmissões.

Mosley "tira o cavalo da chuva"...

Na 5ª feira, Max Mosley, Presidente da FIA, reuniu todos os donos dos teams no motorhome da FIA e devolveu-lhes o problema dos pneus de chuva:
"Se vocês quiserem usar diferentes tipos de pneus de chuva em cada GP ou ficar com os intermédios, é problema vosso. Ponham-se de acordo e falem com a Bridgestone e a Michelin. Depois validem a vossa decisão."
A única concessão a um retoque na nova regulamentação refere-se às trocas de motor entre a qualificação e a corrida (como do Mercedes de Räikkönen no Brasil). Podem passar a ser toleradas desde que o piloto largue do pitlane.

Electrónica: concessão de Mosley

Na sua primeira Conferência de Imprensa do ano num GP, Mosley esclareceu que o adiamento da proibição da electrónica foi uma concessão sua e não uma conquista dos teams...
As outras pequenas alterações aos Regulamentos Técnico e Desportivo para este ano são:
·Uso de um carro-reserva nos treinos, mas o carro usado na qualificação tem de ser o da corrida.
·Os pilotos que mudarem as suspensões de molhado para seco ou vice-versa entre a qualificação e a corrida têm de largar do pitlane.
·Qualquer grande alteração ao carro implicará na largada do pitlane (isto é a resposta à manobra da Minardi na Austrália em que os seus dois pilotos abortaram as suas voltas de qualificação para evitarem entrar no Parque Fechado).
As equipes continuam a pedir esclarecimentos sobre a regra de um motor a partir de 2004, e insistem no uso da telemetria unidireccional do carro para as boxes.
A FIA investiga o uso de um aileron traseiro igual para todos.

Honda

Grid

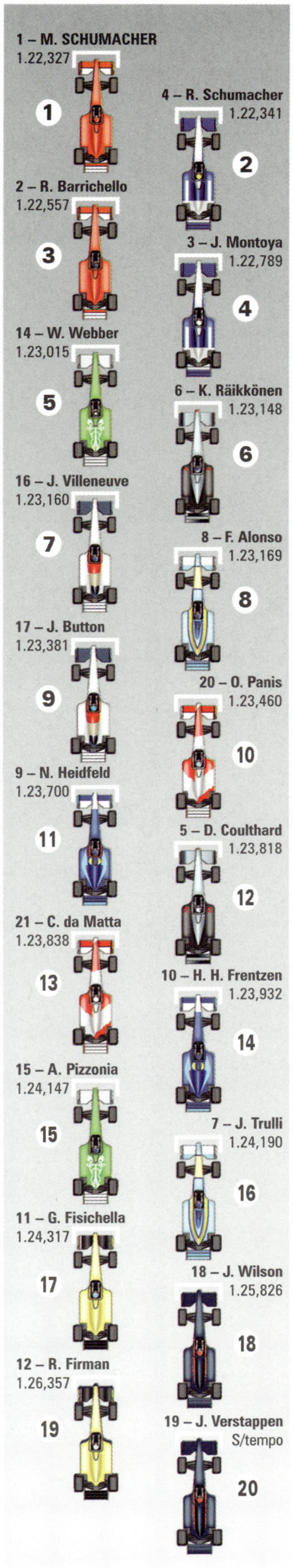

Diferença entre o pole e o último (Verstsappen): 4,050s
Diferença em 2002: 6,150s
Pole de 2002: M. Schumacher (Ferrari F2002) - 1m21,091s

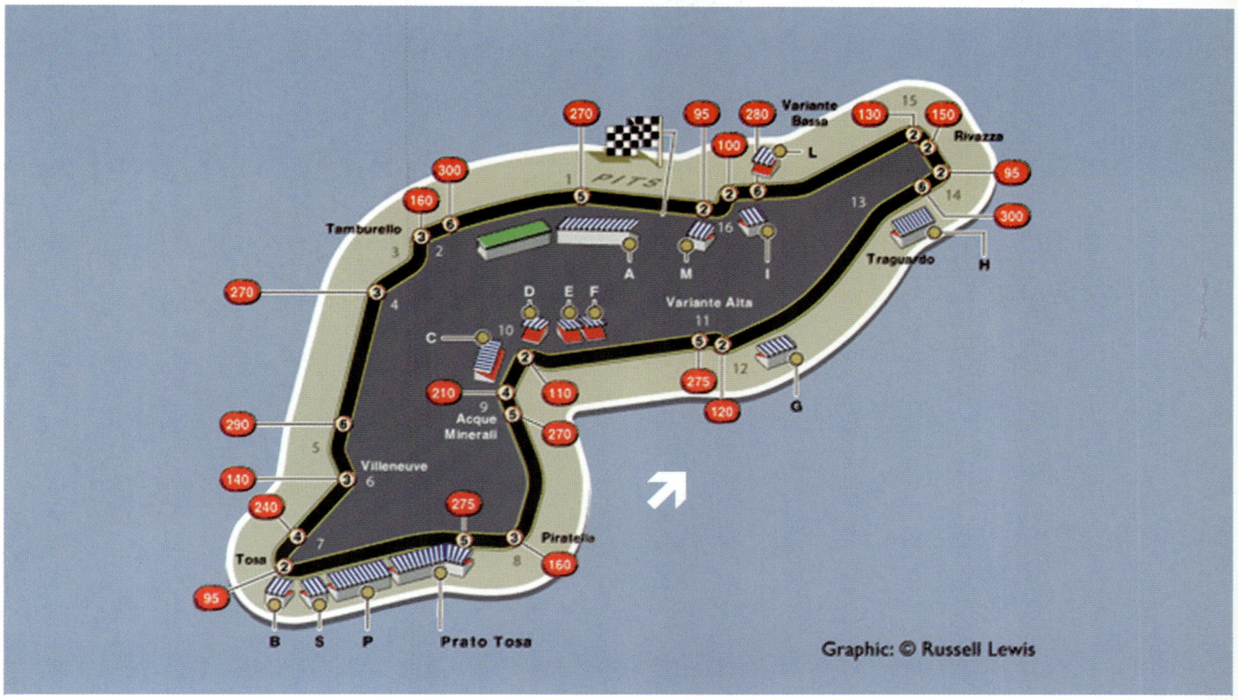

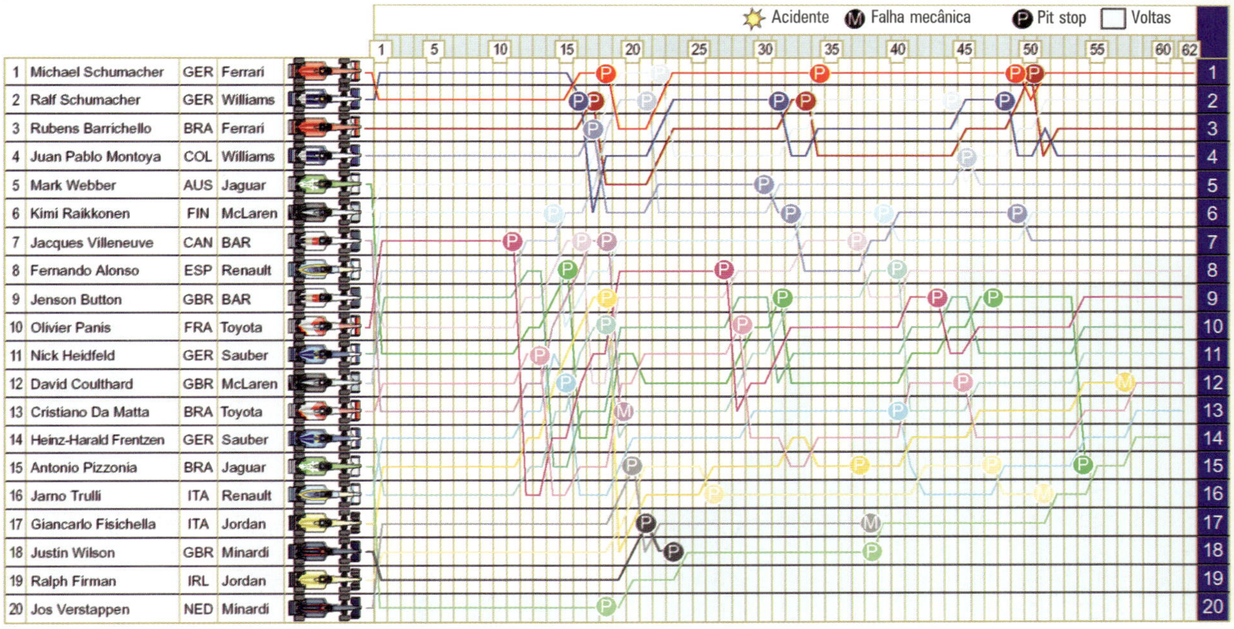

Condições Atmosféricas

Sexta-feira: Seco. Ar: 15º/20º. Pista: 22º/24º
Sábado: Seco. Ar: 14º/18º. Pista: 15º/20º
Domingo: Seco. Ar: 18º/20º. Pista: 20º/24º

Melhor Pit Stop

Jaguar
Webber
14,784s

Velocidades de Ponta Km/h

Maior: M. Schumacher – 310,5
Menor: Trulli – 296,4

Data: 20.04.2003 **Público:** 82.000
Distância: 62 voltas de 4.933m – 305,609Km
Treinaram:20 **Largaram:**20 **Classificados:**15
Recorde da volta nos treinos: M. Schumacher (Ferrari F2002) 1m21,091s; 218,998 Km/h – 2002
Recorde anterior da volta na corrida: R. Barrichello (Ferrari F2002), 1m24,170s; 210,987 Km/h – 2002
Novo recorde da volta na corrida: M. Schumacher (Ferrari F2002) 1m22,491s; 215,281 Km/h – 2003
Média do vencedor:207,894 km/h.

CLASSIFICAÇÃO

					SEXTA-FEIRA		SÁBADO				
CL.	Nº	PILOTO	CHASSIS/MOTOR	Pneus	Livres	Treinos Qualificativos	Treinos Livres	Warm-up	N.º VOLTAS	MELHOR VOLTA	TEMPO FINAL DIFERENÇA/CAUSA
1º	**1**	**M. SCHUMACHER**	**FERRARI F2002**	**B**	1.23,057	**1.20,628**	1.22,974	1.23,452	**62**	**(17ª) 1.22,491**	**1h 28m 12,058s**
2º	6	Kimi Räikkönen	McLaren MP4-17D/Mercedes	M	1.23,557	1.22,147	1.22,962	1.24,019	62	(21ª)1.23,332	a01,882s
3º	2	R. Barrichello	Ferrari F2002	B	1.23,057	1.21,082	**1.22,819**	1.26,198	62	(49ª) 1.22,775	a02,291s
4º	4	Ralf Schumacher	Williams FW25/BMW	M	**1.21,335**	1.21,193	1.22,897	1.23,514	62	(29ª) 1.23,265	a08,803s
5º	5	David Coulthard	McLaren MP4-17D/Mercedes	M	1.22,121	1.22,326	1.23,198	**1.23,349**	62	(20ª) 1.22,810	a09,411s
6º	8	Fernando Alonso	Renault R23	M	1.22,561	1.22,809	1.23,042	1.24,002	62	(60ª) 1.23,844	a 43,689s
7º	3	Juan P. Montoya	Williams FW25/BMW	M	1.21,409	1.21,490	1.23,769	1.23,509	62	(32ª) 1.23,432	a 45,271s
8º	17	Jenson Button	BAR 005/Honda	B	1.22,669	1.21,891	1.24,178	1.23,750	61	(15ª) 1.24,293	a 1 volta
9º	20	Olivier Panis	Toyota TF103	M	1.24,565	1.22,765	1.24,099	1.23,893	61	(36ª) 1.25,123	a 1 volta
10º	9	Nick Heidfeld	Sauber C22/Petronas	B	1.23,834	1.22,911	1.24,747	1.24,377	61	(38ª) 1.24,594	a 1 volta
11º	10	Heinz H. Frentzen	Sauber C22/Petronas	B	1.22,714	1.22,531	1.25,332	1.24,527	61	(34ª) 1.24,874	a 1 volta
12º	21	C. Da Matta	Toyota TF103	M	1.24,117	1.24,854	1.24,683	1.24,332	61	(15ª) 1.24,705	a 1 volta
13º	7	Jarno Trulli	Renault R23	M	1.23,051	1.23,100	1.24,322	1.25,554	61	(13ª) 1.25,444	a 1 volta
14º	15	Antonio Pizzonia	Jaguar R4/Cosworth	M	1.23,426	1.22,919	1.26,195	1.25,029	60	(36ª) 1.24,733	a 2 voltas
15º	11	G. Fisichella	Jordan EJ13/Ford	B	1.23,267	1.22,724	1.24,132	1.25,191	57	(27ª) 1.24,730	motor
	14	Mark Webber	Jaguar R4/Cosworth	M	1.22,056	1.21,669	1.22,958	1.24,231	50	(30ª) 1.24,258	transmissão
	12	Ralph Firman	Jordan EJ13/Ford	B	1.24,007	1.24,360	1.24,763	1.26,191	41	(45ª) 1.25,539	motor
	19	Jos Verstappen	Minardi PS03/Cosworth	B	1.25,180	1.24,990	1.25,745	1.26,746	38	(35ª) 1.26,835	curto-circuito
	18	Justin Wilson	Minardi PS03/Cosworth	B	1.25,706	1.25,195	1.25,945	1.26,169	23	(23ª) 1.28,959	bocal de enchimento
	16	J. Villeneuve	BAR 005/Honda	B	1.25,153	1.21,926	1.24,098	1.24,028	20	(16ª) 1.24,108	cablagens do motor

Fotos Photo 4

Como em todas as corridas do Mundial os brasileiros fizeram a festa nas bancadas, mas o fim de semana de Páscoa também foi aproveitado pelos italianos para festejarem. Os comissários de pista entraram no espírito, quando os carros estavam parados, enquanto os Trulli, pai e filho, convidaram todo o Mundo para um petisco tipicamente italiano. No domingo não faltaram as coelhinhas da Páscoa, com os tradicionais ovos de chocolate

Ford
CCTV
BENSON
RE/MAX
ENSON
EDGES
brother
SHANGHAI
CIRCUIT

POTENZA
BRIDGESTONE
DAMOVO
SICILY

BRIDGESTONE
MUMM
Marlboro
vodafone
L'OREAL PARIS
MICHELIN
RENAULT

Gran Premio Marlboro d'Espanha

Montmeló

Photo 4

5

1º Michael Schumacher
2º Fernando Alonso
3º Rubens Barrichello
4º Juan Pablo Montoya
5º Ralf Schumacher
6º Cristiano da Matta
7º Mark Webber
8º Ralph Firman
9º Jenson Button
10º Nick Heidfeld
11º Justin Wilson
12º Jos Verstappen

Pontuação
Pilotos

32 Kimi Räikkönen
28 Michael Schumacher
25 Fernando Alonso
20 Rubens Barrichello
19 David Coulthard
17 Ralf Schumacher
15 Juan Pablo Montoya
10 Giancarlo Fisichella
9 Jarno Trulli
7 Heinz-Harald Frentzen
3 Jacques Villeneuve
3 Cristiano da Matta
3 Jenson Button
2 Mark Webber
1 Nick Heidfeld
1 Ralph Firman

Construtores

51 McLaren-Mercedes
48 Ferrari
34 Renault
32 Williams/BMW
11 Jordan /Ford
8 Sauber/Petronas
6 Bar/Honda
3 Toyota
2 Jaguar/Cosworth

F2003-GA e Alonso
Pilotos da McLaren

Renault

Ferrari

A festa do pódio foi animada, com os homens da Ferrari a darem um duche a Alonso, o herói local. O asturiano suportou bem a pressão de correr face ao seu público, no dia em que Brawn e Schumacher confirmaram as suas expectativas no novo Ferrari F2003-GA

Uma corrida com dois vencedores

M. Schumacher vence na estreia do F2003-GA mas a estrela é Alonso, segundo classificado, deixando os espanhóis em delírio. Räikkönen bate na largada, Coulthard na 19ª volta e os Williams ficam longe dos primeiros.

Jordan

Cada estreia, cada vitória, tem sido este o mote da Ferrari nos últimos quatro anos. A Scuderia tem atrasado cada vez mais a entrada em competição dos seus carros novos, mas quando os traz para a pista o resultado é, inevitavelmente, uma vitória. Guardado até à 5ª prova do ano, o F2003-GA estreou-se sob os melhores auspícios, juntando a pole position à vitória e colocando Michael Schumacher na posição de grande candidato ao título. Mais ainda porque Räikkönen nem passou da largada, ao acertar em cheio no Jaguar de Pizzonia, que ficara parado na grelha. Com dois carros danificados na recta da meta a entrada em acção do Safety Car foi inevitável, mantendo-se em pista até ao final da 5ª volta. Quanto ao Mundial, a distância entre os dois primeiros baixou para quatro pontos, com a vantagem técnica a pender claramente para o lado do ferrarista. A vitória do alemão foi mais do que merecida, mas não se pense que este G. P. de Espanha se tratou dum passeio para Schumacher. Primeiro porque ainda apanhou um susto na primeira curva, quando Barrichello travou tão tarde para superar Alonso que se encontrou ao lado do seu chefe de fila. O toque, ligeiro, desequilibrou o

66ª vitória de M. Schumacher

3ª vitória consecutiva de Schumi em Montmeló (5ª em Espanha)

47ª vitória de M. Schumacher na Ferrari

161ª vitória Ferrari

100ª largada de GP para Trulli

>>

"Duvido que pudesse melhorar um décimo"
Fernando Alonso

"O carro não tem falhas e podemos ser competitivos todo o ano."
Fernando Alonso

ARC

TESTES LIVRES

MAUS PRINCÍPIOS

Diz-se que os espanhóis não gostam de ver bons princípios aos filhos e, por isso, o problema de motor que fez Fernando Alonso perder 20 minutos desta sessão terá sido um bom augúrio para o fim-de-semana do piloto de Oviedo. Com o R23 de reserva Alonso foi o terceiro mais rápido, com Trulli na liderança e McNish no quarto posto. Uma vez mais a Renault cobriu mais do que duas distâncias de Grande Prémio, escolhendo de imediato os pneus para o resto do fim-de-semana, enquanto Fisichella foi o único a intrometer-se entre os carros azuis e amarelos, ao efectuar o segundo melhor tempo.
Destaque para um incidente nas boxes da Jaguar, quando Pizzonia calculou mal a travagem na chegada às boxes e atropelou, sem consequências demasiado gravosas, um dos mecânicos da Jaguar.

F2003-GA estreia-se em grande

>>

F2003-GA do brasileiro, que teve duas rodas fora de pista, mas tudo acabou em bem, com os dois Ferrari na frente, seguidos de muito perto por Alonso e Ralf Schumacher. A vantagem de M. Schumacher chegou a quase 4s antes do primeiro reabastecimento, mas atrás de Barrichello os seus dois rivais mais próximos não desarmavam.
De fora já estavam Coulthard e Trulli, que se tocaram na segunda curva. O italiano abandonou de imediato, enquanto o piloto da McLaren, depois duma paragem nas boxes para montar nova frente no seu MP4/17D acabou fora de pista à 18ª volta, quando se defendia dos ataques de Button! Um dia para a McLaren esquecer mesmo.
Entre os primeiros, e beneficiando do facto de ter reabastecido três voltas mais cedo que Barrichello, Alonso assumiu o segundo lugar depois da primeira paragem e daí para a frente preocupou-se muito mais com o líder da corrida do que com a perseguição do paulista. A segunda paragem, no entanto, foi fatal às aspirações do espanhol, pois regressou à pista atrás de R. Schumacher, que já perdera mais de 20s para os primeiros. M. Schumacher também estivera atrás do seu irmão, mas passou-o quase de imediato. Alonso, sem motor que pudesse competir com o BMW, teve de esperar por um erro do alemão, que saiu de pista na 41ª volta, para regressar ao 2º lugar, então de forma definitiva. Apesar de ainda ter recuperado 3,5s nas oito voltas que precederam o terceiro reabastecimento, o jovem piloto da Renault teve de optar pelo seguro nas últimas 16 voltas, garantindo oito preciosos pontos para a Renault. Barrichello foi um tranquilo 3º classificado, enquanto Montoya conquistou o 4º posto, a um minuto do vencedor, lugar obtido à custa do seu companheiro de equipa, a quem ultrapassou na 45ª volta, numa altura em que R. Schumacher se debatia com problemas resultantes da sua excursão pela escapatória da Curva 3. Com tantos abandonos e atrasos entre os primeiros, abriram-se as portas dos pontos aos homens do segundo pelotão. A Toyota marcou os primeiros pontos do ano graças ao 6º lugar de Cristiano da Matta – estreante absoluto em pontos! – enquanto Webber foi 7º e Firman obteve a sua melhor prestação do ano, dando o 8º lugar à Jordan.

Líder larga em último

A única outra vez que o líder do campeonato largou em último do grid foi em 1975, também no GP de Espanha, mas nessa época no maravilhoso e saudoso circuito estradal no Parque de Montjuich, mesmo em Barcelona.

Melhores e piores

Melhor resultado da carreira de Alonso – 2º.
Primeiros pontos do ano para a Jaguar (Webber), para a Toyota (Cristiano da Matta) e para Firman. A Minardi é a única equipe que ainda não pontuou em 2003.
Primeira vez no ano que nenhum McLaren-Mercedes terminou.

Mercedes disponíveis

Um comunicado da Mercedes-Benz com um importante significado que pode modificar o status-quo da F1 nos próximos tempos: a marca alemã passa a disponibilizar os seus motores a outros teams por US$10 milhões por ano.
Esta é uma alteração grande. Primeiro porque a Mercedes abre a possibilidade de fornecer mais duas equipes. Segundo porque além de o fazer de uma forma transparente – anunciando o seu preço – baixa consideravelmente os custos de fornecimento de motores (US$20 milhões do Ford V10 a Tom Walkinshaw em 2001, e US$28 milhões da Ferrari à Prost GP em 2001).
Esta é uma manobra da Mercedes de forma a aumentar a sua influência no seio das outras equipes num momento em que se chega à fase final de negociações da GPWC, tentando equilibrar o jogo de forças com a Ferrari. Só nos perguntamos o que teria acontecido à Prost se a sua tentativa de obter motores Mercedes tivesse sido satisfeita, e por apenas US$10 milhões. Talvez não tivesse falido.

Cyrsler

“Não é aceitável o BAR parar nas primeiras 20 voltas.”
Jacques Villeneuve

“É decepcionante fazer mais de 13.000km de testes privados nesta pista e não conseguir acertar o carro.”
Mário Theissen, BMW

MOMENTO DECISIVO

TUDO POR SCHUMACHER

Dificilmente M. Schumacher perderia este G. P. de Espanha, mas em duas ocasiões o alemão teve uma ajuda da sorte no Circuit de Catalunya. Logo na primeira curva os dois F2003-GA tocaram-se ligeiramente e se Barrichello ainda meteu duas rodas na relva, Schumacher passou incólume para a liderança. Depois, a seguir ao segundo reabastecimento, Fernando Alonso poderia ter sido uma séria ameaça para o ferrarista, mas perdeu 3,5s em duas voltas, “preso” atrás de R. Schumacher e daí para a frente ficou demasiado longe do Schumacher mais velho para o poder, eventualmente, incomodar.

CASO DA CORRIDA

“OLÁ ESPANHA, EU SOU O FERNANDO!”

A ascenção de Fernando Alonso a figura mediática em Espanha teve os esperados resultados na imagem da Fórmula 1 no país vizinho. Pela primeira vez os espanhóis tinham um piloto capaz de lutar com os melhores e, como acontecera com o fenómeno Carlos Sainz nos ralis, dum dia para o outro toda a gente passou a interessar-se pela Fórmula 1, depois de dezenas de anos em que a categoria pouco ou nenhum interesse suscitava ao público e aos meios de comunicação. Nascera a “Alonsomania”. Tímido, fechado e introvertido, Fernando Alonso até vive em Oxford, perto da sede da Renault UK, para se concentrar melhor no seu trabalho, mas a sua presença em Barcelona suscitou uma onda de entusiasmo nunca visto no GP de Espanha. Já na 5ª feira a pista encheu-se de público, para ver o novo ídolo e nos três dias em que os carros estiveram em pista não ficou um lugar vago nas muitas tribunas da pista catalã. O 2º lugar do jovem Asturiano só serviu para reforçar este entusiasmo, no que foi a primeira vez em que a F. 1 competiu, em termos de popularidade, com o motociclismo, tão apreciado por estas bandas.

O toque entre os dois Ferrari, na 1ª curva, quase eliminou Barrichello, mas os dois F2003-GA sobreviveram sem problemas de maior. Depois dum erro em qualificação Räikkönen nem passou da largada, depois dum acidente com Pizzonia, ficando pela primeira vez em branco neste Mundial. A “Alonsomania” ajudou a encher o magnífico Circuit de Catalunya e o jovem piloto confirmou a confiança dos mais de 100 mil espectadores com um espectacular 2º lugar.

Estreia vitoriosa do F2003GA

Em homenagem ao falecido Gianni Agnelli, Presidente do Conselho de Administração do Grupo Ferrari, a nova Ferrari tem a sigla GA. É o 5º novo modelo Ferrari consecutivo que se estreia com uma vitória. Em 1999, o F399 ganhou com Irvine em Melbourne; M. Schumacher levou os F1-2000 e F1-2001 às vitórias na Austrália, e deu ao F2002 uma estreia vitoriosa no Brasil.
Antes, Mansell tinha ganho em Jacarepaguá em 1989, na estreia do revolucionário 640 com caixa semi-automática, e Jody Scheckter fez o mesmo com o 312T, na África do Sul, em 1979.

Schumi: quase 10.000 voltas

M. Schumacher completou 9.998 voltas em Grandes Prémios. Mais do que ele apenas Riccardo Patrese – 11.351 – e Alain Prost – 10.544.

FS

Gran Premio Marlboro d'Espanha

Qualificação

> *"Felizmente que estreámos o novo carro; com o antigo não teria ganho."*
> **Michael Schumacher**

Schumacher sobreviveu ao encosto com Barrichello, embalando para a vitória, enquanto o brasileiro ficou a lutar com Alonso pelo 2º lugar. Atrás de ambos, Trulli e Coulthard estão a iniciar o acidente que eliminou o italiano e atrasou o piloto da McLaren. Em baixo, Alfonso de Portago, o primeiro espanhol a subir ao pódio numa corrida do Mundial.

53ª pole de M. Schumacher (3ª do ano)

162ª pole Ferrari

87ª primeira fila de M. Schumacher

42ª primeira fila Ferrari

Ferrari na frente

BMW

Para estreia, o F2003-GA não podia ter feito melhor. Michael Schumacher garantiram para a Scuderia o monopólio da primeira linha da grelha de partida, batendo a inesperada oposição da Renault, enquanto os Williams e os McLaren tiveram uma jornada muito negativa. Numa pista onde as qualidades dos chassis vêm ao de cima, a Williams sofreu muito com a falta de eficiência aerodinâmica do FW25 e a estreia auspiciosa do F2003-GA deixou ainda mais a nú as dificuldades da equipa inglesa em chegar-se aos lugares da frente. Com mais quilómetros feitos ao volante do novo chassis, Michael Schumacher superiorizou-se naturalmente a Rubens Barrichello por quase três décimos de segundo, mas ambos chegaram e sobraram para colocar os dois Ferrari na frente dos restantes. Fernando Alonso, a dar continuidade a um fim-de-semana em crescendo de forma, foi o 3º na qualificação, batendo claramente o seu companheiro de equipa Jarno Trulli, que mesmo assim garantiu o 4º tempo. Apesar de terem um motor menos potente, os Renault eram velocíssimos nas curvas de alta velocidade e isso garantiu-lhes uma surpreendente competitividade no Circuit de Catalunya.

A composição da terceira linha também foi uma autêntica surpresa, com Button a dar um brilhante 5º posto à BAR-Honda, enquanto Olivier Panis levou o seu Toyota ao 6º lugar, deixando ambos no ar a ideia de que se teriam qualificado com pouca gasolina nos depósitos dos seus carros. Com Ralf Schumacher em 7º e Montoya em 9º a Williams confirmou as suas dificuldades neste tipo de pista, enquanto na McLaren foram os pilotos a falhar. Coulthard cometeu pequenos erros e foi apenas 8º enquanto Räikkönen saiu de pista na qualificação e, por isso, teve de arrancar do final da grelha. Um erro importante do líder do Mundial.

Nota final para o 10º posto de Frentzen, numa pista onde o equilíbrio entre a Bridgestone e a Michelin foi evidente.

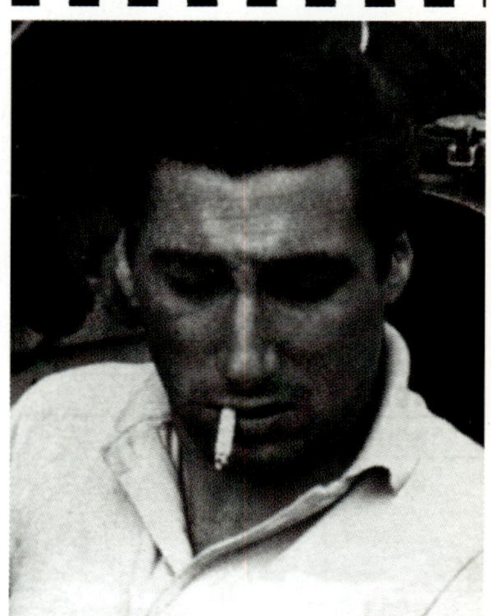

Novo McLaren: "sem pressas"

Ainda não foi desta que o McLaren MP4-18A estreou. Adrian Newey: *"Se nos apressarmos podemos ter problemas de fiabilidade e dar um tiro no pé."* Coulthard: *"Temos de ter o novo carro dxepressa se queremos ganhar o campeonato."*

Pitwalk no final do dia

O novo promotor do GP de Espanha, o francês Philippe Gurdjian (também responsável pelo circuito Paul Ricard), teve uma excelente ideia: um pitwalk na 5ª feira, entre as 16.00 e as 20.00h, quando os mecânicos preparam os carros. Mais de 18.000 bilhetes foram vendidos.

Alonso iguala Portago

O segundo lugar de Alonso igualou o melhor resultado conquistado por um espanhol – o 2º de Alfonso de Portago no GP da Grã-Bretanha de 1956, em que partilhou o Lancia-Ferrari D50 com Peter Collins.

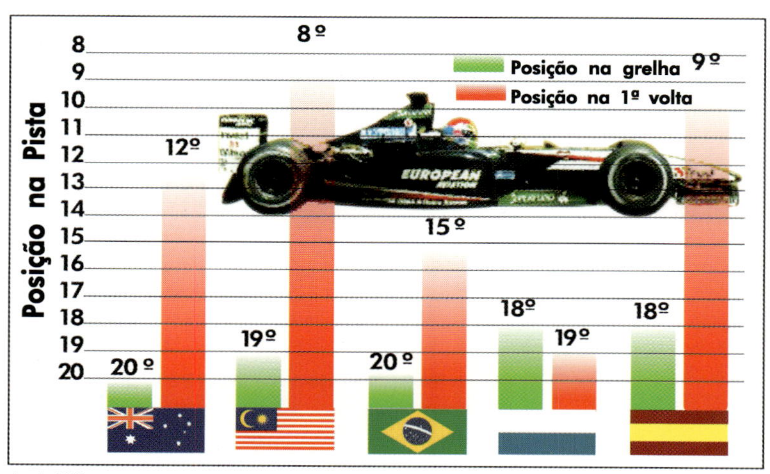

Justin Wilson compensava a menor rapidez do Minardi em qualificação com as primeiras voltas verdadeiramente fabulosas

Grid

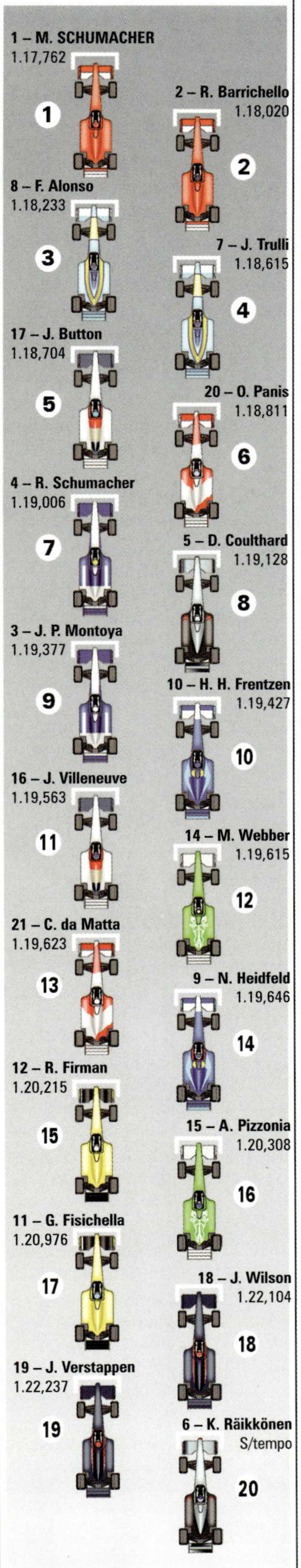

Diferença entre o pole e o último (Verstappen): 4,475s
Diferença em 2002: 5,051s
Pole de 2002: M. Schumacher (Ferrari F2002) 1m16,364s

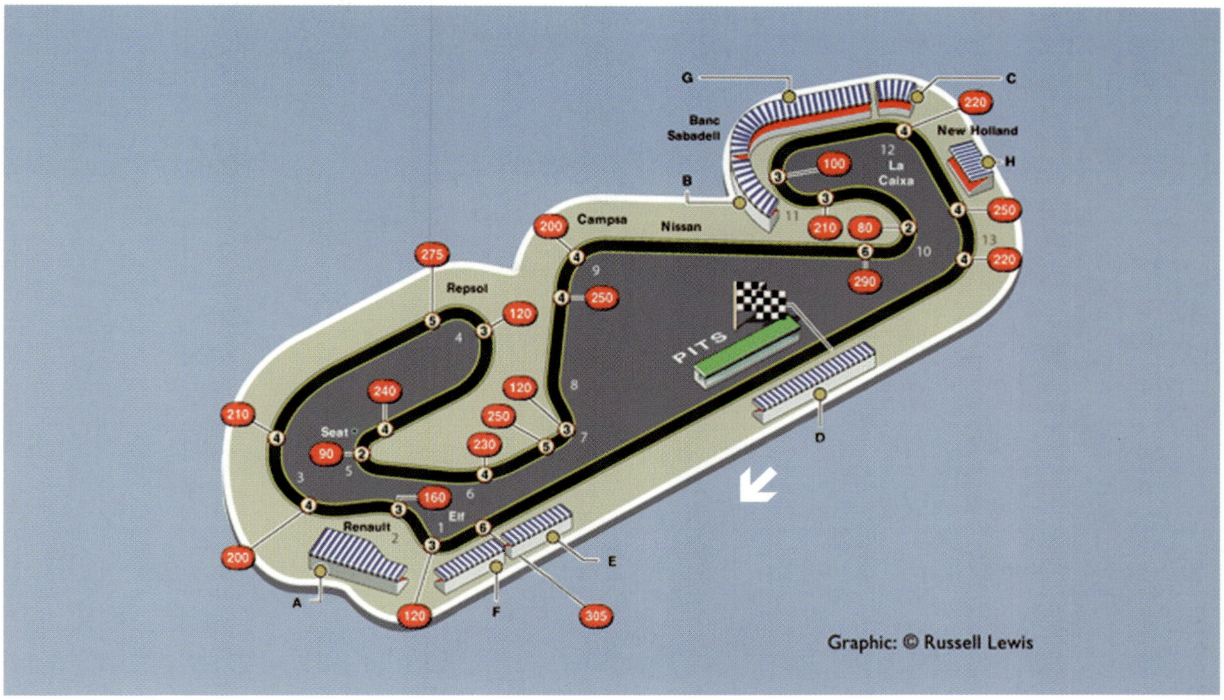

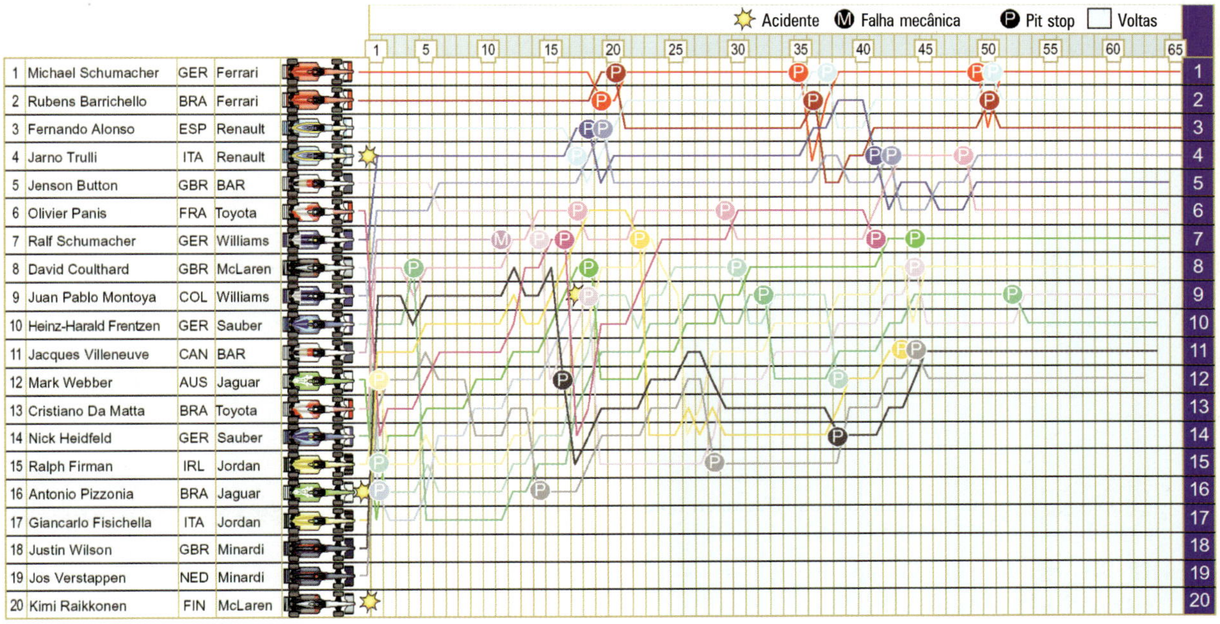

Condições Atmosféricas

6ª feira: Seco. Ar: 18º/24º. Pista: 20º/38º
Sábado: Seco. Ar: 15º/22º. Pista: 15º/34º
Domingo: Seco. Ar: 22º/25º. Pista: 31º/35º

Melhor Pit Stop

Renault
Alonso
28,245s

Velocidades de Ponta Km/h

Maior: M. Schumacher – 331,5
Menor: Trulli – 291,0

Data: 04.05.2003 **Público:** 98.000
Distância: 65 voltas de 4.730m – 307,327 Km
Treinaram:20 **Largaram:**20 **Classificados:**12

Recorde da volta nos treinos: M. Schumacher (Ferrari F2002) 1m16,364s; 222,984 Km/h – 2002
Recorde anterior da volta na corrida: M. Schumacher (Ferrari F2002) 1m20,355s; 211,909 Km/h – 2002

Novo recorde da volta na corrida: R. Barrichello (Ferrari F2003/GA) 1m20,143s; 212,470 Km/h – 2003
Média do vencedor:196,619 km/h.

CLASSIFICAÇÃO FINAL

					SEXTA-FEIRA		SÁBADO				
					Treinos		Treinos				
CL.	Nº	PILOTOS	CHASSIS/MOTOR	Pneus	Livres	Qualificativos	Livres	Warm-up	N.º VOLTAS	MELHOR VOLTA	TEMPO FINAL DIFERENÇA/CAUSA
1º	**1**	**M. SCHUMACHER**	**FERRARI F2003-GA**	**B**	1.18,738	**1.17,130**	1.18,623	1.19,260	**65**	(51ª) 1.20,307	**1h 33m 46,933s**
2º	8	Fernando Alonso	Renault R23	M	1.17,184	1.18,100	**1.17,670**	1.18,928	65	(42ª) 1.20,476	a 05,716s
3º	2	R. Barrichello	Ferrari F2003-GA	B	1.18,303	1.17,218	1.18,214	**1.18,872**	65	**(52ª) 1.20,143**	a 18,001s
4º	3	Juan P. Montoya	Williams FW25/BMW	M	1.17,897	1.18,607	1.19,819	1.19,958	65	(21ª) 1.21,448	a 1m 02,022s
5º	4	Ralf Schumacher	Williams FW25/BMW	M	**1.17,015**	1.18,409	1.19,846	1.19,439	64	(8ª) 1.20,798	a 1 volta
6º	21	C. Da Matta	Toyota TF103	M	1.18,101	1.17,443	1.19,342	1.20,039	64	(22ª) 1.20,935	a 1 volta
7º	14	Mark Webber	Jaguar R4/Cosworth	M	1.17,933	1.17,793	1.19,172	1.20,405	64	(20ª) 1.21,967	a 1 volta
8º	12	Ralph Firman	Jordan EJ13/Ford	B	1.18,639	1.19,195	1.20,298	1.20,478	63	(29ª) 1.22,719	a 2 voltas
9º	17	Jenson Button	BAR 005/Honda	B	1.17,966	1.17,613	1.19,159	1.19,245	63	(7ª) 1.21,300	a 2 voltas
10º	9	Nick Heidfeld	Sauber C22/Petronas	B	1.19,219	1.19,050	1.20,349	1.20,116	63	(34ª) 1.22,568	a 2 voltas
11º	18	Justin Wilson	Minardi PS03/Cosworth	B	1.20,264	1.21,100	1.21,960	1.22,002	63	(7ª) 1.23,222	a 2 voltas
12º	19	Jos Verstappen	Minardi PS03/Cosworth	B	1.20,559	1.20,822	1.21,945	1.21,997	62	(16ª) 1.22,942	a 3 voltas
	11	G. Fisichella	Jordan EJ13/Ford	B	1.18,954	1.18,879	1.19,773	s/ tempo	42	(17ª) 1.22,900	motor
	20	Olivier Panis	Toyota TF103	M	1.17,220	1.17,746	1.18,985	1.19,792	41	(14ª) 1.20,803	motor
	10	Heinz H. Frentzen	Sauber C22 Petronas	B	1.18,691	1.18,909	1.19,729	s/ tempo	38	(32ª) 1.21,791	suspensão da frente
	5	David Coulthard	McLaren MP4-17D/Mercedes	M	1.17,209	1.18,060	1.19,150	1.20,127	17	(10ª) 1.22,577	acidente
	16	J.Villeneuve	BAR 005/Honda	B	1.18,731	1.18,461	1.19,525	1.19,998	12	(9ª) 1.22,175	incêndio cir.eléctrico
	7	Jarno Trulli	Renault R23	M	1.17,138	1.17,149	1.18,263	s/ tempo	0	S/ tempo	acidente
	15	Antonio Pizzonia	Jaguar R4/Cosworth	M	1.18,350	1.18,528	1.19,262	1.20,836	0	S/ tempo	controlo auto. arranque
	6	Kimi Räikkönen	McLaren MP4-17D/Mercedes	M	1.19,337	1.17,862	1.19,012	1.19,419	0	S/ tempo	acidente

Jordan

Um bom trabalho nas boxes ajudou Ralph Firman a marcar o seu 1º ponto na Fórmula 1 (em cima), mas foi nas boxes que a Ferrari não conseguiu ajudar Barrichello a superar Alonso na luta pelo 2º lugar. Coulthard (à direita) teve um dia para esquecer, começando por tocar-se com Trulli, para abandonar na sequência dum acidente com Button.

Ferrari

SCHÜCO
LOCTITE
SONAX
Mobil 1

Grösser Preis von Österreich

A1 Ring – Spielberg

Photo 4

Schumacher mereceu a vitória

Ferrari

Vitória "limpa" de Michael Schumacher, um ano depois do escândalo na última volta. Nem um incêndio nas boxes travou o alemão. Motor partido tira triunfo a Montoya. Räikkönen salva liderança do Mundial.

Duas reviravoltas durante o G. P. da Áustria fizeram com que a corrida de Spielberg tivesse bastante emoção, mas Michael Schumacher acabou por garantir o triunfo da segunda vez que tudo mudou num instante, depois de ter sido o mais prejudicado com a primeira alteração radical da face da prova austríaca.

Iniciar a prova não foi fácil, pois por duas vezes o controle de arranque do Toyota de Cristiano da Matta falhou e as largadas foram abortadas. E nem à 3ª tentativa as coisas correram bem, porque Verstappen ficou parado na recta da meta e o Safety Car entrou em acção para permitir que o Minardi fosse retirado da posição perigosa em que se encontrava. Só no final da 4ª volta é que a pista ficou livre e M. Schumacher pôde começar a ganhar vantagem ao duo Montoya-Räikkönen, que o perseguia desde a largada. O alemão chegou aos 10,6s de avanço à 15ª volta, mas começou a chuviscar nessa altura e os Michelin para piso seco adaptaram-se muito melhor à situação, pois em apenas três voltas Montoya reduziu a diferença para 3,1s, quando a pista secou de novo.

O colombiano foi o primeiro dos líderes a reabastecer (20ª volta), mas uma volta mais tarde as coisas começaram a correr mal à Ferrari, aquando do reabastecimento de Barrichello (ler Caso da Corrida), que estava na 4ª posição desde a 1ª volta. Na 23ª volta deu-se o caso da corrida, quando o Ferrari de Michael Schumacher se incendiou por breves segundos e tendo perdido dez segundos para os seus rivais, o alemão regressou à pista apenas na 3ª posição, atrás de Montoya e Räikkönen.

Pouco a pouco, o colombiano começou a aumentar a sua vantagem, que se situava em quatro segundos quando o motor BMW do seu Williams cedeu, a meio da 32ª volta. Räikkönen acabou por ser prejudicado pelo súbito abrandamento do Williams e isso permitiu a ultrapassagem de Schumacher, que recuperou o comando apenas 12 voltas depois de ter estado envolto em chamas nas boxes! Notável.

Daí para a frente o alemão não teve grandes problemas para garantir o triunfo, pois mesmo parando sete voltas antes de Räikkönen, aquando do segundo reabastecimento, tinha margem suficiente para continuar no comando, somando a sua terceira vitória consecutiva e chegando-se a apenas dois pontos do finlandês no Mundial de Pilotos.

Barrichello também protagonizou uma excelente recuperação, depois de também ele ter perdido dez segundos aquando do seu primeiro reabastecimento, garantindo o 3º lugar à 35ª volta quando passou Button. A sete voltas do fim o brasileiro encostou-se mesmo à traseira do MP4/17D de Räikkönen, a contas com problemas de motor, mas nunca o conseguiu passar, apesar de algumas tentativas. Button foi um surpreendente, mas merecido 4º classificado, tirando o melhor partido do equilíbrio do seu BAR-Honda, à frente de Coulthard e R. Schumacher, que tiveram enorme dificuldade em recuperar das suas más posições na grelha. Webber, que foi penalizado por um erro da sua equipa – mudou-lhe os pneus nas boxes antes de se acenderem os semáforos vermelhos da largada – ainda marcou dois pontos, à frente dum desapontado Trulli, que não foi além do 8º lugar.

Photo 4

CASO DA CORRIDA

FOGO NAS BOXES

Fogo nos reabastecimentos não é, infelizmente, novidade para ninguém e os mais cínicos do Paddock, autor incluído, acreditam que os reabastecimentos só acabarão quando alguém se magoar seriamente num incidente deste género. Agora, um incêndio durante o reabastecimento dum piloto da frente, isso já é mais raro, mas aconteceu a Michael Schumacher em Zeltweg, quando o alemão parou pela primeira vez à 23ª volta. Os problemas da Ferrari tinham começado duas voltas antes, quando a máquina de reabastecimento de Barrichello não funcionou, forçando os mecânicos italianos a utilizarem a de M. Schumacher, com consequente perda de tempo (cerca de dez segundos) para o brasileiro.

Quando chegou a vez de Schumacher reabastecer, algumas gotas que tinham ficado perto do bocal do sistema tocaram no chassis, quente, do F2003-GA e isso foi o suficiente para provocar um incêndio, que teve mais de espectacular do que perigoso, pois a quantidade de gasolina derramada foi mínima. Imagine-se o que acontecerá no dia em que 15 ou 20 litros escaparem ao seu percurso normal, sabendo-se que na Áustria nem um litro chegou a cair sobre o Ferrari... De notar que se a pronta intervenção dos mecânicos italianos a extinguir o incêndio, isso deveu-se, segundo as equipas rivais, à utilização dum produto proibido no pit lane, o Freon, muito eficaz, mas proibido porque é potencialmente explosivo. Mas como ninguém reclamou, o caso acabou por aí.

MOMENTO DECISIVO

32ª VOLTA MUDOU TUDO

Poucas vezes terá sido tão fácil definir o momento decisivo duma corrida como na Áustria. A volta 32 foi mesmo aquela em que tudo ficou definido devido a uma pequena revolução na frente da corrida. Primeiro, porque Montoya, que tinha a prova dominada, abandonou devido a uma ruptura to motor BMW do seu Williams; depois, porque Räikkönen não conseguiu mais resistir aos ataques de M. Schumacher, ao ser prejudicado pelo abrandamento do FW25 do colombiano, e cedeu-lhe a liderança de forma definitiva. Terá sido, também, esta a volta que traçou o destino do Mundial?

L. Gerys

Chrsyler

O magnífico cenário de Spielberg recebeu o Mundial pela última vez, numa corrida em que Michael Schumacher conquistou o seu 3º triunfo consecutivo e nem um incêndio nas boxes o atrasou em demasia (em cima à direita). Montoya tinha a corrida controlada quando o motor BMW do seu Williams cedeu (à direita). Räikkönen foi 2º entre os dois Ferrari, enquanto os austríacos se mostraram amargos com a Scuderia e com a FIA (ao lado), recordando a corrida do ano passado e o fim anunciado do seu Grande Prémio

6

1º Michael Schumacher
2º Kimi Räikkönen
3º Rubens Barrichello
4º Jenson Button
5º David Coulthard
6º Ralf Schumacher
7º Mark Webber
8º Jarno Trulli
9º Antonio Pizzonia
10º Cristiano da Matta
11º Ralph Firman
12º Jacques Villeneuve
13º Justin Wilson

Pontuação
Pilotos

40 Kimi Räikkönen
38 Michael Schumacher
26 Rubens Barrichello
25 Fernando Alonso
23 David Coulthard
20 Ralf Schumacher
15 Juan Pablo Montoya
10 Giancarlo Fisichella
10 Jarno Trulli
8 Jenson Button
7 Heinz-Harald Frentzen
4 Mark Webber
3 Cristiano da Matta
3 Jacques Villeneuve
1 Nick Heidfeld
1 Ralph Firman

Construtores

64 Ferrari
63 McLaren-Mercedes
35 Williams/BMW
35 Renault
11 Bar/Honda
11 Jordan /Ford
8 Sauber/Petronas
4 Jaguar/Cosworth
3 Toyota

Button
Toyota

67ª vitória de M. Schumacher (3ª consecutiva e do ano)

162ª vitória Ferrari (3ª consecutiva e do ano)

3 procedimentos de partida

5º abandono do ano de Panis

Grösser Preis von Österreich

Qualificação

> *"Sabíamos de o motor de Juan iria quebrar, mas não quisemos retirá-lo da corrida."*
> **Mário Theissen – BMW**

Duelo de candidatos

Separados por apenas quatro pontos antes do início deste Grande Prémios, Michael Schumacher e Kimi Räikkönen foram os dois grandes protagonistas da qualificação de sábado. O finlandês optara por alguma cautela na 1ª sessão qualificativa, mas deu o máximo no Sábado à tarde, incomodando seriamente os homens da Ferrari, ao ponto de ter sido necessário M. Schumacher chegar ao seu limite para bater o jovem piloto da McLaren por 39 milésimos de segundo. Só mesmo no último sector, composto pela dupla direita que leva à recta da meta, é que o alemão ganhou vantagem sobre o seu rival, conquistando uma importante pole position.

Os candidatos ao título deram tudo por tudo e ganharam vantagem aos restantes, numa pista onde os erros se pagam caro. Esperava-se oposição da Williams, fazendo valer a potência dos motores BMW e Montoya até chegou ao 3º tempo, sendo o único que se aproximou dos dois líderes do Mundial. Quanto aos companheiros de equipa dos três primeiros, estiveram bem abaixo do esperado. Barrichello foi o 5º melhor, mas a seis décimos de Schumacher, isto numa pista onde tinha sido sempre tão rápido como o alemão. Coulthard foi à gravilha na última curva e, assim, não foi além do 14º posto. Quanto a R. Schumacher, pagou o preço de ser o primeiro em pista e acabou por qualificar-se apenas em 10º.

Em destaque esteve Nick Heidfeld, que aproveitou bem o facto de se qualificar com pouca gasolina para efectuar um excelente 4º tempo, à frente de Barrichello. Numa pista onde o equilíbro entre a Bridgestone e a Michelin foi evidente, a posição na grelha acabou por ser determinada pelas estratégias e pelos riscos assumidos pelos pilotos, com Trulli a efectuar o 6º tempo, à frente de Button, Pizzonia e Fisichella, todos clientes pouco habituais destas posições. Para o brasileiro tratou-se mesmo da melhor performance da temporada, compensando um dia de menor acerto de Webber, que não além do 17º tempo. Pior esteve Alonso, que arriscou tudo e perdeu, ao sair na Curva 5, ficando condenado a sair do último lugar da grelha.

TESTES LIVRES

A VEZ DE FISICHELLA

Pela 1ª vez desde o início da temporada foi um piloto da Bridgestone o mais rápido nesta sessão matinal. Giancarlo Fisichella tirou o melhor partido da eficácia dos pneus japoneses com temperaturas muito baixas para bater a concorrência, onde a surpresa foi ver os Jaguar à frente dos Renault. Mas Alonso efectuou mais de 90% da distância da corrida e, por isso, na marca francesa o ambiente era de optimismo. Numa pista onde os pontos de travagem não são fáceis de "afinar", quase todos os pilotos foram à gravilha, mas ninguém perdeu muito tempo por causa disso.

Um ano depois duma vitória envergonhada, Michael Schumacher teve razões para festejar a sério, no final duma corrida difícil. Coulthard (em cima ao centro) recuperou muitos lugares, mas não foi além do 5º posto. Fisichella (ao lado) começou por ser o mais rápido nos testes livres, mas acabou por abandonar quando já estava fora dos pontos.

"Nenhum dos nossos sistemas de reabastecimento funcionou bem. Por isso, os mecânicos fizeram um excelente trabalho."
Ross Brawn

Pneus "extremos"

Bridgestone e Michelin receberam uma carta da FIA destinada a esclarecer a situação dos pneus de chuva, permitindo a utilização apenas nos testes privados de sexta-feira de manhã e na corrida de pneus a que lhes deu o nome de "extremos".

Frank Dernie de regresso

Três semanas antes tínhamos estado com ele em Jarama, na corrida dos TGP-Thoroughbred Grand Prix Cars, e que ele era o Chief Scrutineer para o Campeonato de 2003 dos F1 antigos. Recordamos tempos antigos, da F1 que vivêramos , quando ele fora engenheiro da Williams e depois Director Técnico da Lotus, da Arrows e da Ligier. Falámos sobretudo de aerodinâmica – a sua grande paixão e especialidade – e ele apontou-me que a grande revolução tinha sido entre 1982 e 83 quando a eficiência aerodinâmica dos carros de F1 tinha baixado de 8,2 para 1,6, com metade do apoio aerodinâmico e o dobro do arrasto.
Há oito anos afastado da F1, Frank recebeu um telefonema de Frank (Williams) para voltar a trabalhar para ele, sobretudo como engenheiro do carro de Montoya e também como auditor de toda a parte técnica para ver em que áreas o FW25 pode ser melhorado.

Regulamento dúbio

Da qualificação para a corrida, a McLaren foi autorizada a mudar o motor de Räikkönen pois havia um problema de válvulas. A autorização foi dada pela FIA alegando "motivos de força maior". Para outros é apenas um buraco no regulamento...

Menos 6% de potência

A uma altitude de 700 metros, o circuito de Spielberg tem uma pressão atmosférica de 940 milibars, ou seja, menos 6% que ao nível do mar (1.000 milibars). Daí todos os motores tiveram uma potência inferior em 6%.

FS

54ª pole de M. Schumacher (3ª consecutiva e 4ª do ano)

163ª pole Ferrari

99ª primeira fila de Schumi

Melhores qualificações de Heidfeld (4º) e Pizzonia (8º)

Frank Dernie saiu do desemprego parcial em que se encontrava, para regressar à Williams, onde a sua experiência foi fundamental para a equipa entender como tirar o máximo partido do FW25

Mercedes

Grösser Preis von Österreich

> *Acho que os mecânicos quiseram aquecer-me um pouco...*
> **Michael Schumacher**

Ferrari

BMW

Renault

O pódio de 2003 (em cima) foi bem mais feliz que o do ano anterior. Mas foi também o da despedida de Spieberg, perdendo-se este cenário grandioso, onde se conseguem sempre belas imagens.

Honda

Webber arriscou

Quando a corrida teve uma segunda partida, Webber já sabia que iria ser penalizado por reabastecer no pitlane. Reabastecimentos apenas são permitidos depois do início a volta de formação, e, devido á nova partida, a primeira foi anulada. Webber sofreu um stop&go de 10 s, mas recuperou, com uma corrida espantosa para o sétimo lugar, marcando a terceira melhor volta da corrida.

100º GP dos Schumi

Os irmãos Michael e Ralf comemoraram 100 GPs juntos, batendo largamente Emerson e Wilson Fittipaldi (35 PGs), Jody e Ian Scheckter (18) e Peter e Graham Whitehead (1).
Nestes 100 GPs, os Schumacher marcaram pontos por 39 vezes e estiveram juntos no pódio 12 vezes.

Adeus GP da Áustria?

Perdido o maravilhoso circuito de Zeltweg, em favor de um mais moderno Spielberg que dele utiliza apenas uma parte – a menos espectacular, claro – a Áustria está em perigo de perder o seu GP: este circuito – dizem os poderes estabelecidos – necessita de uma modernização e para o seu novo proprietário, Dieter Mateschitz, dono da bebida isotónica Red Bull, esse investimento dificilmente seria rentável. Distante dos principais centros urbanos – Viena e Salzburg – atrai poucos espectadores. Sobretudo, claro, poucos VIPs para o Paddock Club, que é essa a segunda maior receita de Ecclestone ...

Ralf: único a pontuar sempre

Ralf Schumacher é o único a pontuar em todos os GPs desde ano, enquanto Alonso abandonou pela primeira vez.

21º pódio mais cerrado

Apenas 21 GPs tiveram os três primeiros separados por apenas três segundos. Este GP junta-se ao da San Marino deste ano, em 21º dessa lista. Claro que o maior "photo-finnish" continua a ser o do GP de Itália de 1971, com 0,09 s entre Peter Gethin e o terceiro, François Cévert.

Ferrari toma comando

A Scuderia tomou o comando do Mundial de Construtores, enquanto M. Schumacher continua em segundo. No entabnto, com o antigo sistema de pontuação, Schumi seria líder com dois pontos de avanço sobre Räikkönen.

Grid

1 – M. SCHUMACHER 1.09,150 — 1
6 – K. Räikkönen 1.09,189 — 2
3 – J. P. Montoya 1.09,391 — 3
9 – N. Heidfeld 1.09,725 — 4
2 – R. Barrichello 1.09,784 — 5
7 – J.Trulli 1.09,890 — 6
17 – J. Button 1.09,935 — 7
15 – A. Pizzonia 1.10,045 — 8
11 – G. Fisichella 1.10,105 — 9
4 – R. Schumacher 1.10,279 — 10
20 – O. Panis 1.10,402 — 11
16 – J. Villeneuve 1.10,618 — 12
21 – C. de Matta 1.10,834 — 13
5 – D. Coultard 1.10,893 — 14
10 – H. H. Frentzen 1.11,307 — 15
12 – R. Firman 1.11,505 — 16
14 – M. Webber 1.11,662 — 17
18 – J. Wilson 1.14,508 — 18
8 – F. Alonso 1.20,113 — 19
19 – J. Verstappen S/tempo — 20

Diferença entre o pole e o último (Alonso):10,963s
Diferença em 2002: 4,254s
Pole de 2002: Barrichello (Ferrari F2002) – 1m08,082s

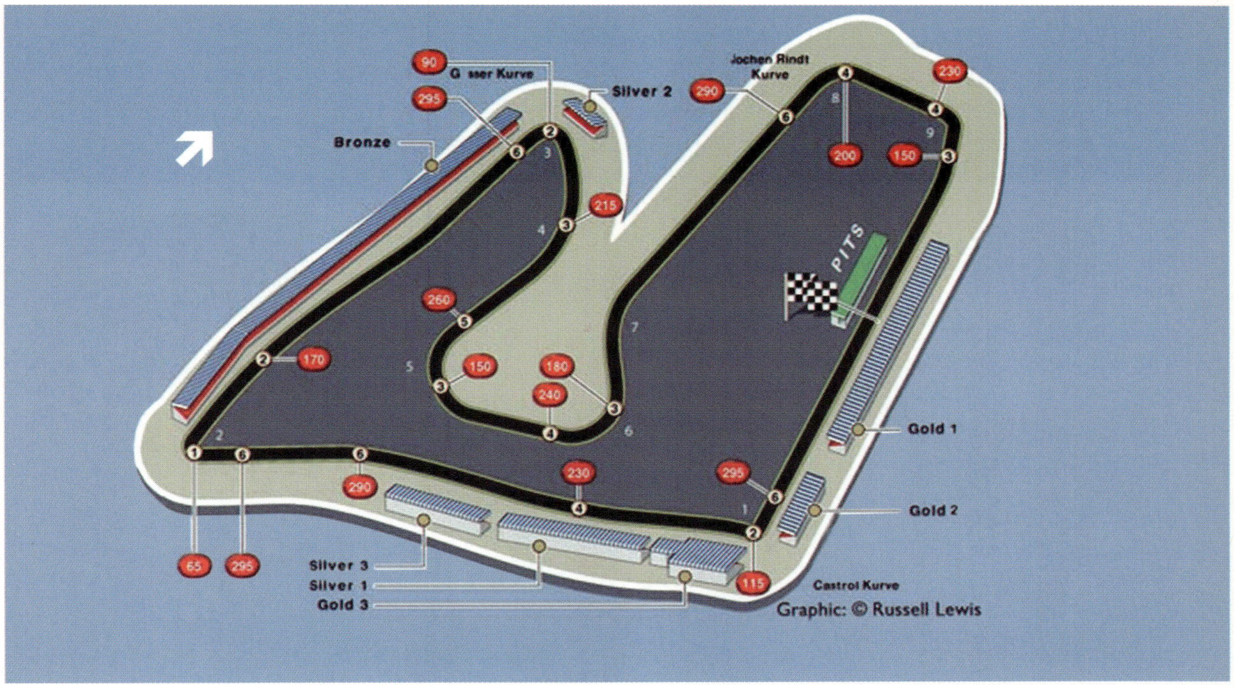

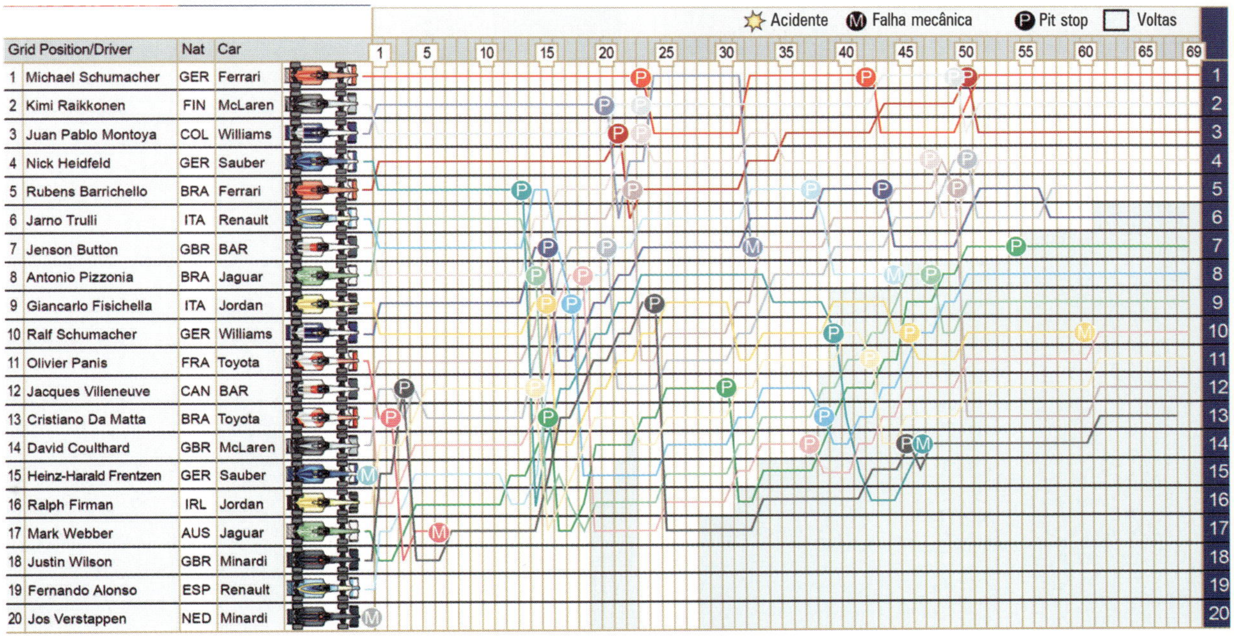

Condições Atmosféricas

6ª feira: Seco. Ar: 5º/16º. Pista: 6º/32º
Sábado: Seco. Ar: 9º/29º. Pista: 13º/32º
Domingo: Seco. Ar: 20º/23º. Pista: 28º/32

Melhor Pit Stop

McLaren
Coulthard
27,516s

Velocidades de Ponta Km/h

Maior: M. Schumacher 316,0
Menor: Panis 302,6

Data: 19.05.2003 **Público:** 90.000
Distância: 69 voltas de 4.326m – 298,494 Km
Treinaram:20 **Largaram:**19 **Classificados:**13
Recorde da volta nos treinos: R. Barrichello (Ferrari F2002) 1.08,082s; 228,748 Km/h – 2002
Recorde anterior da volta na corrida:M. Schumacher (Ferrari F2002) 1m09,298s; 224,733 Km/h – 2002
Novo recorde da volta na corrida:M. Schumacher (Ferrari F2003/GA) 1m08,337s; 227,894 Km/h – 2003
Média do vencedor:213,003 km/h.

CLASSIFICAÇÃO FINAL

CL.	Nº	PILOTO	CHASSIS/MOTOR	Pneus	SEXTA-FEIRA Treinos Livres	SEXTA-FEIRA Treinos Qualificativos	SÁBADO Treinos Livres	SÁBADO Warm-up	N.º VOLTAS	MELHOR VOLTA	TEMPO FINAL DIFERENÇA/CAUSA
1º	**1**	**M. SCHUMACHER**	**FERRARI F2003-GA**	**B**	1.08,968	**1.07,908**	1.09,331	1.09,639	**69**	**(41ª) 1.08,337**	**1h 24m 04,888s**
2º	6	Kimi Räikkönen	McLaren MP4 17D/Mercedes	M	1.10,019	1.08,978	1.09,870	1.09,628	69	(45ª) 1.09,423	a 03.362s
3º	2	R. Barrichello	Ferrari F2003-GA	B	1.09,826	1.08,187	**1.09,241**	1.10,852	69	(44ª) 1.08,913	a 03.951s
4º	17	Jenson Button	BAR 005/Honda	B	1.09,374	1.08,831	1.10,212	1.10,243	69	(22ª) 1.09,828	a 42.243s
5º	5	David Coulthard	McLaren MP4 17D/Mercedes	M	**1,08,836**	1.08,947	1.10,222	1.10,184	69	(64ª) 1.09,626	a 59.740s
6º	4	Ralf Schumacher	Williams FW25/BMW	M	1.09,961	s/ tempo	1.09,418	1.12,560	68	(40ª) 1.10,246	a 1 volta
7º	14	Mark Webber	Jaguar R4/Cosworth	M	1.09,023	1.08,512	1.09,891	1.10,153	68	(68ª) 1.08,966	a 1 volta
8º	7	Jarno Trulli	Renault R23	M	1.08,944	1.09,450	1.09,704	1.09,973	68	(68ª) 1.10,358	a 1 volta
9º	15	Antonio Pizzonia	Jaguar R4/Cosworth	M	1.08,961	1.09,024	1.10,057	1.10,202	68	(67ª) 1.09,978	a 1 volta
10º	21	C. Da Matta	Toyota TF103	M	1.10,494	1.10,370	1.10,370	1.10,988	68	(67ª) 1.10,466	a 1 volta
11º	12	Ralph Firman	Jordan EJ13/Ford	B	1.10,296	1.11,171	1.11,413	1.12,045	68	(68ª) 1.10,659	a 1 volta
12º	16	J. Villeneuve	BAR 005-Honda	B	1.09,429	1.08,680	1.09,708	1.10,702	68	(64ª) 1.09,764	a 1 volta
13º	18	Justin Wilson	Minardi PS03/Cosworth	B	1.11,060	1.11,056	1.11,936	1.12,817	67	(67ª) 1.11,267	a 2 voltas
	11	G. Fisichella	Jordan EJ13/Ford	B	1.10,089	1.09,281	1.10,018	1.10,552	60	(60ª) 1.11,019	pressão gasolina
	9	Nick Heidfeld	Sauber C22/Petronas	B	1.09,374	1.09,479	1.10,044	1.10,413	46	(12ª) 1.10,516	motor
	8	Fernando Alonso	Renault R23	M	1.09,071	1.09,680	1.09,923	1.10,108	44	(34ª) 1.10,526	motor
	3	Juan P. Montoya	Williams FW25/BMW	M	1.09,530	1.08,839	1.09,301	**1.09,323**	32	(28ª) 1.10,112	motor
	20	Olivier Panis	Toyota TF103	M	1.10,504	1.09,764	1.10,076	1.11,243	5	(6ª) 1.13,097	suspensão partida
	19	Jos Verstappen	Minardi PS03/Cosworth	B	1.10,903	1.10,894	1.11,546	1.12.230	0	s/ tempo	controlo auto. de arranque
	10	Heinz H. Frentzen	Sauber C22/Petronas	B	1.09,800	1.10,055	1.10,456	1.10,961	0	s/ tempo	não largou

A1
vodafone
BRIDGESTONE
West
SIEMENS mobile
Räikkönen
FILA
SPI LBERG 2003
MUMM

L. Gorys

Honda

Toyota

O pódio deste ano foi bem mais animado que o e 2002, apesar dos protagonistas serem quase os mesmos. Na despedida do G. P. da Áustria a festa foi uma constante, sempre num cenário que vai fazer muita falta aos habituais frequentadores da Fórmula 1.
O champanhe correu, passando dos pilotos aos mecânicos, um ano depois de ter sido bem amargo para os pilotos da Ferrari. Villeneuve (em cima) teve mais um fim de semana para esquecer, mas a Toyota também teve uma presença muito discreta no A1-Ring.

Grand Prix de Mónaco

Monte Carlo

Mercedes

Mundial da Williams começa aqui

Williams muda acerto do FW25 e ganha de imediato. Ralf Schumacher erra, Montoya aproveita e vence. Ferrari abaixo das expectativas. Räikkönen sempre no pódio, aumenta liderança no Mundial.

Depois de ter falhado por pouco o triunfo na Áustria, Juan Pablo Montoya conquistou no Mónaco a sua primeira vitória do ano, entrando na luta pelo título, depois da Williams ter alterado por completo a sua forma de trabalhar com o FW25. O colombiano fez um arranque perfeito, ganhando uma posição a Räikkönen e aproveitou os erros do seu companheiro de equipa para ascender à liderança depois do primeiro reabastecimento. Daí para a frente teve o G. P. do Mónaco sempre sob controlo e nem mesmo a presença de Räikkönen colado à traseira do seu FW25 durante as últimas 20 voltas o levou a cometer o mais pequeno descuido, tão fácil de acontecer numa pista tão exigente. Foi uma vitória categórica e merecida, que recolocou a Williams e o piloto colombiano na rota dos campeonatos, de que pareciam completamente afastados até aqui. É certo que a Ferrari voltou a demonstrar ter o carro mais competitivo do Mundial, pois M. Schumacher foi rapidissimo nas poucas voltas em que não teve ninguém à sua frente, mas a Scuderia apostara na estratégia errada antes da qualificação decisiva e, por isso, o melhor que o alemão pôde fazer foi chegar ao 3º lugar, atrás de Räikkönen. O finlandês, qual formiguinha trabalhadora, voltou a marcar pontos com mais um 2º lugar, recolocando em quatro pontos a vantagem sobre o ferrarista no Mundial.

O arranque foi fundamental para Montoya, que bateu Räikkönen na luta pelo 2º lugar atrás de R. Schumacher. Mais atrás Alonso tirou o melhor partido do fantástico controlo de arranque da Renault para subir ao 6º posto, mas daí até ao primeiro reabastecimento nada se alterou entre os primeiros, como já era esperado numa pista tão estreita e sinuosa como a do Mónaco.

Os reabastecimentos até começaram um pouco mais tarde que o previsto, pois Frentzen bateu no 2º Esse das Piscinas ainda na 1ª volta e durante três passagens foi o Safety Car que liderou o pelotão. Quando se iniciaram as paragens, R. Schumacher foi o primeiro a deter-se, mas começou também a errar e por isso, quando o último dos líderes parou – o seu irmão Michael, à 31ª volta, dez mais tarde que Ralf – já tinha caído para o 4º lugar, atrás de Montoya, Räikkönen e o piloto da Ferrari. Trulli mantinha o 5º lugar, mas Coulthard superara Alonso nas boxes para assumir o 6º lugar, enquanto Barrichello se mantinha num discreto 8º posto.

Fotos BMW

“Os pneus Bridgestone não mantinham a mesma aderência durante toda uma volta.”
Ross Brawn

A segunda ronda de reabastecimentos só se iniciou à 48ª volta (novamente R. Schumacher), para terminar à 60ª (com Alonso), mas as alterações na classificação só se deram na segunda metade do pelotão da frente. Com Trulli a travar Coulthard e Barrichello, Alonso ganhou duas posições para assumir o 5º posto, à frente do seu companheiro de equipa e dos segundos pilotos da McLaren e da Ferrari.
As últimas voltas valeram pela presença constante de Räikkönen junto à traseira do Williams de Montoya e pela cavalgada de M. Schumacher até encostar aos dois da frente, depois de ter mais de dez segundos de atraso a 17 voltas do fim. Mas como nenhum dos dois homens da frente errou, as posições não se alteraram e Montoya conseguiu a sua primeira e inesperada vitória do ano.
Com os oito carros mais rápidos a terminarem não houve pontos para mais ninguém, o que foi uma pena para o estreante da Matta, autor duma bela corrida ao volante do seu Toyota. No fundo, o G. P. do Mónaco voltara a ser como uma bela partida de xadrês: estratégica e emocionante, mas só a espaços.

Juan Pablo Montoya (acima) ressuscitou a Williams-BMW com um merecido triunfo no Mónaco, festejado em companhia da realeza na tradicional tribuna monegasca (ao lado). Räikkönen defendeu-se dos ataques de M. Schumacher nas últimas voltas, aumentou a sua liderança no Mundial e ainda deu banho ao alemão no pódio (em cima à esquerda).

7

1º Juan Pablo Montoya
2º Kimi Räikkönen
3º Michael Schumacher
4º Ralf Schumacher
5º Fernando Alonso
6º Jarno Trulli
7º David Coulthard
8º Rubens Barrichello
9º Cristiano da Matta
10º Giancarlo Fisichella
11º Nick Heidfeld
12º Ralph Firman
13º Olivier Panis

Pontuação
Pilotos
48 Kimi Räikkönen
44 Michael Schumacher
29 Fernando Alonso
27 Rubens Barrichello
25 Juan Pablo Montoya
25 David Coulthard
25 Ralf Schumacher
13 Jarno Trulli
10 Giancarlo Fisichella
8 Jenson Button
7 Heinz-Harald Frentzen
4 Mark Webber
3 Cristiano da Matta
3 Jacques Villeneuve
1 Nick Heidfeld
1 Ralph Firman

Construtores
71 Ferrari
50 Williams/BMW
73 McLaren-Mercedes
42 Renault
11 Bar/Honda
11 Jordan /Ford
8 Sauber/Petronas
4 Jaguar/Cosworth
3 Toyota

Williams
Panis

1983: Última vitória Williams em Mónaco (K.Rosberg)

2ª vitória de Montoya

8 trocas de liderança entre 5 pilotos – recorde

Qualificação

“A maior pressão que tive na corrida foi quando a equipe me mandou aumentar a vantagem sobre o Kimi.”
Juan Pablo Montoya

MOMENTO DECISIVO

OS ERROS DE RALF

Partindo da pole position Ralf Schumacher tinha tudo para ganhar no Mónaco, mas acabou por cometer erros dentro e fora da pista que lhe tiraram todas as possibilidades de triunfar e entregaram este G. P. do Mónaco ao seu companheiro de equipa, Juan Pablo Montoya. Primeiro, começou por alterar as pressões dos pneus do seu FW25, tornando-as mais altas, o que se lhe deu vantagem nas três ou quatro voltas, acabou por lhe custar na durabilidade dos Michelin, colocando-o sob pressão.
Depois, mesmo antes do primeiro reabastecimento, errou na Curva do Grande Hotel e acabou por baixar para 4° depois da primeira ronda de paragens. E para piorar a coisa ainda saiu em frente em Rascasse, à 52ª volta, perdendo definitivamente o comboio dos primeiros e tendo de se conformar com um desapontador 4° posto. É certo que Montoya mereceu ganhar, pois fez tudo certo no domingo, mas também não é menos verdade que foi Ralf Schumacher quem perdeu este G. P. do Mónaco.

CASO DA CORRIDA

A RESSURREIÇÃO DA WILLIAMS

Desde o início da temporada que a Williams estava a desiludir, pois sendo a única escuderia de topo a dispôr dum carro completamente novo, era a única que ainda não tinha triunfado. O FW25 chegou mesmo a aparecer com uma carcaça de tartaruga num autocolante visto na traseira dos camiões da equipa e parecia extremamente difícil de acertar, com possibilidades muito limitadas.
Com uma equipa de engenheiros de pista muito jovem, a Williams optou por chamar o veterano Frank Dernie, afastado da Fórmula 1 há uns anos, mas que percebeu que faltavam conhecimentos práticos aos jovens engenheiros da equipa, verdadeiros escravos da telemetria. Com tantas simulações de computador, com tantos dados telemétricos, a Williams acertara os seus FW25 com suspensões "de betão" e, por isso, faltava tracção e capacidade de resposta nas curvas lentas, ao chassis britânico. Dernie viu, analisou e aconselhou a utilização dum acerto mais macio, teoricamente menos eficaz mas, na práctica, mais adaptado às pistas utilizadas. Apesar da muita resistência dos jovens, com Sam Michael à cabeça, a equipa adoptou mesmo as soluções preconizadas por Dernie depois dum primeiro dia de treinos frustrante no Mónaco e os resultados foram avassaladores. Pole position e vitória provaram que a base do FW25 era boa e daí para a frente o Williams passou a ser competitivo em todo o lado.

Nas primeiras voltas os Renault ficaram a travar o 2° pelotão (à direita). Ralf Schumacher (à esquerda) liderou até ao 1° reabastecimento, mas cometeu demasiados erros e acabou na 4ª posição. Um bom trabalho nas exíguas boxes do Mónaco ajudou Michael Schumacher a chegar ao pódio, depois duma má qualificação (em baixo).

Schumacher sim, mas Ralf...

Ferrari

Sendo a pole position mais importante no Mónaco do que em qualquer outra pista, aguardava-se com muito interesse a qualificação de sábado, pois as estratégias de corrida iriam ser decisivas para o resultado deste treino. A Ferrari era a favorita, depois de ter dominado a qualificação de 5ª feira, mas a McLaren tinha sido a mais rápida tanto no treino livre de sábado como no Warm Up. Mesmo assim as apostas concentravam-se em Michael Schumacher, sempre muito à vontade nas ruas do Principado, mas acabou por ser o seu irmão Ralf a conseguir uma inesperada pole position para a Williams.
O alemão tinha sido apenas 6° na primeira qualificação e não parecia destinado a grandes feitos no Mónaco. Mas a equipa decidiu, finalmente, mudar radicalmente o acerto dos FW25, tornando-os bastante mais rápidos graças ao amolecimento das suspensões e ao aumento da distância ao solo e o resultado foi que Ralf Schumacher conseguiu uma pole position em que ninguém apostava e Juan Pablo Montoya foi o terceiro mais veloz. Não faltou quem imputasse esta melhoria de rendimento a menos gasolina no depósito dos carros azuis e brancos, mas a corrida encarregar-se-ia de desmentir os descrentes na subida de forma da Williams.
Räikkönen acabou por ser o único a conseguiu imiscuir-se na luta pela pole com os Williams, perdendo a melhor posição na grelha por apenas 36 milésimos de segundo, enquanto Trulli levou o seu Renault R23 à segunda linha da grelha de partida, com um tempo bem próximo do de Montoya. Schumacher, o favorito, acabou por ficar apenas com o quinto tempo e com Barrichello em 7° era evidente que a Scuderia iria ter um dia complicado no domingo. Entre os dois carros vermelhos ficou David Coulthard, menos impressionante que em anos anteriores, enquanto Alonso completou o lote dos oito primeiros, tendo optado por uma toada conservadora, depois de ter evitado o acidente por pouco na qualificação de 5ª feira.

Ferrari

Webber confirmou o seu bom momento de forma com o 9° tempo, à frente de Cristiano da Matta, que foi claramente o melhor dos estreantes. Pela negativa destaque para o 17° tempo de Panis, a contas com um Toyota desequilibrado, enquanto o mais azarado foi Button, que tendo sido 3° na primeira qualificação acabou fora da corrida devido a um violento acidente nos treinos livres de sábado.

"Na partida fui um pouco mais lento que o Williams, mas depois fiquei competitivo."
Kimi Räikkönen

"Nunca imaginei que me levasse mais tempo para ganhar o segundo GP que o primeiro."
Juan Pablo Montoya

TESTES LIVRES

RENAULT PROMETE

Esperava-se muito da Renault no Mónaco e os testes livres deixaram uma indicação do que a escuderia de Enstone podia fazer. Trulli foi claramente o mais rápido em pista, à frente do seu compatriota Fisichella, numa pista onde a experiência conta muito. Por isso não foi de estranhar que todos os estreantes tivessem encontros mais ou menos imediatos com as barreiras, o mesmo se passando com Alonso (deu dois toques mas conseguiu levar o seu R23 sempre até às boxes) e mesmo Mark Webber, que foi o terceiro mais rápido, com o Jaguar. Entre os novatos foi Firman o mais veloz, enquanto Pizzonia bateu em Massenet e Wilson andou com muitas cautelas, pois a Minardi não tinha muito material sobressalente.

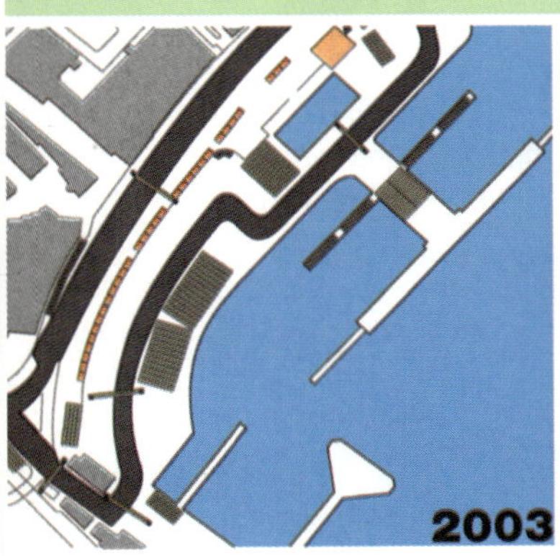

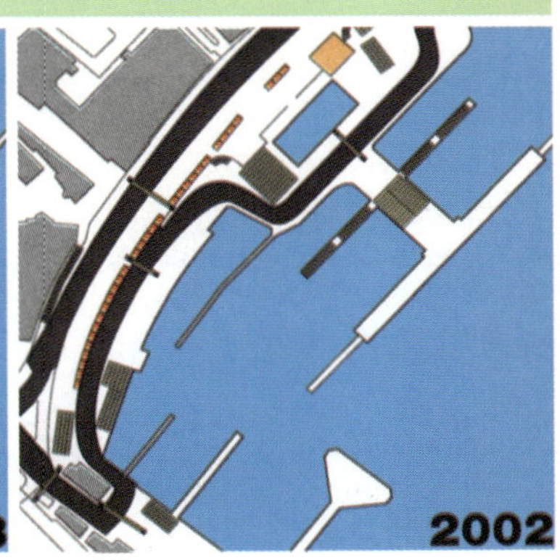

Mudanças na pista

A primeira fase de uma enorme mudança na zona das boxes e do porto foi já inaugurada este ano. A curva Rascasse e os esses da Piscina ficaram um pouco diferentes, e 5.000 m2 de terreno foram ganhos ao mar, o que permitiu ao A.C.M. redesenhar a saída da chicane da Piscina e alargar a Rascasse. O circuito ficou 27 metros mais curto, e mais rápido. Para o próximo ano, o pitlane será melhorado, com garagens duplex com 150 m2, cada ao nível do solo. Custo total: US$16 milhões.

2ª pole de R. Schumacher
3ª primeira fila de Räikkönen
3.000 trocas de marchas
32 km de guardrails

Button não participou

Devido ao sezu violento acidente no sábado de manhã na chicane do porto, que o catapultou contra os rails a mais de 270 km/h, com uma desaceleração superior a 20g, Button não ficou em condições de participar na corrida.

Montoya - 2º

Montoya passou a ser também, com esta sua segunda vitória da sua carreira, apenas o segundo piloto (depois de Graham Hill) a ganhar as 500 Milhas de Indianápolis e o GP de Mónaco.
Juan Pablo foi o quinto vencedor diferente nestas primeiras sete corridas do ano – panorama bem diferente das duas últimas temporadas, e a mais variada desde 1985.

R. Schumacher: termina todas

Ralf é até agora o único piloto a terminar todas as sete corridas nos pontos, mas nenhuma no pódio.

5º pódio mais apertado

Apenas 1,72 s separaram os três primeiros no final da corrida, o que tornou este pódio o quinto mais apertado de todos os tempos.

Trulli - 3ª liderança

Jerno Trulli liderou um GP pela terceira vez na sua carreira: em 1977 liderara 37 voltas do GP da Áustria, e em 2000 apenas uma volta na Malásia. Até agora seu melhor resultado foi 2º no GP da Europa de 1999.

25º GP com mais de quatro líderes

Com a Williams, McLaren, Ferrari e Renault tendo liderado esta corrida, foi o 25º GP da história a ter quatro ou mais marcas no comando da prova.

50º GP de Mónaco mundial

Este foi o 61º Grand Prix de Mónaco, mas o 50º do Campeonato do Mundo. Nesse período, 65 marcas e 260 pilotos participaram nas corridas. Ayrton Senna continua recordista com seis vitórias, na frente de Graham Hill e M. Schumacher (cinco, cada).

O peso da gasolina

Em Mónaco, cada 10 kg de gasolina aumentam cerca de 0,25 s o tempo por volta e o consumo de combustível é de uns2,625 kg por volta, pelo que o significado dos tempos da qualificação foi, como de costume, muito relativo. R. Schumacher deve ter largado opara a qualificação com apenas uns 65 kg de gasolina, pelo que se todos tivessem usado a mesma carga, os primeiros do grid teriam sido:
1 – M. Schumacher 1m15,069s
2 – Räikkönen 1m 15,120s
3 – R.Schumacher 1m 15,259s
4 – Alonso 1m 15,184s
5 – Barrichello 1m 15,295s.

Grid

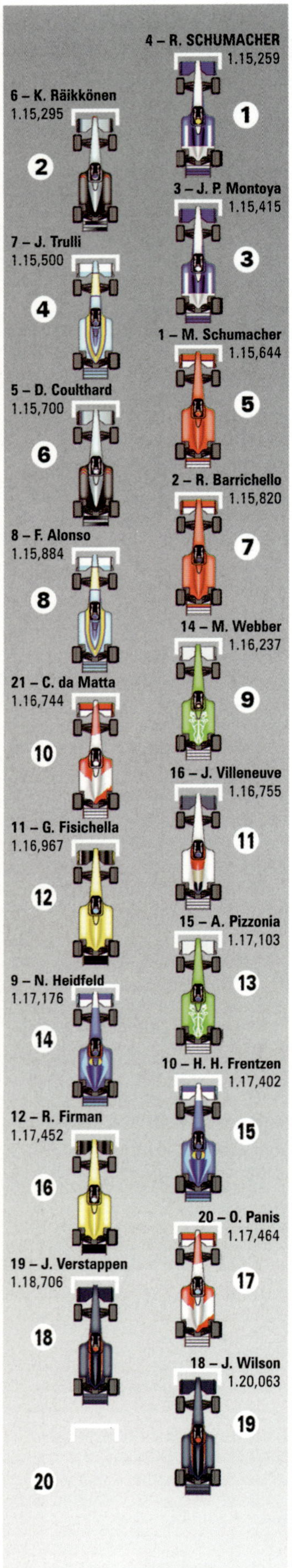

Diferença entre o pole e o último: 4,804s
Diferença em 2002: 4,923s
Pole de 2002: Montoya (Williams FW24/BMW) – 1m16,676s

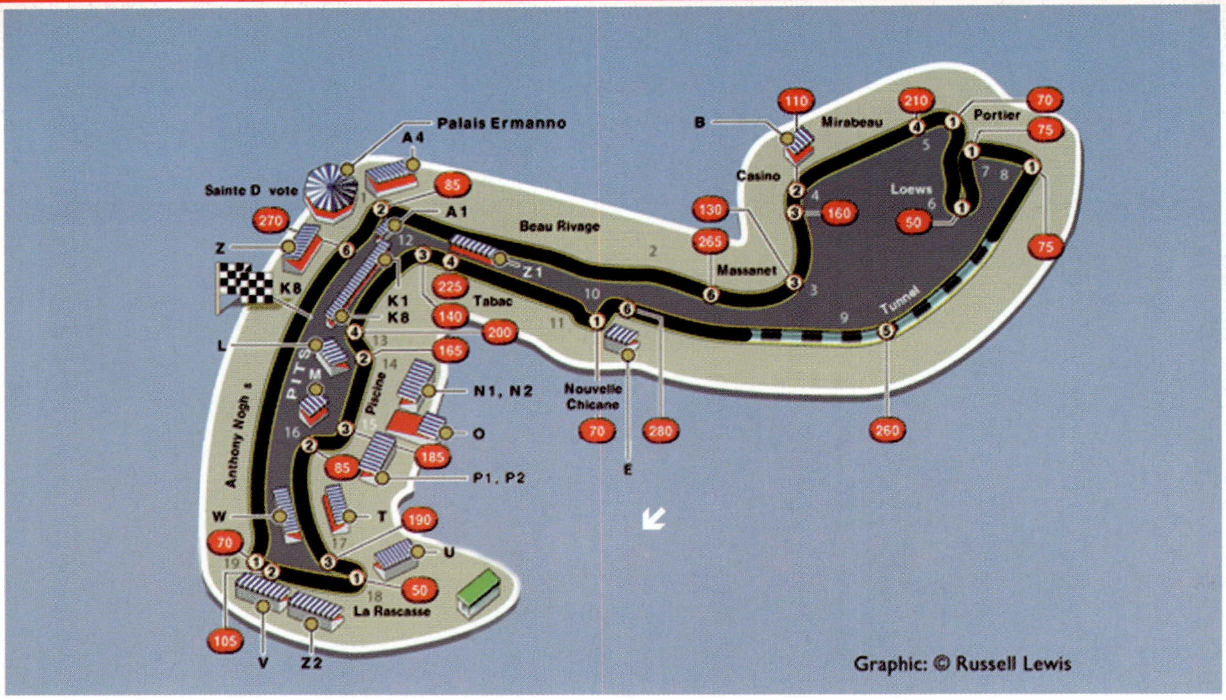

Graphic: © Russell Lewis

	Grid Position/Driver	Nat	Car
1	Ralf Schumacher	GER	Williams
2	Kimi Raikkonen	FIN	McLaren
3	Juan Pablo Montoya	COL	Williams
4	Jarno Trulli	ITA	Renault
5	Michael Schumacher	GER	Ferrari
6	David Coulthard	GBR	McLaren
7	Rubens Barrichello	BRA	Ferrari
8	Fernando Alonso	ESP	Renault
9	Mark Webber	AUS	Jaguar
10	Cristiano Da Matta	BRA	Toyota
11	Jacques Villeneuve	CAN	BAR
12	Giancarlo Fisichella	ITA	Jordan
13	Antonio Pizzonia	BRA	Jaguar
14	Nick Heidfeld	GER	Sauber
15	Heinz-Harald Frentzen	GER	Sauber
16	Ralph Firman	IRL	Jordan
17	Olivier Panis	FRA	Toyota
18	Jos Verstappen	NED	Minardi
19	Justin Wilson	GBR	Minardi

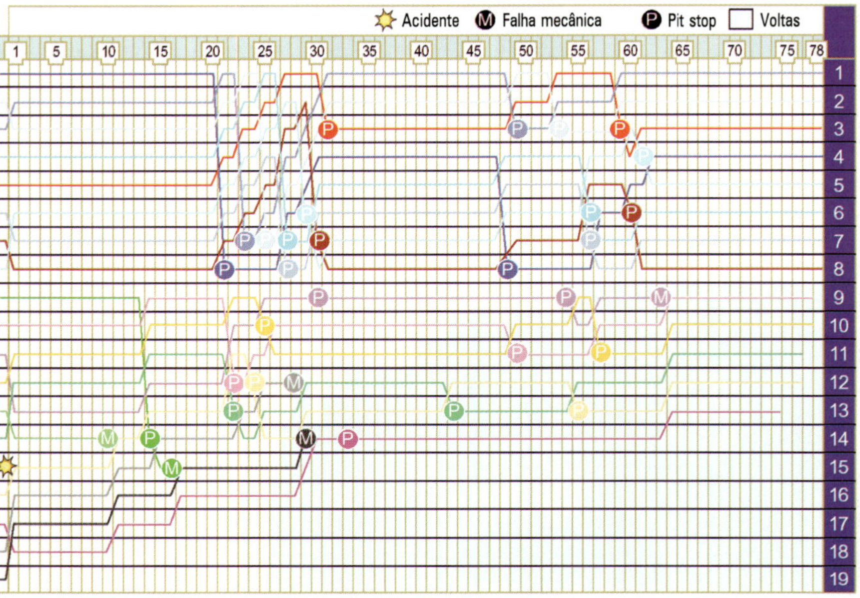

Condições Atmosféricas

5ª feira: Seco. Ar: 24º/29º. Pista: 23º/29º
Sábado: Seco. Ar: 22º/34º. Pista: 22º/32º
Domingo: Seco. Ar: 24º/26º. Pista: 29º/32º

Melhor Pit Stop

Renault
Alonso
26,117s

Velocidades de Ponta Km/h

Maior: Räikkönen – 300,9
Menor: Frentzen – 254,7

Data: 01.06.2003 **Público:** 40.000
Distância: 78 voltas de 3,340m – 260,520 Km
Treinaram: 20 **Largaram:** 19 **Classificados:** 13
Recorde anterior da volta nos treinos: J. P. Montoya (Williams FW24/BMW) 1m16,676s; 158,224Km/h – 2002
Novo recorde da volta nos treinos: R. Schumacher (Williams FW25/BMW) 1m15,259; 159,768Km/h – 2003
Recorde anterior da volta na corrida: R. Barrichello (Ferrari F2002) 1m18,023s; 155,492 Km/h – 2002
Novo recorde da volta na corrida: K. Räikkönen (McLaren MP4-17D/Mercedes) 1m14,545s; 161,298Km/h – 2003
Média do vencedor: 152,772 km/h.

CLASSIFICAÇÃO FINAL

CL.	Nº	PILOTOS	CHASSIS/MOTOR	Pneus	SEXTA-FEIRA Treinos Livres	SEXTA-FEIRA Treinos Qualificativos	SÁBADO Treinos Livres	SÁBADO Warm-up	N.º VOLTAS	MELHOR VOLTA	TEMPO FINAL DIFERENÇA/CAUSA
1º	**3**	**JUAN P. MONTOYA**	**WILLIAMS FW25/BMW**	**M**	1.17,173	1.17.108	1.16,612	1.17,002	**78**	(47ª) 1.14,902	**1h 42m 19,010s**
2º	6	Kimi Räikkönen	McLaren MP4-17D/Mercedes	M	1.17,218	1.17,926	**1.15,752**	1.15,798	78	**(49ª) 1.14,545**	a 00,602s
3º	1	M. Schumacher	Ferrari F2003-GA	B	1.16,915	**1.16,305**	1.16,687	1.16,127	78	(30ª) 1.14,707	a 01,720s
4º	4	Ralf Schumacher	Williams FW25/BMW	M	1.18,039	1.17.063	1.16,991	1.16,754	78	(77ª) 1.14,768	a 28,518s
5º	8	Fernando Alonso	Renault R23	M	1.16,578	1.18,370	1.18,370	1.15,931	78	(58ª) 1.15,397	a 36,251s
6º	7	Jarno Trulli	Renault R23	M	1.16,800	1.16,905	1.16,724	1.16,052	78	(51ª) 1.15,679	a 40,972s
7º	5	David Coulthard	McLaren MP4-17D/Mercedes	M	1.16,505	1.17,059	1.16,988	**1.15,596**	78	(51ª) 1.15,439	a 41,227s
8º	2	R. Barrichello	Ferrari F2003-GA	B	1.17,372	1.16,636	1.16,886	1.16,313	78	(59ª) 1.15,307	a 53,266s
9º	21	C. Da Matta	Toyota TF103	M	1.19,956	1.20,374	1.19,342	1.18,123	77	(51ª) 1.16,282	a 1 volta
10º	11	G. Fisichella	Jordan EJ13/Ford	B	1.16,930	1.17,080	1.17,490	1.19,431	77	(72ª) 1.16,647	a 1 volta
11º	9	Nick Heidfeld	Sauber C22/Petronas	B	1.18,660	1.17,912	1.18,308	1.17,463	76	(75ª) 1.16,835	a 2 voltas
12º	2	Ralph Firman	Jordan EJ13/Ford	B	1.18,133	1.18,286	1.18,010	1.20,670	76	(51ª) 1.17,208	a 2 voltas
13º	20	Olivier Panis	Toyota TF103	M	1.17,811	1.19,903	1.18,101	1.18,745	74	(70ª) 1.17,777	a 4 voltas
	16	J. Villeneuve	BAR 005/Honda	B	1.17,710	1.18,109	1.16,938	1.16,986	63	(50ª) 1.16,292	motor
	18	Justin Wilson	Minardi PS03/Cosworth	B	1.18,952	1.19,680	1.20,574	1.19,517	29	(19ª) 1.19,169	alimentação gasolina
	19	Jos Verstappen	Minardi PS03/Cosworth	B	1.19,026	1.19,421	1.19,529	1.19,705	28	(25ª) 1.19,146	alimentação gasolina
	14	Mark Webber	Jaguar R4/Cosworth	M	**1.16,373**	1.17,637	1.16,615	1.16,434	16	(13ª) 1.18,004	comando distribuição
	15	Antonio Pizzonia	Jaguar R4/Cosworth	M	1.17,913	1.18,967	1.17,747	1.18,053	10	(8ª) 1.19,437	problemas eléctricos
	10	Heinz H. Frentzen	Sauber C22/Petronas	B	1.17,550	s/ tempo	1.17,232	1.17,316	0	S/ tempo	saída de pista
	17	Jenson Button	BAR 005/Honda	B	1.16,476	1.16,895	1.16,895	s/ tempo	–	—	não largou

HSBC
BRIDGESTONE
Marlboro

8

1º Michael Schumacher
2º Ralf Schumacher
3º Juan Pablo Montoya
4º Fernando Alonso
5º Rubens Barrichello
6º Kimi Räikkönen
7º Mark Webber
8º Olivier Panis
9º Jos Verstappen
10º Antonio Pizzonia
11º Cristiano da Matta

Pontuação
Pilotos
54 Michael Schumacher
51 Kimi Räikkönen
34 Fernando Alonso
33 Ralf Schumacher
31 Juan Pablo Montoya
31 Rubens Barrichello
25 David Coulthard
13 Jarno Trulli
10 Giancarlo Fisichella
8 Jenson Button
6 Mark Weber
7 Heinz-Harald Frentzen
3 Cristiano da Matta
3 Jacques Villeneuve
1 Ralph Firman
1 Olivier Panis
1 Nick Heidfeld

Construtores
85 Ferrari
76 McLaren-Mercedes
64 Williams/BMW
47 Renault
11 Bar/Honda
11 Jordan/Ford
8 Sauber/Petronas
6 Jaguar/Cosworth
4 Toyota

Alonso
Trulli

68ª vitória da M. Schumacher (4ª do ano e 6ª no Canadá)

163ª vitória Ferrari (4ª do ano)

999 pontos – total de M. Schumacher

75ª vitória Bridgestone

1º ponto do ano para Panis (1º desde Itália 2002)

3 pilotos ainda não pontuaram

Grand Prix Air Canada

Montreal

Apesar de ter o carro mais rápido, a Renault perdeu o G. P. do Canadá por ter optado pela estratégia errada para Alonso. Isso favoreceu Michael Schumacher, que mesmo com pneus menos eficazes que os Michelin, conquistou uma importante vitória em Montreal.

Nem sempre vence o melhor carro

A Williams tinha o melhor conjunto, mas perdeu face ao brilhantismo de Michael Schumacher. Alonso e a Renault foram a surpresa num fim de semana negativo para a McLaren. Só nove pilotos terminam a corrida.

Vinte e uma voltas a fundo e 49 a controlar, foi o suficiente para M. Schumacher garantir um dos mais suados triunfos da sua carreira e ascender, pela primeira vez, ao comando do Mundial de 2003. Até ao primeiro reabastecimento o piloto da Ferrari viu-se e desejou-se para manter o contacto com o Williams do seu irmão Ralf, mas a volta a mais que fez antes de parar garantiu-lhe a liderança e daí para a frente o mais velho dos Schumacher teve de apenas de andar o suficiente para não ser atacado, garantindo um triunfo inesperado, numa pista onde a Michelin deu cartas.

Conhecendo bem o temperamento pouco agressivo de Ralf, que fez 49 voltas colado ao Ferrari sem nunca tentar, sequer, desconcentrar o seu irmão, Michael cuidou dos pneus e, sobretudo, dos travões do seu F2003-GA, para garantir a fiabilidade do seu monolugar, confiante que estava na sua capacidade para manter o piloto da Williams sob controlo.
Foi uma corrida exasperante para a equipa inglesa, que tinha o melhor carro mas viu Ralf Schumacher entregar as armas bem cedo, enquanto Montoya se auto-condenou ao fracasso com um pião no final da 2ª volta, quando estava no segundo posto. Mesmo se recuperou até alcançar de novo o outro FW25, o colombiano não teve a mais pequena hipótese de superar o alemão e acabou por pedir à equipa que o fizesse passar, pois estava disposto a arriscar mais do que Ralf num ataque ao líder. Mas ordens de equipa na Williams não são coisas que se dê e, por isso, ficamos com um trio no comando, mas sem que existisse um pingo de emoção.
No meio disto tudo o herói acabou por ser Fernando Alonso, que já na qualificação tinha dado nas vistas. O espanhol foi quem mais tarde parou em qualquer dos reabastecimentos e a 15 voltas do fim estava a dez segundos de M. Schumacher. Com o alemão em velocidade de cruzeiro e os Williams em fila ordeira atrás do líder, Alonso recuperou essa diferença em apenas nove voltas, mas sem motor que pudesse impressionar os BMW teve de esperar por um erro dos primeiros para chegar ao pódio. Como isso não aconteceu, o 4º lugar foi a sua recompensa, mas voltou a ficar claro que o espanhol é um piloto acima da média.
Barrichello, que partiu a asa da frente esquerda do seu Ferrari na 2ª volta teve de efectuar uma corrida de recuperação, mas não conseguiu ir além do 5º lugar, a mais de um minuto do seu companheiro de equipa, enquanto Räikkönen teve o mérito de manter a cabeça fria e, mau grado um furo à 33ª volta, subiu do último até ao 6º lugar, mesmo assim insuficiente para o manter no comando do Mundial.
Mark Webber confirmou o bom momento da Jaguar ao marcar os dois pontos correspondentes ao 7º lugar, enquanto o último ponto disponível foi para Panis e para a Toyota, num dos mercados mais importantes para ambas as marcas.

Qualificação

"Aconteceu algo raro: Bernie tirou alguma coisa do seu bolso..."
Ron Dennis

MOMENTO DECISIVO

A DIFERENÇA QUE UMA VOLTA FAZ

M. Schumacher não teve vida fácil no Canadá e teve de estar ao seu melhor nível para bater os Williams e, em particular, o do seu irmão Ralf. Colado ao FW25 até ao primeiro reabastecimento, o piloto da Ferrari deu tudo por tudo quando viu Ralf entrar nas boxes e conseguiu, apesar dum reabastecimento mais lento, regressar à pista na frente do seu irmão mais novo, depois de parar uma volta mais tarde. Daí para a frente os dois Schumacher nunca estiveram separados por mais de um segundo, mas como Ralf não fez qualquer tentativa desesperada de passar o piloto da Ferrari, este pôde mesmo dar-se ao luxo de poupar os travões – que estavam mesmo nas últimas – para conquistar uma vitória pouco provável, tal a desvantagem técnica que a Scuderia tinha face à Williams em Montreal. Foi mais um exemplo das razões pelas quais Ralf Schumacher é considerado um bom piloto, mas Michael é claramente um super-piloto!

L. Gorys

Honda

CASO DA CORRIDA

A SURPRESA DA RENAULT

No papel este era dos circuitos menos favoráveis à Renault. Pista com muita aceleração e uma recta enorme, o Circuito Gilles Villeneuve devia penalizar a falta de potência dos motores franceses. Mas Alonso acabou por ser um dos protagonistas da corrida e se a equipa tem optado por uma estratégia mais agressiva – reabastecendo bem antes da 26ª volta – o espanhol poderia mesmo ter ganho o G. P. do Canadá, tal a sua velocidade quando não tinha ninguém pela frente. Mas quando preso atrás dos Williams e dos Ferrari o R23 não tinha motor para tentar a ultrapassagem e, por isso, Alonso não pôde fazer melhor do que o 4º posto final.

Falou-se logo em "malandrice", na possibilidade da Renault ter andado abaixo do peso mínimo até ao último reabastecimento, mas a verdade foi bem mais simples e legítima. A Renault tirou o máximo partido das duas horas de testes feitas com piso seco – as restantes equipas tiveram apenas os 15 minutos do Warm-Up para afinarem os seus carros – e na primeira parte bem sinuosa da pista canadiana o R23 era, de longe, o mais rápido em pista. Assim se explica o impressionante andamento de Alonso na corrida e se nas últimas 15 voltas o espanhol foi bem mais rápido que anteriormente a explicação é bem simples: a pista tinha ficado mais rápida pela acumulação de borracha e o R23 tinha apenas 40 quilos de gasolina no depósito, contra 68 no início da corrida e mais de 75 após o primeiro reabastecimento.

TESTES LIVRES

ANTES QUE CHOVA!

Utilizado apenas duas vezes por ano, o Circuito Gilles Villeneuve costuma apresentar-se com um asfalto muito sujo no primeiro dia de treinos do G. P. do Canadá e, por isso, os tempos feitos nas sessões matinais tendem a ser bastante lentos. Este ano, no entanto, e até à qualificação de sábado, esta foi a única sessão disputada com piso seco e, por isso, a marca com que Alonso encabeçou a tabela de tempos foi a mais rápida do fim de semana, batendo, inclusive, a marca da pole position! Uma vez mais os pilotos da Renault acumularam quilómetros e voltou a ver-se que com pouca aderência no asfalto os Michelin eram os melhores pneus, ficando os cinco carros da marca francesa à frente dos quatro Bridgestone, no final das duas horas de testes. O mote estava dado.

Fotos Renault

Fernando Alonso voltou a efectuar uma prova sensacional, depois de ter começado o fim de semana dominando os testes livres no seco e à chuva. Ralf Schumacher liderou até ao primeiro reabastecimento, mas foi batido pelo seu irmão nas boxes (em cima), enquanto Villeneuve voltou a não ser profeta na sua terra, protagonizando novo abandono .

> “ *Com este sistema de pontuação, se abandonamos uma corrida estamos em apuros.* ”
> **Patrick Head**

> “ *Villeneuve pilotaria de graça para a Ferrari.* ”
> **Bernie Ecclestone**

Fotos Photo 4

A segunda de Ralf

Depois de ter errado bastas vezes no início do Mundial, demorando a acertar com este novo sistema de qualificação, Ralf Schumacher acertou o passo no melhor momento, quando a Williams ganhou em competitividade e o FW25 passou a ser o carro a bater. Duas semanas depois da sua inesperada pole position no Mónaco, o piloto alemão repetiu o feito em Montreal, mas desta vez a sua vantagem sobre Montoya, o segundo mais rápido, foi de quase quatro décimos de segundo, o que diz bem da sua superioridade.
Com a chuva a marcar o fim-de-semana canadense, só o Warm Up e a qualificação foram disputados com piso integralmente seco e, por isso, quem chegou mais rapidamente ao acerto ideal dos seus monolugares ficou em vantagem sobre os restantes. Foi o caso da Williams, que monopolizou a primeira linha da grelha de partida, sem oposição que se visse. Numa pista onde os motores e os travões são fundamentais para a obtenção de resultados, a ajuda da BMW e da Carbone Industrie parecia ser decisiva e num ápice os dois pilotos da Williams podiam começar a pensar no título Mundial.
Tirando o máximo dum chassis que não estava no seu melhor e de pneus menos performantes, M. Schumacher assegurou, mesmo assim, o 3º tempo, enquanto Barrichello foi o 5º, o que deixava a Ferrari em posição de atacar os Williams na corrida. Mas havia que contar com Fernando Alonso, que tinha tirado o melhor partido das duas horas de testes efectuadas na 6ª feira de manhã para acertar o seu R23. Sem motor que se comparasse aos BMW e aos Ferrari o jovem espanhol teve um andamento espantoso no sector T1, e mesmo perdendo na longa recta do sector T3 garantiu um impressionante 4º tempo, a apenas um milésimo de segundo do penta-campeão do Mundo. Um espanto, e que levou muita gente a acreditar que o Renault estava com pouca gasolina no depósito.
Trulli perdeu uma oportunidade de ouro para entrar na luta pelos primeiros, ao bater no final do Warm Up, tendo de qualificar-se com o R23 de reserva. Por isso, acabou por ficar a sete décimos de segundo do seu companheiro de equipa, num desapontador 8º lugar. Pior dia teve a McLaren, pois Räikkönen voltou a bater na qualificação, como em Barcelona e teve de arrancar do final da grelha, enquanto Coulthard falhou o muro por pouco na última chicane, mas esse erro custou-lhe meio segundo e a queda para a 11ª posição.
Com os erros dos outros beneficiaram Webber (6º), Panis (7º) e da Matta (9º), confirmando o bom momento da Michelin, enquanto Frentzen deu alguma esperança à Sauber, ao qualificar-se na 10ª posição.

3ª pole de R. Schumacher (2ª consecutiva)

121ª pole Williams

28ª pole de um motor BMW

4ª primeira fila Montoya-Ralf

2ª vez os dois Toyota no Top Ten do grid

Mark Webber (em cima, à frente de Montoya) voltou a impressionar na qualificação, ao obter o 6º tempo, marcando, depois, mais dois pontos na corrida. Ron Dennis e Paul Stoddart (em cima à direita), travaram-se de razões na conferência de imprensa mais quente do ano. Räikkönen (à direita, ao meio) perdeu a liderança do Mundial, depois duma corrida infeliz, em que um furo comprometeu a sua estratégia. Ao lado, da Matta passa junto a um dos símbolos que ficaram na Ille de Notre-Dame, depois da Expo 68.

> “*A FIA quis tramar-nos com esta Conferência de Imprensa.*”
> **Frank Williams**

A briga da Minardi

Há muito que a Minardi aguarda que a Associação de Construtores lhe entregue US$10 milhões do fundo de TV ainda da Arrows. Para uma equipa pequena como a italiana é uma parcela importante no orçamento anual, apesar dos muitos milhões do seu patrão Paul Stoddart. É uma questão de sobrevivência, como o dono da scuderia de Faena tem vindo a reclamar.

Em Montreal, Stoddart não aguentou mais e agitou o circo, lançando no ventilador tudo o que podia...

Sexta-Feira:

A Minardi emitiu um comunicado confirmando que retirava o seu apoio às mudanças no Regulamento Técnico da F1 para 2004 devido a não se concretizar o “Fundo de Sobrevivência” ara as pequenas equipas e à quebra de promessa dos fabricantes em fornecerem motores por US$10 milhões por ano. Stoddart distribuiu uma petição entre os donos de equipas para contribuírem com US$16 milhões para este Fundo: Minardi, Jordan, Jaguar e Sauber concordam, enquanto a Renault e a BAR põe condições, a Toyota abstém-se. A Ferrari apoia a Minardi, mas recusa-se a pagar algo para a Jordan devido à sua causa em tribunal sobre o patrocínio da Vodafone, enquanto a Williams e a McLaren mantêm a sua negativa.

Nove outros donos de equipas reúnem-se antes que Stoddart apareça na Conferência de Imprensa FIA para que foi convocado.

L. Gorys

Ecclestone é pressionado a pagar à Minardi o fundo de TV.

Stoddart foi o primeiro a chegar à Sala de Conferências de Imprensa: *“Isto é algo que eu não gostaria de ter de fazer e penso que é errado para a F1”*.

Minutos depois entram Eddie Jordan, David Richards, Ron Dennis, Frank Williams. Ecclestone posta-se no fundo da sala...

Enquanto Stoddart defendeu o seu caso, Dennis apontou que as condições mínimas de estabilidade técnica previstas para se concretizar o “Fundo de Sobrevivência” não existiam.

A discussão começou a azedar: Dennis: *“Esta é uma actividade competitiva e se há gente que não é competente, que saia da parada. Isto não é brincadeira e quem não for capaz de suportar, que saia. Tentei começar algo e falhou. Se isso me transforma no mau da fita, paciência.”*

A discussão piorou durante 45 minutos, até Ecclestone pegar num microfone para fazer uma pergunta, mas entretanto a colectiva terminou abruptamente. Antes de sair, Ecclestone terá sussurrado a Stoddart *“não te preocupes...”*

Sábado:

De manhã, Ecclestone fala para a imprensa que a Minardi não tem mais lugar na F1: *“Na Áustria, no ano passado, já tinha falado que eles deviam ir-se embora. No final do ano repeti-o, mas é mais fácil eu dizê-lo do que ele sair, já que é um entusiasta que adora a competição. Somos uma categoria muito profissionalizada, e será que conseguimos ter entusiastas entre nós? A resposta é não!”*

Depois do almoço, Ecclestone fala para os nove outros donos de equipas que vai resolver o problema da Jordan e uma promessa de ajudar a Jordan.

No final da tarde, Stoddart e Ecclestone acordam um plano. Stoddart: *“O “Fundo de Sobrevivência” morreu. Não vai sair um centavo das outras equipas. Ecclestone investiu na nossa equipa.”*

Ecclestone de novo proprietário

Bernie Ecclestone investiu mais de US$5 milhões na Minardi e responsabilizou-se por algumas das suas dívidas.

Este investimento oferece a Ecclestone:

- A possibilidade de ter acesso a muita informação sobre a formação da GPWC, de que a Minardi era uma signatária.
- Fazer a GPWC perder de imediato um voto.

De futuro é previsível que, mais uma vez, Ecclestone – agora provavelmente sócio maioritário da Minardi – consiga – como sempre – um bom lucro com a revenda da sua nova cota a um grupo de investidores italianos desejosos de entrarem na F1.

Ecclestone comprou a Brabham a Ron Tauranac em finais de 1971, e, depois de ter conquistado dois títulos mundiais com Nelson Piquet (1981 e 1983), vendeu-a à Alfa Romeo no final de 1987.

Photo 4

Mercedes

GP ajuda economia local

Com a Guerra do Iraque e a Epidemia da Síndrome Respiratória, que afectou especialmente o Canadá, os hoteleiros e a economia local foram especialmente atingidos, com uma ocupação de quartos de apenas 25%. No entanto, os promotores do GP venderam 306.000 ingressos para os três dias.

Top 10 sem britânicos

Foi a primeira vez desde o GP USA de 1990 que nenhum piloto britânico se qualificou nos 10 primeiros. Nesse GP, Pierluigi Martini qualificou o Minardi na primeira fila..

Webber pela 3ª vez

Foi a terceira pontuação de Mark Webber, de novo em sétimo, somando os únicos seis pontos da Jaguar.

Três primeiros - 1,35s

A competição continua feroz em 2003: de novo uma diferença mínima entre os três primeiros – apenas 1,35 s, o quarto pódio mais apertado da história.

8

Grand Prix Air Canada

Grid

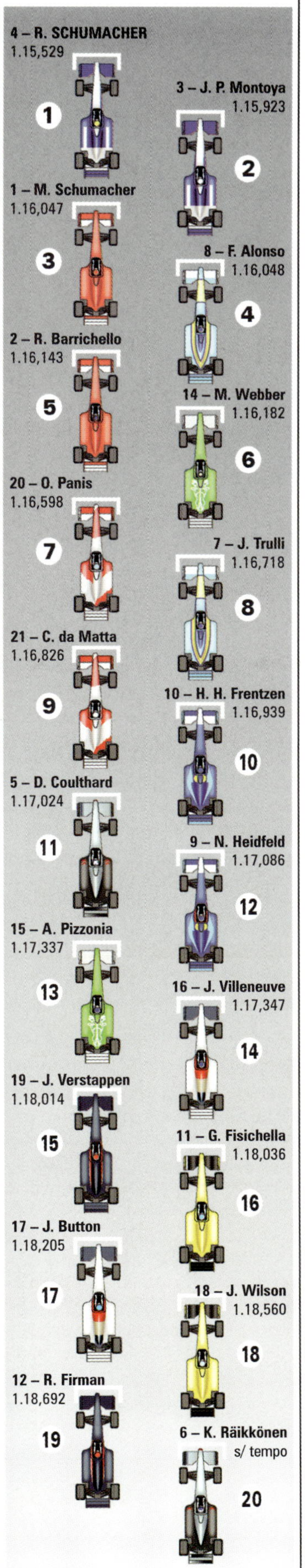

Diferença entre a pole e o último (Firman): 3,163s
Diferença em 2002: 4,511s
Pole de 2002: Montoya (Williams FW24/BMW) – 1m12,836s

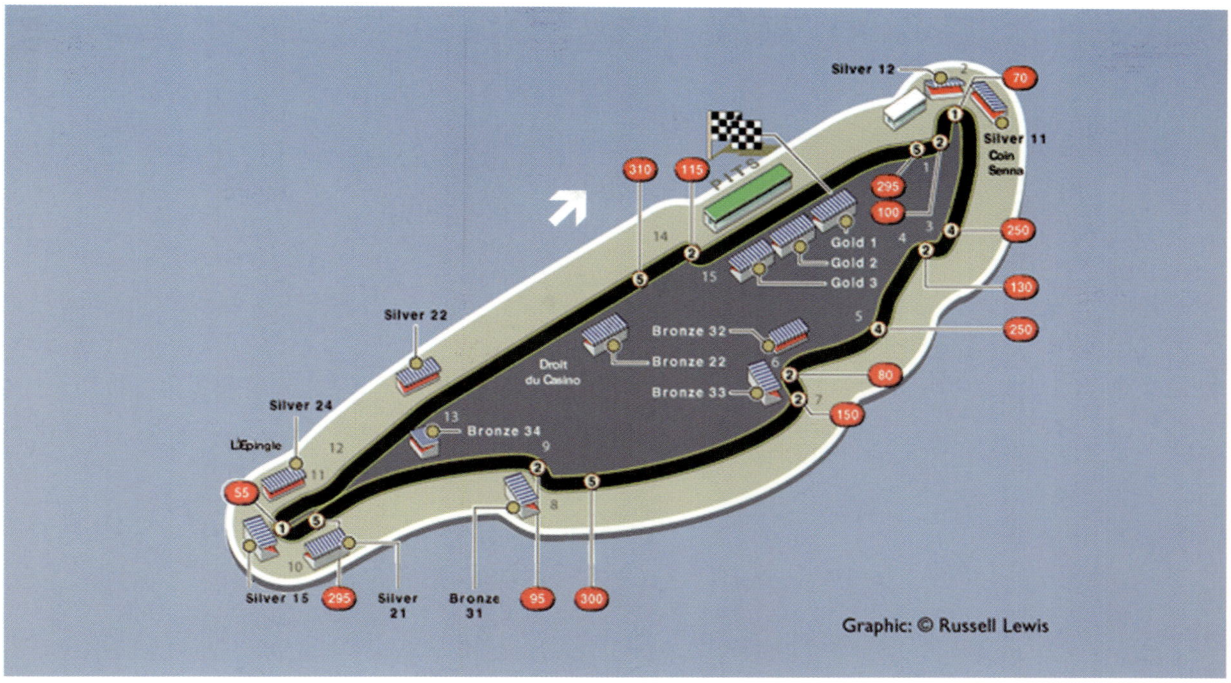

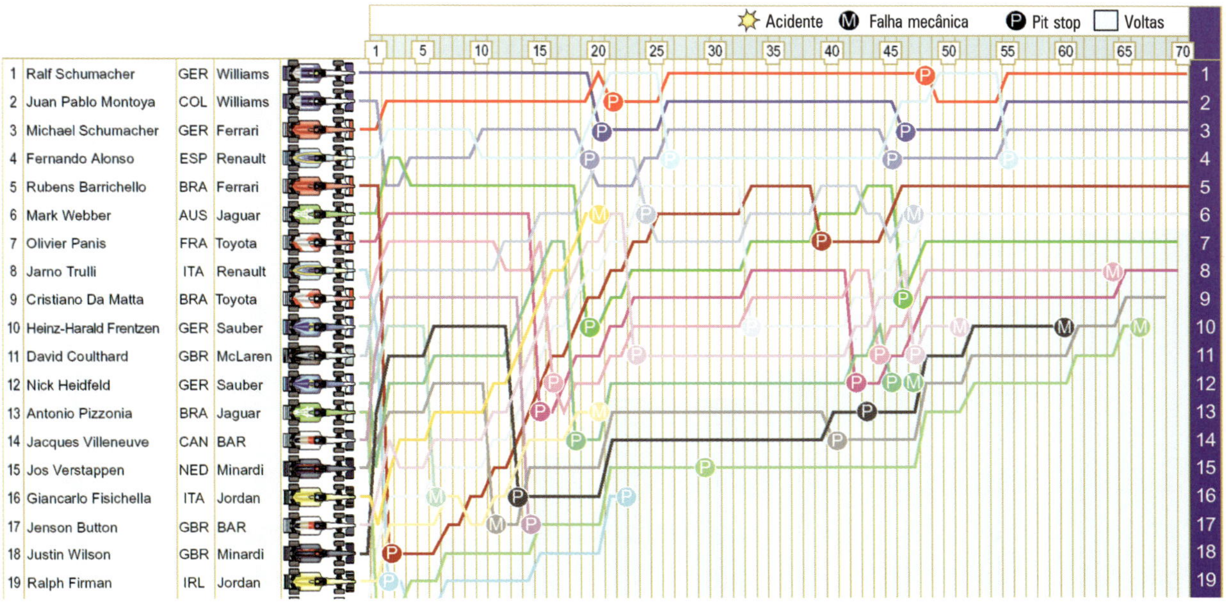

Condições Atmosféricas

Sexta: Seco inicialmente, seguido de chuva intermitente. Ar: 15º/18º. Pista: 16º/21º. **Sábado:** Chuva intermitente, passando a seco. Ar: 14º/16º. Pista: 14º/21º **Domingo:** Seco. Ar: 20º/22º. Pista: 27º/31º

Velocidades de Ponta Km/h

Maior: Montoya – 334,4
Menor: Räikkönen – 270,3

Data: 15.06.2003 **Público:** 112.000
Distância: 70 voltas de 4.361m – 305,270 Km
Treinaram:20 **Largaram:**20 **Classificados:**11

Recorde da volta nos treinos: J. P. Montoya (Willimas FW24/BMW) 1m12,836s; 215,547 Km/h – 2002

Recorde da volta na corrida: J. P. Montoya (Williams FW24/BMW) 1m15,960s – 206,682 Km/h – 2002
Média do vencedor: 200,777 km/h.

CLASSIFICAÇÃO FINAL

CL.	Nº	PILOTOS	CHASSIS/MOTOR	Pneus	SEXTA Treinos Livres	SEXTA Treinos Qualificativos	SÁBADO Treinos Livres	SÁBADO Warm-up	N.º VOLTAS	MELHOR VOLTA	TEMPO FINAL DIFERENÇA/CAUSA
1º	**1**	**M. SCHUMACHER**	**FERRARI F2003-GA**	**B**	1.17,228	1.31,969	**1.23,385**	1.18,845	**70**	(46ª) 1.16,378	**1h 31m 13,591s**
2º	4	Ralf Schumacher	Williams FW25/BMW	M	1.17,894	1.38,210	1.25,668	**1.16,236**	70	(48ª) 1.16,599	a 0,784s
3º	3	Juan P. Montoya	Williams FW25/BMW	M	1.17,216	1.37,479	1.28,225	1.17,799	70	(39ª) 1.16,349	a 1,355s
4º	8	Fernando Alonso	Renault R23	M	1.31,658	1.35,173	1.25,382	1.17,651	70	**(53ª) 1.16,040**	a 4,481s
5º	2	R. Barrichello	Ferrari F2003-GA	B	1.18,240	**1.30,925**	1.23,677	1.18,579	70	(35ª) 1.16,368	a 1m 04,261s
6º	6	Kimi Räikkönen	McLaren MP4-17D /Mercedes	M	1.18,155	1.35,373	1.26,771	1.16,697	70	(67ª) 1.16,699	a 1m 10,502s
7º	14	Mark Webber	Jaguar R4/Cosworth	M	1.17,344	1.36,669	1.26,440	1.17,807	69	(45ª) 1.17,592	a 1 volta
8º	20	Olivier Panis	Toyota TF103	M	1.17,464	1.37,313	1.30,410	1.17,676	69	(40ª) 1.17,904	a 1 volta
9º	19	Jos Verstappen	Minardi PS03/Cosworth	B	1.24,571	1.37,426	1.28,246	1.19,588	68	(38ª) 1.18,521	a 2 voltas
10º	15	Antonio Pizzonia	Jaguar R4/Cosworth	M	**1.16,621**	1.38,255	1.27,145	1.17,930	66	(54ª) 1.17,324	frios
11º	21	C. Da Matta	Toyota TF103	M	1.18,559	1.38,244	1.29,215	1.17,983	64	(38ª) 1.17,787	suspensão
	18	Justin Wilson	Minardi PS03/Cosworth	B	1.18,586	1.38,088	1.27,018	1.18,893	60	(42ª) 1.18,039	câmbio
	17	Jenson Button	BAR 005/Honda	B	1.18,872	1.38,109	1.25,902	1.18,439	51	(22ª) 1.17,562	câmbio
	5	David Coulthard	McLaren MP4-17D/Mercedes	M	1.18,165	1.36,463	1.25,839	1.17,313	47	(23ª) 1.17,088	câmbio
	9	Nick Heidfeld	Sauber C22/Petronas	B	1.23,061	1.32,778	1.26,537	1.17,979	47	(44ª) 1.17,769	motor
	7	Jarno Trulli	Renault R23	M	1.32,552	1.41,413	1.25,961	1.17,560	22	(16ª) 1.18,696	danos por colisião
	11	G. Fisichella	Jordan EJ13/Ford	B	1.28,141	1.38,617	1.25,240	1.18,328	20	(20ª) 1.17,186	câmbio
	12	Ralph Firman	Jordan EJ13/Ford	B	1.17,973	1.34,759	1.26,690	1.20,594	20	(18ª) 1.19,453	motor partido
	16	J. Villeneuve	BAR 005/Honda	B	1.18,716	1.44,702	1.25,704	1.17,689	14	(6ª) 1.19,780	fuga de óleo freios
	10	Heinz H. Frentzen	Sauber C22/Petronas	B	1.19,765	1.35,776	1.29,190	1.18,339	6	(3ª) 1.20,043	comando electrónico

LOUER 990-5565

O centro de Montreal, em particular a Rue Crescent, manteve a tradicional animação na semana do Grande Prémio. A chuva (em cima(estragou um pouco a festa e os plenos dos pilotos, mas o domingo foi dia de sol e festa para a Toyota (em baixo), com o ponto marcado por Panis na sua cidade favorita.

Photo L. Gorys

Toyota

O G. P. da Europa começou por ser de festa para David Coulthard (abaixo, à esquerda), a celebrar a sua 150ª participação em Grande Prémios. Mas no fim, talvez inspirado pela presença da sua esposa Cora e amigas, foi Ralf Schumacher que festejou a sério, com Montoya e Barrichello também no pódio.

Grand Prix Allianz of Europe

Nürburgring

Fotos BMW

Vitória BMW em casa da Mercedes

Mercedes

Dupla da Williams-BMW numa pista muito cara à Mercedes. Motor partido tira o triunfo a Räikkönen. Novo toque Montoya-Michael Schumacher não impede o alemão de ganhar vantagem no Mundial.

Ralf Schumacher continuou a afirmar-se como potencial candidato ao título com uma vitória confortvável no Grande Prémio da Europa, batendo claramente o seu companheiro de equipa e beneficiando do abandono de Kimi Raikkinen à 26ª volta, quando estava mais de quatro segundos atrás do finlandês. Não restando dúvidas que o binómio Räikkönen-McLaren era o mais veloz no Nürburgring, a falta de fiabilidade do motor Mercedes entregou a vitória à Williams-BMW, que ainda juntou o segundo lugar de Montoya ao triunfo de R. Schumacher, no que foi um dia quase perfeito para a escuderia de Grove. E como a McLaren saiu em branco do Nürburgring, a Williams ascendeu ao 2º posto no Mundial de Construtores, já em posição de atacar a liderança da Ferrari.

A corrida alemã parecia destinada a Kimi Räikkönen, que não teve concorrência durante as primeiras 25 voltas e se encaminhava para uma jornada triunfante quando o motor Mercedes cedeu e o condenou a um inglório abandono. Disso beneficiou Ralf Schumacher, que só foi incomodado pelo seu irmão Michael até ao primeiro reabastecimento, pois daí para a frente não teve concorrência que o pressionasse.

Foi uma vitória tranquila para o alemão, que conseguiu, assim, amainar as muitas críticas que lhe tinham sido feitas depois do G. P. do Canadá, mas se um dos FW25 não teve dificuldades em vencer, no outro Juan Pablo Montoya teve de trabalhar no duro para chegar ao 2º lugar. Apenas 5º até ao primeiro reabastecimento, Montoya só ganhou uma posição quando Räikkönen abandonou e apesar dos seus melhores esforços nunca conseguiu levar Barrichello ao erro, mantendo-se atrás

>

Jordan

Ralf Schumacher garantiu a sua vitória nas primeiras voltas (em cima), quando fugiu aos Ferrari, numa altura em que ainda perseguia Raikkonen, mas o abandono do finlandês permitiu-lhe festejar o triunfo (ao meio). Jenson Button chegou aos pontos (em baixo), mas teve em Ralph Firman um osso duro de roer, nas primeiras voltas.

9

1º Ralf Schumacher
2º Juan Pablo Montoya
3º Rubens Barrichello
4º Fernando Alonso
5º Michael Schumacher
6º Mark Webber
7º Jenson Button
8º Nick Heidfeld
9º Heinz-Harald Frentzen
10º Antonio Pizzonia
11º Ralph Firman
12º Giancarlo Fisichella
13º Justin Wilson
14º Jos Verstappen
15º David Coulthard

Pontuação
Pilotos

58 Michael Schumacher
51 Kimi Räikkönen
43 Ralf Schumacher
39 Juan Pablo Montoya
39 Fernando Alonso
37 Rubens Barrichello
26 David Coulthard
13 Jarno Trulli
10 Giancarlo Fisichella
10 Jenson Button
9 Mark Webber
7 Heinz-Harald Frentzen
3 Cristiano da Matta
3 Jacques Villeneuve
2 Nick Heidfeld
1 Ralph Firman

Construtores

95 Ferrari
82 Williams/BMW
76 McLaren-Mercedes
52 Renault
13 Bar/Honda
11 Jordan/Ford
9 Sauber/Petronas
9 Jaguar/Cosworth
4 Toyota

↑ Montoya
↓ Alonso

5ª vitória da R. Schumacher (1ª do ano)

110ª vitória Williams (2ª do ano)

16ª vitória de um motor BMW

32ª dobradinha Williams (2ª Williams-BMW)

6ª vencedor diferente em nove GPs

> *"Para nós era importante ter uma equipa com estabilidade a longo prazo"*
> **Gerhard Berger**

> *"Fiquei chocado ao ver como ele (Alonso) travou mais cedo para a curva."*
> **David Coulthard**

BMW

MOMENTO DECISIVO

MERCEDES "TRAMA" RÄIKKÖNEN

Da pole position para uma confortável liderança e 8,6s à 15ª volta, Kimi Räikkönen parecia embalado para um triunfo indiscutível, que o reporia na liderança do Mundial, pois M. Schumacher também não tinha andamento para os Williams. Mesmo parando cinco voltas antes de R. Schumacher o finlandês manteve a sua liderança, com a vantagem reduzida a metade, mas sem que o seu domínio do G. P. da Europa estivesse em causa. Só que à 26ª volta o Mercedes V10 cedeu e partindo duma situação de grande vantagem, Räikkönen viu-se distanciado por M. Schumacher no Mundial. Foi um rude golpe para o jovem nórdico e também para a McLaren-Mercedes, que só em 1998 venceu no Nürburgring, depois de Hakkinen ter batido o alemão da Ferrari no final duma corrida fabulosa.

5ª vitória de R. Schumacher (1ª do ano)

110ª vitória Williams (2ª do ano)

16ª vitória de um motor BMW

32ª dobradinha Williams (2ª Williams-BMW)

6º vencedor diferente em nove GPs

Ralf Schumacher (ao lado),teve de atacar para não perder o contacto com Raikkonen até ao primeiro reabastecimento, depois do finlandês ter assegurado a liderança na primeira curva (em baixo). Mais quente foi a luta entre Alonso e Coulthard (ao centro), que acabou com um despiste violento do escocês, depois dum "brake test" doespanhol. Na qualificação Kimi Raikkonen(à direita) foi soberano, conquistando a primeira pole da sua carreira, de forma convincente.

do brasileiro, até este reabastecer pela segunda vez, à 37ª volta. Três voltas muito rápidas permitiram-lhe superar o seu amigo ferrarista e encostar-se ao F2003-GA de M. Schumacher. Não sendo um piloto paciente, Montoya atacou logo o seu arqui-rival, e ganhou-lhe vantagem na travagem para o gancho, ao final da descida, no início da 43ª volta. Quando o alemão entrou em subviragem o toque entre ambos foi inevitável, mas desta vez foi o Ferrari a sair de pista, entregando a 2ª posição ao colombiano.

Daí para a frente os três primeiros não tiveram muito com que se preocupar, pois estavam confortavelmente distanciados uns dos outros e atrás Alonso, com problemas no seu R23, travava claramente Coulthard. Depois do acidente do escocês foi M. Schumacher a herdar o 5º posto, que lhe permitiu aumentar para sete pontos a vantagem sobre Räikkönen no Mundial.

Com os abandonos dos McLaren e de Trulli (bomba de gasolina partida), ficaram três lugares em aberto nos pontos para as equipas mais pequenas. Webber voltou a ser o melhor da "2ª Divisão", marcando três preciosos pontos, enquanto Button e Heidfeld também deram pontos importantes à BAR-Honda e à Sauber, respectivamente, num fim-de-semana em que a superioridade da Michelin deu poucas hipóteses aos utilizadores dos pneus Bridgestone.

Renault

Ferrari

CASO DA CORRIDA

COULTHARD ESCAPOU POR POUCO

Faltava pouco mais de duas voltas para o final da corrida quando a luta entre Fernando Alonso e David Coulthard acabou mal. O espanhol, há 15 voltas a defender-se dos ataques do piloto da McLaren, colocou o seu R23 no meio da pista e travou bem mais cedo que o habitual, numa tentativa de desestabilizar o escocês. Mas Coulthard, que já vira Alonso errar a chicane por três vezes, estava a preparar-se para curvar por fora e foi suspreendido pela manobra súbita do jovem asturiano.

O seu instinto levou-o a sair de pista para evitar um embate violento na traseira do Renault, terminando contra as barreiras a sua corrida, enquanto Alonso prosseguiu na 4ª posição e repetiu o "truque" com M. Schumacher na última volta, só que o alemão estava avisado e evitou a armadilha que lhe foi montada.

Sendo certo que Alonso estava a defender a sua posição, é igualmente verdade que o "brake test" feito pelo espanhol ultrapassou os limites do que é aceitável, mas os Comissários Desportivos ilibaram-no de culpas, depois da Renault ter demonstrado, com dados de telemetria, que o seu piloto travara apenas nove metros mais cedo do que o habitual. Só que numa zona de travagem de pouco mais de 50 metros, nove metros são quase 20 por cento da distância esperada para se travar e daí a surpresa de Coulthard, que pode não ser o melhor piloto do Mundo, mas é dos mais experientes e não tem historial de incidentes do género. Daí as palavras duras que teve para com Alonso, com o espanhol a entrar pela segunda vez em situações polémicas nesta temporada, depois da inobservância das bandeiras amarelas o ter levado a um acidente muito violento no Brasil.

“Vi-o aproximar-se pelo espelho, e fui para o meio da pista. Depois deixei de o ver. Foi isso.”
Fernando Alonso

L. Gorys

A primeira de Räikkönen

Toyota

Demorou mas chegou. Kimi Räikkönen já tinha ficado perto da pole position em diversas ocasiões, mas só no Nürburgring é que conseguiu ser o mais rápido na qualificação de sábado. O finlandês foi sempre dos que mais arriscaram nesta sessão e tanto em Espanha como na Canadá pagara um preço elevado pela sua ousadia. Mas isso não foi suficiente para o incitar à cautela e foi com uma volta sempre ao ataque que o jovem piloto da McLaren bateu os Ferrari e os Williams no Nürburgring.
Depois da primeira qualificação ter sido marcada pela chegada da chuva quando oito pilotos ainda não tinham efectuado as suas tentativas, o piso manteve-se seco ao longo da sessão decisiva e isso permitiu uma luta interessante até ao fim, com os cinco mais rápidos a ficarem separados por pouco mais de dois décimos de segundo.
Último a entrar em acção, por força de já ter sido o mais rápido na qualificação de 6ª feira, Räikkönen foi ligeiramente mais lento que os pilotos da Williams no primeiro sector, mas recuperou dessa vantagem no sector T2. Só que aí passou a estar atrás de M. Schumacher e foi por apenas 32 milésimos de segundo que conseguiu superar o alemão da Ferrari para conquistar a primeira pole position da sua carreira, num circuito onde a Mercedes investiu bastante.

Em evidente contraste com o seu companheiro de equipa David Coulthard acumulou erros ao longo da sua volta lançada, acabando por ficar a 1,2s da marca do finlandês, o que lhe valeu um muito desaspontador 9º lugar na grelha de partida.
O escocês foi o único entre os pilotos das equipas de ponta que não entrou na luta pela pole, onde Michael Schumacher foi o mais azarado, pois falhou o melhor tempo por uma margem ínfima.
Quanto a Barrichello, o tempo perdido para o alemão no sector T2 foi-lhe fatal e, por isso, caiu para a 5ª posição da grelha atrás do Williams-BMW. Na batalha interna entre R. Schumacher e Montoya a vantagem voltou a ser do alemão. Os dois pilotos de Frank Williams fizeram tempos iguais, ao milésimo, no primeiro parcial, mas daí para a frente a vantagem foi sempre para R. Schumacher, que garantiu, assim, a 4ª posição na grelha.
Trulli foi o melhor dos restantes, com o 6º tempo, enquanto Alonso foi 8º. Entre os dois Renault qualificou-se o Toyota de Panis, o que somado ao 10º tempo de da Matta deixou bem claro que na pista mais perto da sua sede, em Colónia, a equipa japonesa estava bastante competitiva. Para isso também contribuiu o bom desempenho dos pneus Michelin, pois atrás dos Ferrari o 3º representante da Bridgestone foi Button, que não foi além do 12º tempo.

Grand Prix Allianz of Europe

"Em Mónaco temos todos aqueles rails. Aqui reclamamos quando batemos num pedaço de plástico..."
Mark Webber

1ª pole de Räikkönen

113ª pole McLaren (1ª do ano e 1ª desde Mónaco 2001)

42ª pole de um motor Mercedes

Uma vez mais os Renault (ao lado) foram competitivos, mas foi novamente Alonso a dar pontos à equipa francesa. Panis (em baixo) foi infeliz, abandonando com problemas de travões. A BMW renovou a ligação com a Williams, 20 anos depois de ter conquistado o título com Nelson Piquet e a Brabham (em baixo, à direita).

Renault

TESTES LIVRES

Trulli e Renault

Jarno Trulli foi o mais rápido na sessão de Testes Livres, apesar de ter efectuado um pião ainda na primeira parte do treino. Uma vez mais a Renault trabalhou em programas distintos – acerto dos R23, escolha dos pneus para o resto do final de semana e definição dos tipos de pneus a levar para a corrida seguinte – e só McNish não concluiu o seu trabalho devido a uma falha de motor, quando faltavam 32 minutos para o final da sessão.

Entre os restantes o mais veloz foi Pizzonia, com Firman a ser a surpresa ao obter o 4º melhor tempo, na frente de Webber, McNish e Fisichella, para além dos dois Minardi que, como habitualmente, ficaram com os piores tempos da manhã.

Photo 4

Arquivo Talento

Räikkönen melhor que Häkkinen

Räikkönen conseguiu a sua primeira pole, depois de ter ganho o seu primeiro GP nos seus primerios 26 GPs. O seu compatriota Häkkinen teve de esperar 66 corridas para ganhar e ser pole.

Dobradinhas Williams e Ferrari

Desde a última dobradinha Williams, na Malásia, em 2002, a Ferrari conseguiu nove dobradinhas.

Ferrari não lidera

Pela primeira vez desde Mónaco 2002, a Ferrari não liderou um GP, que teve o menor número de líderes deste ano – dois.

Frentzen e Coulthard - 150º GP

Verstapen - 100º GP

Só Philippe Alliot (109 GPs, sete pontos) completou 100 GPs com menos pontos do que os 17 de Jos no seu centenário.

Schumi: 1.000 pontos

Com este seu 5º lugar, M. Schumacher passou a ser o primeiro piloto a ultrapassar a barreira dos 1.000 pontos, com um total de 1.003 (incluindo os 78 que ele pontuou em 1997, antes de ser excluído do campeonato pela FIA na sequência da sua colisão com J. Villeneuve, em Jerez).

Ville: tempos negros ...

A última vitória de J. Villeneuve foi justamente no Nürburgring, cinco anos antes, ou, aliás, cinco anos, 10 meses e oito dias, ou ainda 93 corridas. Apenas um outro piloto – Riccardo Patrese – conseguiu acabnar com um período tão negro: 98 GPs entre as suas vitórias nos GPs da África do Sul de 1983 (Brabham-BMW turbo) e de San Marino de 1990 (Williams-Renault). Pior: Villeneuve lutou com os ... Minardi depois de se qualificar em 17º, de sair da pista, danificando o aileron traseiro, e, finalmente, parar com o caixa quebrada.

Mercedes ... bang

"Simplesmente estoirou!", confessou Martin Whitmarsh, Director Geral da McLaren, sobre a quebra de motor que tirou Räikkönen da liderança do GP. *"Não tinha havido qualquer aviso na telemetria e nenhum do Kimi. Ele estava a caminho de uma vitória marcante, com a vantagem de 8,6 s que tinha, que até nos permitiu trazê-lo para o seu primeiro reabastecimento mais cedo, para evitar o tráfego. Estava tudo perfeito, tínhamos a estratégia certa, e foi tudo por água abaixo, num ... bang!"*

Desilusão Toyota

Panis foi o mais rápido em ambos os treinos livres. Os dois carros qualificaram-se pela segunda vez consecutiva no Top Tem. Mas, tudo acabou mal, e ainda por cima defronte da bancada cheia de executivos e operários Toyota de Colónia – com dois abandonos.

McLaren MP4-18: nado morto

A McLaren admitiu finalmente que o seu MP4-18 poderá jamais correr, e que começará 2004 com um MP4-19.

BMW com a Williams até 2009

Depois de muita especulação de que a BMW chegara a estudar a possibilidade de construir o seu próprio chassis, e de que, por isso, não só o relacionamento entre Frank Williams e Gerhard Berger se tinha deteriorado um pouco, como a decisão de não ir adiante com uma equipa totalmente alemã teria estado na base da opção de Berger se afastar da F1., foi anunciado neste GP uma extensão até 2009 da cooperação entre a Williams Grand Prix Engineering e a BMW.

É também significativo que o prazo deste longo acordo vai dois longos além do final do actual Acordo Concorde e de uma eventual cisão que sê origem à GPWC. Este novo acordo prevê uma maior cooperação da BMW, sobretudo no design e fabrico de transmissões. No final deste acordo, a BMW estará, desta vez, por dez anos na F1. Isto suplanta o seu anterior envolvimento que começou com a Brabham num treino para o GP da Grã-Bretanha de 1981 e continuou até o final de 1987, inclui9ndo o título de 1983, com Nelson Piquet – o primeiro de um carro turbo.

Fiabilidade Williams

Os Williams completaram o maior número de voltas nos primeiros nove GPS do ano – os seus dois pilotos completaram 1.072 das possíveis 1.144:

Ferrari – 1.054

Jaguar – 814

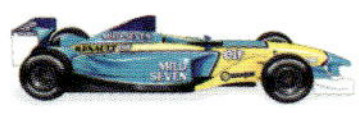
Renault – 980

BAR – 787

McLaren – 915

Sauber – 770

Toyota – 850

Minardi – 764

Jordan – 838

9 **Allianz Grand Prix of Europe**

Grid

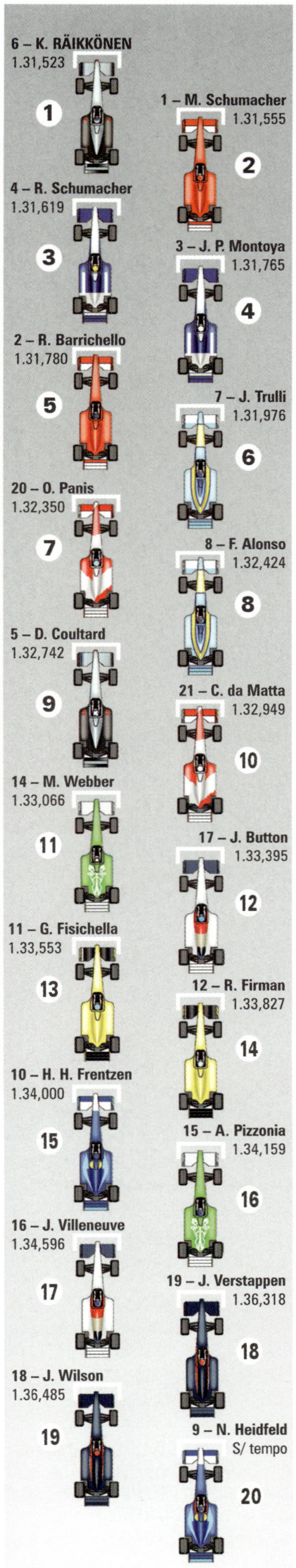

Diferença entre o pole e o último (Wilson):4,962s
Diferença em 2002:4,345s
Pole de 2002: Montoya (Williams FW24/BMW)-1m,29,906s

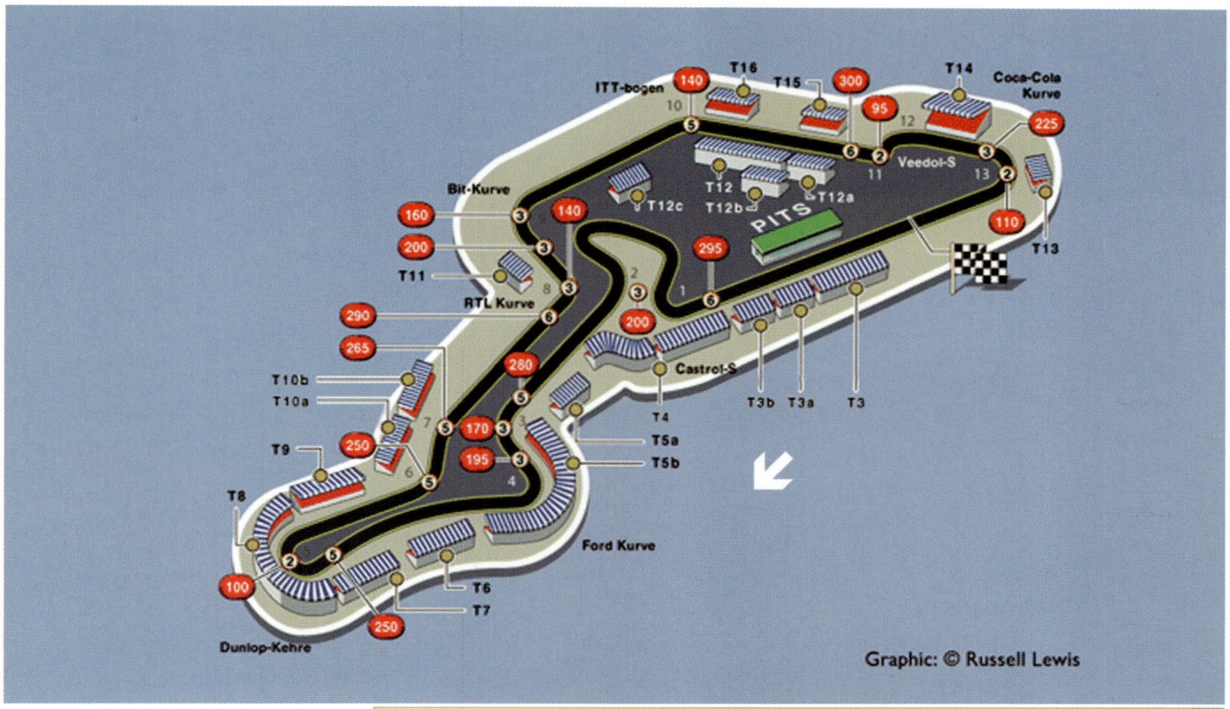

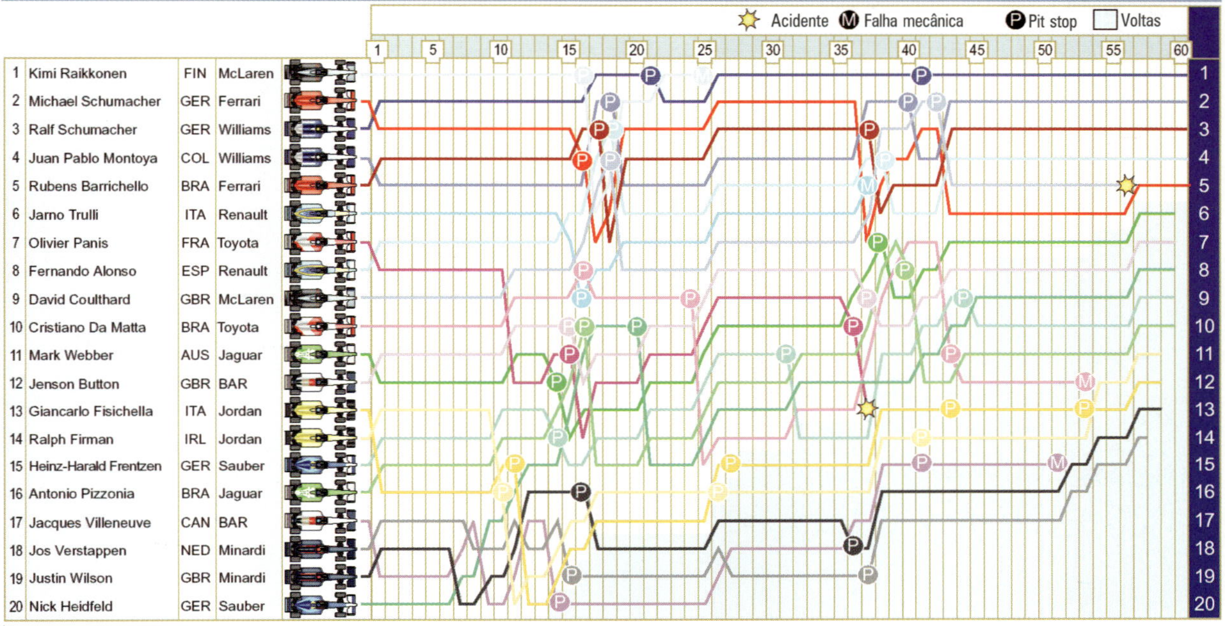

Condições Atmosféricas

6ª feira: Seco, com chuva na 2ª parte da qualificação. Ar: 14º/24º. Pista: 17º/27º
Sábado: Seco. Ar: 18º/23º. Pista: 19º/28º
Domingo: Seco. Ar: 28º/30º. Pista: 30º/34º

Melhor Pit Stop

Jaguar
Pizzonia
22,040s

Velocidades de Ponta Km/h

Maior: Montoya 313,1
Menor: Verstappen 301,0

Data: 29.06.2003 **Público:** 123.000
Distância: 60 voltas de 5.146m – 308,863 Km
Treinaram:20 **Largaram:**20 **Classificados:**15

Recorde da volta nos treinos: J. P. Montoya (Williams FW24/BMW) 1m29,906s; 206,055 Km/h – 2002

Recorde da volta na corrida: M. Schumacher (Ferrari F2002) 1m32,226s; 200,871 Km/h – 2002
Média do vencedor: 195,633 km/h.

CLASSIFICAÇÃO FINAL

					SEXTA-FEIRA		SÁBADO					
CL.	Nº	PILOTOS	CHASSIS/MOTOR	Pneus	1º Treinos Livres	Treinos Qualificativos	2º Treinos Livres	3º Treinos Livres	Warm-up	N.º VOLTAS	MELHOR VOLTA	TEMPO FINAL DIFERENÇA/CAUSA
1º	**4**	**RALF SCHUMACHER**	**WILLIAMS FW25/BMW**	**M**	1.32,170	1.30,522	1.32,891	**1.31,305**	1.32,547	**60**	(34ª) 1.32,826	1h 34m 43,622s
2º	3	Juan P. Montoya	Williams FW25/BMW	M	1.32,590	1.30,378	1.32,477	1.31,366	1.32,252	60	(59º) 1.33,094	a 16,821s
3º	2	R. Barrichello	Ferrari F2003/GA	B	1.32,607	1.30,842	1.32,039	1.32,010	1.32,097	60	(15ª) 1.33,200	a 39,673s
4º	8	Fernando Alonso	Renault R23	M	1.31,750	1.31,533	1.34,179	1.32,391	1.33,068	60	(17ª) 1.33,307	a 1m 05,731s
5º	1	M. Schumacher	Ferrari F2003/GA	B	1.32,560	1.30,353	1.32,852	1.32,652	**1.31,981**	60	(34ª) 1.32,904	a 1m 06,162s
6º	14	Mark Webber	Jaguar R4/Cosworth	M	1.31,224	1.35,972	1.34,564	1.33,635	1.34,164	59	(37ª) 1.34,191	a 1 volta
7º	17	Jenson Button	BAR 005/Honda	B	1.32,841	1.32,479	1.34,582	1.33,474	1.33,780	59	(14ª) 1.34,208	a 1 volta
8º	9	Nick Heidfeld	Sauber C22/Petronas	B	1.32,901	1.52,300	1.34,784	1.33,698	s/ tempo	59	(23ª) 1.34,541	a 1 volta
9º	10	Heinz H. Frentzen	Sauber C22/Petronas	B	1.32,792	1.32,201	1.34,775	1.34,940	s/ tempo	59	(33ª) 1.33,994	a 1 volta
10º	15	Antonio Pizzonia	Jaguar R4/Cosworth	M	1.31,794	1.57,435	1.33,127	1.33,076	1.34,746	59	(47ª) 1.34,915	a 1 volta
11º	12	Ralph Firman	Jordan EJ13/Ford	B	1.33,643	1.53,893	1.34,967	1.34,827	1.34,373	58	(29ª) 1.35,328	a 2 voltas
12º	11	G. Fisichella	Jordan EJ13/Ford	B	1.32,692	1.32,196	1.35,332	1.33,214	1.34,229	58	(29ª) 1.34,666	a 2 voltas
13º	18	Justin Wilson	Minardi PS03/Cosworth	B	1.35,525	1.54,546	1.37,001	1.36,026	1.36,559	58	(19ª) 1.36,709	a 2 voltas
14º	19	Jos Verstappen	Minardi PS03/Cosworth	B	1.34,947	1.55,921	1.36,845	1.36,381	1.37,181	57	(3ª) 1.37,365	a 3 voltas
15º	5	David Coulthard	McLaren MP4-17D/Mercedes	M	1.31,918	1.30,903	1.32,471	1.31,608	1.32,114	56	(12ª) 1.33,236	saída de pista
	21	C. Da Matta	Toyota TF103	M	1.32,492	s/ tempo	1.33,140	1.32,057	1.33,306	53	(15ª) 1.33,398	motor
	16	J. Villeneuve	BAR 005/Honda	B	1.33,602	s/ tempo	1.34,127	1.34,085	1.34,114	51	(45ª) 1.35,100	cambio
	7	Jarno Trulli	Renault R23	M	1.31,513	1.31,143	1.33,707	1.32,356	1.33,029	37	(13ª) 1.33,348	bomba de gasolina
	20	Olivier Panis	Toyota TF103	M	**1.31,197**	1.57,327	**1.31,181**	1.31,490	1.32,545	37	(8ª) 1.33,583	freios
	6	Kimi Räikkönen	McLaren MP4-17D/Mercedes	M	1.31,260	**1.29,989**	1.32,803	1.32.021	1.32,385	25	**(14ª) 1.32,621**	motor

O espectáculo dos reabastecimentos (ao lado) dá sempre mais cor e emoção aos Grande Prémios, num espectáculo em que os capacetes (em cima) são parte importante. Michael Schumacher, sempre avesso a feitos estatísticos, nem por isso deixou de festejar a sua passagem pela mítica barreira dos mil pontos (acima).

Fotos Photo 4

Team
NiQuitin CQ
vodafone
Allianz

Photo 4

Mobil 1 Grand Prix de France

Magny-Cours

Declaração de guerra na Williams

Ralf Schumacher domina e Montoya acusa a Williams de favorecimento do alemão. Michael Schumacher limita os danos e aumenta vantagem no Mundial. Duplo abandono da Renault na corrida de casa.

Ralf Schumacher deve ser susceptível. Depois do 2º lugar no Canadá foi acusado de falta de ambição; duas semanas depois ganhou no Nürburgring, mas beneficiou do abandono de Räikkönen para o fazer. Uma semana mais tarde, em Magny-Cours o alemão fez questão de dominar por completo o Grande Prémio de França, partindo da pole position e liderando da primeira à última volta. Se o objectivo era o de calar os críticos, conseguiu-o, pois nem o seu mais acérrimo detractor pôde apontar-lhe o que quer que fosse no final da corrida francesa.

Para Ralf Schumacher o GP de França foi um autêntico contra-relógio, com um pequeno sobressalto aquando do terceiro reabastecimento. O alemão ganhou uma média de três décimos de segundo por volta a Montoya até à primeira paragem, conseguiu mesmo distanciar o colombiano a 8,6s à 24ª volta, mas um terceiro jogo de pneus menos eficaz fez a vantagem baixar para 2,5s à 49ª volta. Foi esse o momento escolhido por Montoya para tentar uma jogada estratégica, na tentativa de superar o seu companheiro de equipa. Devendo reabastecer à 52ª volta, uma antes do alemão, Montoya parou à 50ª passagem para ter mais duas voltas com pista livre e pneus novos, o que lhe poderia permitir a subida ao comando da corrida.

Mas Ralf Schumacher percebeu o que estava a acontecer e com a ajuda do seu engenheiro de pista seguiu as pisadas de Montoya, encaminhando-se para as boxes no final da 51ª volta. Foi o suficiente para manter a liderança, à justa e como Montoya amuou, por estar convencido que existia uma conspiração contra sí, o resto da prova foi um passeio para o alemão.

Atrás dos Williams a luta foi bem mais interessante, com Michael Schumacher a bater os dois pilotos da McLaren graças a uma melhor estratégia da Ferrari. O alemão começou a prova ensanduichado entre Räikkönen e Coulthard, sendo mesmo passado pelo escocês durante o primeiro reabastecimento. Nada se alterou com a segunda paragem, mas foi aí que a Scuderia tomou a decisão que garantiu a Schumacher o 3º lugar. Com mais gasolina no depósito que os homens da McLaren, o alemão foi o último a efectuar o reabastecimento final, emergindo das boxes mesmo à frente de Räikkönen, para assegurar o 3º posto e uma vantagem de oito pontos sobre o finlandês no Mundial.

Para Coulthard as coisas correram bem pior, pois um problema com o bocal de enchimento do seu MP4/17D fê-lo perder quase nove segundos, acabando mesmo por atropelar um dos seus mecânicos, depois duma precipitação da equipa, na tentativa de o fazer regressar rapidamente à pista.

Barrichello comprometeu a corrida no final da 1ª volta, quando rodou na entrada da recta da meta e caiu para o último lugar. Pouco a pouco o brasileiro recuperou posições, mas acabou por ser mesmo dobrado pelos primeiros e terminou na 7ª posição, atrás de Mark Webber. O australiano voltou a mostrar todo o seu talento ao dar mais três pontos à Jaguar, enquanto Panis festejou o 10º aniversário da sua chegada à Fórmula 1 com mais um ponto para a Toyota.

Mal estiveram os Renault, que abandonaram com motores partidos na corrida caseira, mas mesmo que terminassem não teriam conseguido melhor do que o 6º e o 7º lugar que ocupavam à 42ª volta, quando começou o rápido calvário de Trulli e Alonso.

MOMENTO DECISIVO

O AMUO DE MONTOYA

Ralf Schumacher dominou por completo em Magny-Cours, chegando ao 1º reabastecimento (17ª volta) com 4,5s de avanço sobre Montoya, vantagem que passou para 6,5s antes de 2ª paragem (33ª volta). Só daí para a frente o colombiano começou a aproximar-se do seu companheiro de equipa, reduzindo a diferença para 2,5s à 50ª volta, quando decidiu antecipar em duas voltas o seu derradeiro reabastecimento. Mas o alemão apercebeu-se da manobra do seu companheiro de equipa e na volta seguinte também reabasteceu, salvando a liderança por pouco. Montoya não gostou, acusou a equipa de ter avisado Ralf da sua mudança estratégica e decidiu amuar, reduzindo o seu andamento ao ponto de ter perdido um segundo por volta quase até ao final da corrida. Mas como podia o engenheiro de pista do alemão esconder ao seu piloto o que se estava a passar?

O triunfo de Ralf Schumacher (em cima à esquerda) lançou o alemão na luta pelo título, depois de ter liderado desde a primeira volta (acima), sempre pressionado por Montoya. O colombiano tentou bater o seu companheiro de equipa com a antecipação do seu segundo reabastecimento (em cima), mas Schumacher cobriu a jogada e garantiu o triunfo.

CASO DA CORRIDA

GENDARMES NO PADDOCK

Louis de Funés já morreu há 20 anos e St. Tropez fica, infelizmente, muito longe de Magny-Cours. Por isso, quando uma dezena de "gendarmes" – os polícias franceses – entraram no Paddock, ao final da tarde de 5ª feira, percebeu-se que alguém ía ficar sem motivos para rir e, claro, sabia-se que era à BAR-Honda que os homens de azul se dirigiam. Motivo? Uma queixa apresentada por France Corbeil, que já no Mónaco tentara arrestar todo o material da escuderia dirigida por David Richards, então sem sucesso.

Em Magny-Cours o empresário canadiano viu as suas pretensões confirmadas por um jiuz do Tribunal de Comércio de Nevers e daí a presença da polícia francesa, como apoio ao oficial de justiça encarregue de arrestar o material da equipa inglesa. David Richards nem se encontrava no Paddock, mas os seus homens tinham instruções para deixar a polícia agir e, assim, a grande preocupação da equipa foi a de arrumar tudo o mais rapidamente possível nos camiões e evitar muitas fotos em momento tão embaraçante.

Na 6ª feira de manhã os advogados das duas partes voltaram ao Tribunal de Nevers, onde a decisão tomada no dia anterior foi revogada, o que permitiu à BAR reabrir os seus camiões, na presença do oficial de justiça que os selara e mandar os seus dois pilotos para a pista. Coisa que só pôde acontecer na 1ª qualificação, e tirando o melhor partido de ter encontrado a pista bastante mais seca que os melhores classificados no Mundial, Jacques Villeneuve obteve um excelente 6º tempo para a equipa de Brackley.

No domingo lá andava, de novo, o oficial de justiça pelo Paddock, com alguns gendarmes à mistura, mas os camiões da BAR-Honda acabaram por regressar a Inglaterra sem problemas, apesar das ameaças de France Corbeil quanto a novas medidas judiciais.

Recorde-se que na base deste conflito está a comissão de 3,5 milhões de dólares acordada entre o canadiano e Craig Polock aquando da entrada da Teleglobe para patrocinador da BAR em 1999.

10

1º Ralf Schumacher
2º Juan Pablo Montoya
3º Michael Schumacher
4º Kimi Räikkönen
5º David Coulthard
6º Mark Webber
7º Rubens Barrichello
8º Olivier Panis
9º Jacques Villeneuve
10º Antonio Pizzonia
11º Cristiano da Matta
12º Heinz-Harald Frentzen
13º Nick Heidfeld
14º Justin Wilson
15º Ralph Firman
16º Jos Verstappen

Pontuação
Pilotos

64 Michael Schumacher
56 Kimi Räikkönen
53 Ralf Schumacher
47 Juan Pablo Montoya
39 Rubens Barrichello
39 Fernando Alonso
29 David Coulthard
13 Jarno Trulli
12 Mark Webber
10 Jenson Button
10 Giancarlo Fisichella
7 Heinz-Harald Frentzen
4 Marc Gené
3 Cristiano da Matta
3 Jacques Villeneuve
2 Nick Heidfeld
2 Olivier Panis
1 Ralph Firman

Construtores

103 Ferrari
100 Williams/BMW
85 McLaren-Mercedes
52 Renault
13 Bar/Honda
12 Jaguar/Cosworth
11 Jordan /Ford
9 Sauber/Petronas
5 Toyota

Ralf Schumacher
Renault

6ª vitória de R. Schumacher (2ª consecutiva)

111ª vitória Williams (2ª consecutiva)

17ª vitória de um motor BMW

33ª dobradinha Williams (2ª consecutiva)

Qualificação

"Kimi sofreu com o tráfego. A vantagem de ser M. Schumacher é que todo o mundo se afasta ..."
Ron Dennis

Renault

TESTES LIVRES

ALONSO BATEU A CHUVA

Com uma nova parte da pista para aprender, as quatro equipas que participaram nesta sessão tiveram apenas 70 minutos para acertar os seus carros, pois daí para a frente a chuva estragou-lhes os planos. A meia hora do final do treino caiu um autêntico dilúvio sobre Magny-Cours e, por isso, a acção na pista foi muito limitada nos minutos finais da sessão. Antes da chuva começar a cair Alonso era o mais rápido em pista, enquanto Trulli era apenas o 3º depois de ter saído para as escapatórias em asfalto por cinco vezes! Entre os dois Renault ficou Webber e com Pizzonia no 4º lugar a Jaguar parecia embalada para um bom fim de semana, o mesmo se podendo dizer da Michelin. Nota para a estreia de Franck Montagny, que tomou o lugar de McNish na prova francesa, mas um problema de motor impediu o jovem gaulês de efectuar mais do que 28 voltas, quedando-se com o 6º tempo da sessão.

4ª pole de R. Schumacher (3ª do ano)

122ª pole Williams

29ª pole de um motor BMW

A nova secção da pista (à esquerda) não entusiasmou os pilotos e a Renault teve a pior corrida do ano, ficando em branco frente ao seu público. Barrichello (em baixo) teve uma corrida para esquecer, depois de ter errado no final da primeira volta, caindo para o último lugar. Olivier Panis (à direita em cima), festejou dez anos de carreira com um ponto, enquanto os Jordan (à direita, ao meio) tiveram muitos problemas de motor ao longo do fim de semana. Normalmente pouco expansivo, Ralf Schumacher não se eximiu de festejar condignamente o seu triunfo.

Ferrari

Domínio completo da Williams

Jordan

Se a 1ª sessão qualificativa foi um autêntico bodo aos pobres, com a pista a secar quando os carros mais lentos entraram em acção, na sessão decisiva não houve lugar a contemplações e o resultado final reflectiu bem o andamento relativo dos monolugares e dos seus pilotos. No seu melhor momento de forma desde que chegou à Fórmula 1, Ralf Schumacher foi claramente o piloto mais rápido em pista, conquistando mais uma pole position e deixando sempre na sombra Juan Pablo Montoya. Uma situação pouco esperada, dada a reputação do colombiano, mas que este não parecia capaz de inverter. Com os favoritos a saírem para a pista bem cedo, foi logo à 4ª tentativa que a pole position ficou entregue, pois mais ninguém bateu o tempo estabelecido por Ralf Schumacher logo no início da sessão. Montoya ficou a pouco mais de um décimo de segundo do seu companheiro de equipa, tempo perdido na londa direita Estoril, mas numa pista onde o talento dos pilotos tem dificuldade em fazer a diferença, seis das dez equipas viram os seus carros qualificarem-se em posições sucessivas e só os três brasileiros não conseguiram andar ao nível dos seus companheiros de equipa. Mas no caso de Barrichello isso deveu-se a ter uma estratégia diferente da de M. Schumacher, qualificando-se com mais gasolina no depósito do que o alemão.

Mas se as diferenças entre pilotos das mesmas equipas foram mínimas, a vantagem de quatro décimos de segundo de R. Schumacher para o seu irmão Michael vincou bem a superioridade da Williams numa pista onde os motores, a travagem e o equilíbrio dos chassis é fundamental. Em contrapartida a aerodinâmica não é testada a fundo, pois existe apenas uma curva de alta velocidade e, por isso, a Renault não pôde fazer frente às três melhores equipas, com Trulli e Alonso a qualificarem-se apenas no 6º e 7º lugar, respectivamente, à frente de Barrichello.

Na luta pelo 3º posto M. Schumacher levou a melhor sobre Räikkönen e Coulthard, com o escocês a acertar com o novo estilo de qualificação, depois dum par de exibições menos conseguidas. A diferença entre os três ficou abaixo dos 0,15s, deixando em aberto para a corrida a possibilidade duma luta muito interessante, mas apenas para o 3º lugar, pois os Williams pareciam inacessíveis. Webber voltou a ser o melhor entre os que não dispunham de carros ganhadores, à frente de Panis e Pizzonia, confirmando-se o bom momento da Michelin, que meteu nove carros nos onze primeiros. Desta vez foi Villeneuve o 3º melhor Bridgestone, ao conseguir o 12º tempo da qualificação, mas a quase dois segundos da pole position.

> “Ralf tem mais experiência que Juan: essa é a diferença.”
> **Frank Williams**

> “Toda a gente gosta de falar em crise quando a Ferrari não ganha. Já estamos habituados...”
> **Michael Schumacher**

US$9,5 milhões – preço do plantel

O promotor do GP de França pagou à FOA US$9,5 milhões por ter o plantel de F1 para este Grande Prémio.

Chantagem de Stoddart

Paul Stoddart decidiu botar fogo no circo. Ele anunciou em Magny Cours que no dia seguinte ao GP, os seus Minardi irão para a fábrica de Faenza para lhes serem suprimidas todas as ajudas electrónicas embarcadas, que, no caso, dos Minardi, se limitam à anti-derrapagem já que os PS03 não têm nem caixa de velocidades automáticas, nem sistema de controlo de arranque. Ele vai aplicar o Regulamento Técnico de 2003 aprovado em Janeiro pelo conjunto das equipas, mas que depois a FIA voltou atrás ao anular a proibição da anti-derrapagem em troca da venda de motores a preços baixos às pequenas equipas.

Stoddart: *"Nós apenas respeitamos o Regulamento Técnico tal como está escrito. Escrevi ao Presidente Mosley e a Bernie Ecclestone a fim de que eles garantam que todo o mundo respeite o que foi assinado."*

Frank Williams: *"Acho que todos estão de acordo que chantagem não funciona..."*

Ron Dennis: *"Nenhuma equipa vai actuar de forma diferente em Silverstone devido á carta de Stoddart."*

Max Mosley: *"A única opção de Stodart é apresentar uma reclamação com os Comissários Técnicos em Silverstone..."*

Toyota

Jordan

BMW

Jean Todt: 10 anos de Ferrari

Neste período a Scuderia ganhou 60 GPs, comparados com as 103 vitórias nos 43 anos anteriores.

Renault falha o seu GP

Pela primeira vez no ano, ambos os Renault abandonaram, e logo no Grand Prix de France... e no 150º GP como fabricante de chassis. Os seus motores já participaram em 330 GPs.

47 reabastecimentos

Com o pitlane mais curto de todo o campeonato, com uma travessia de apenas 20 segundos, o circuito de Magny-Cours permite aos chefes de equipa a possibilidade de múltiplas paragens e estratégias. Não admira que houvesse nada menos que 47 reabastecimentos.

Schumi: o recorde falhado

Tendo já ganho este GP seis vezes – como acontece também com os GP da Bélgica, Canadá, ewle podia ter passado a ser o primeiro piloto a ganhar um GP sete vezes. Entre os antigos pilotos de Grand Prix, antes da I Grande Guerra, apenas Rudolf Caracciola ganhou o GP da Alemanha seis vezes, entre 1926 e 1939.

Há um ano...

Que diferença um ano faz. Em 2002, Schumi tornou-se campeão virtual em França. Este ano ainda há 12 pilotos com possibilidades matemáticas de serem campeões e os quatro primeiros em luta pelo título saíram de França separados por 17 pontos com ainda 60 pontos em jogo.

Circuito mudado

A última chicane foi alargada, bem como a entrada das boxes e a última curva, resultando numa alteração do perímetro de 4.251 m para 4.411 m. Tudo para dar mais possibilidades de ultrapassagens. Em vão ...

Ferrari multada

Em US$10.000, por causar um acidente no pitlane com o Jaguar de Webber.

Boa fase Williams

Nos últimos três GPs, a Williams somou 50 pontos, a Ferrari 32, a McLaren 12 e a Renault 10.

Honda

Ferrari

Fotos ARC

A chuva marcou o primeiro dia de treinos, prejudicando ao melhor colocados no Mundial, como Michael Schumacher (em cima), mas proporcionando à Minardi um inédito momento de glória, quando Jos Verstappen garantiu a pole provisória, deixando a equipa italiana em delírio (acima). Jacques Villeneuve e a BAR tiveram um fim de semana para esquecer (à esquerda), enquanto a Ferrari, depois de nova derrota, começou a olhar com cuidado para os Williams FW25 (ao lado).

Grid

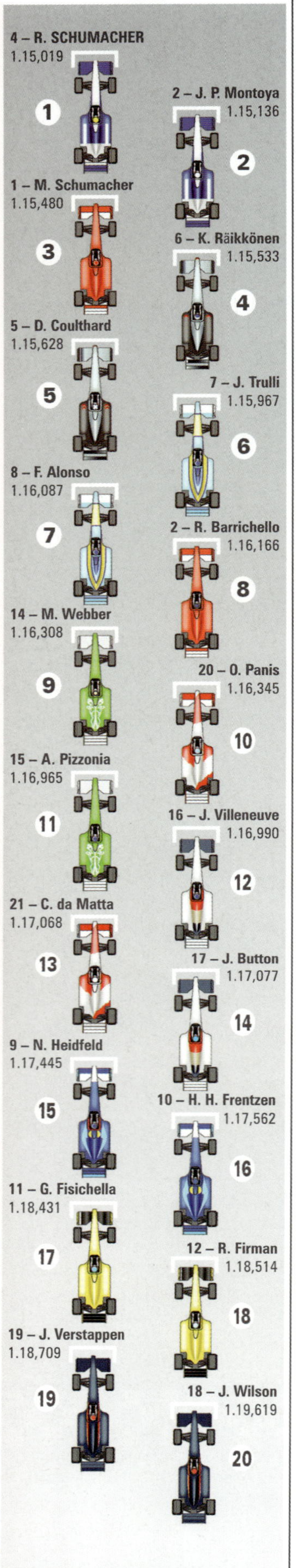

Diferença entre o pole e o último: 4,600s
Diferença em 2002: 7,858s
Pole de 2002: Montoya (Williams FW24/BMW) -1m11,985s

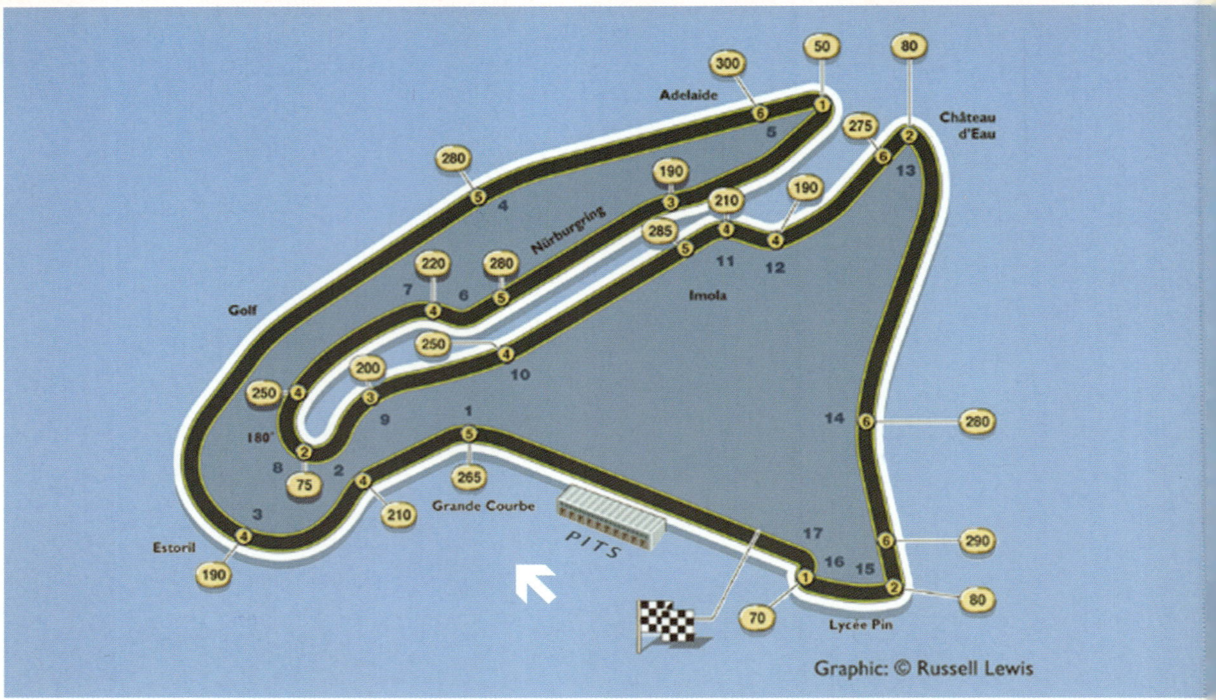

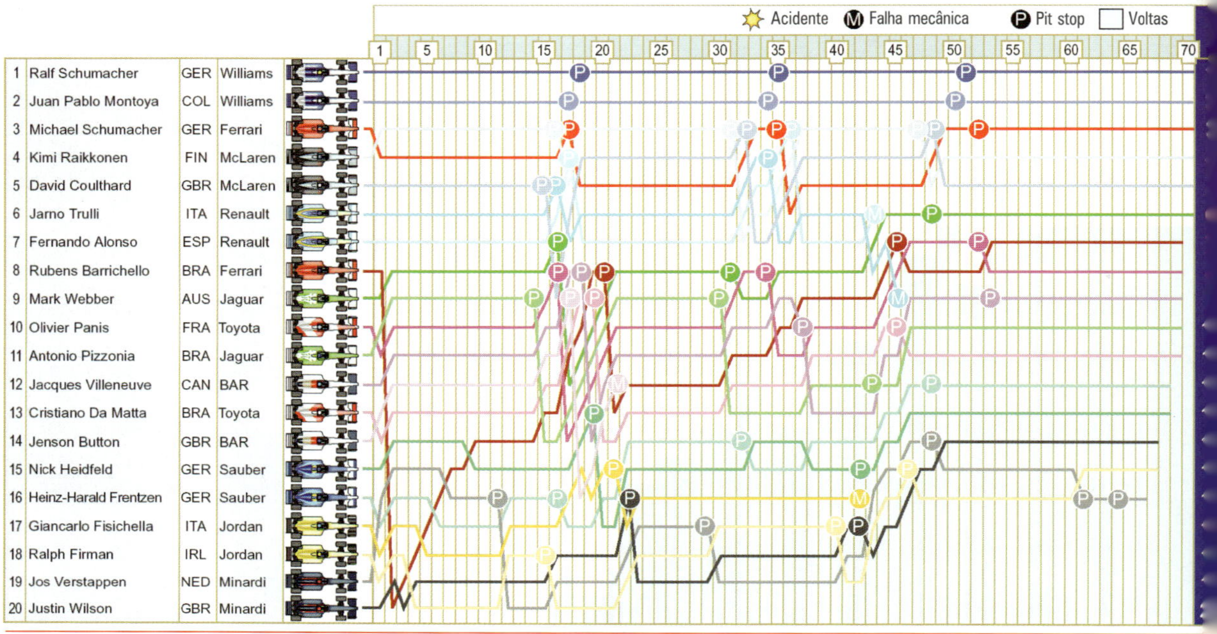

Condições Atmosféricas

6ª feira: Seco, passando a chuvisco e, depois, seco. Ar: 12º/17º. Pista: 14º/18º
Sábado: Seco. Ar: 17º/21º. Pista: 20º/30º
Domingo: Seco. Ar: 25º/27º. Pista: 30º/33º

Melhor Pit Stop

McLaren
Coulthard
19,407s

Velocidades de Ponta Km/h

Maior: Barrichello 322,4
Menor: Wilson 306,5

Data: 06.07.2003 **Público:** 123.000
Distância: 70 voltas de 4.411m – 308586 Km
Treinaram: 20 **Largaram:** 20 **Classificados:** 16
Recorde anterior da volta nos treinos: J. P. Montoya (Williams FW24/BMW) 1m11,985s; 212,594 Km/h – 2002
Novo recorde da volta nos treinos: R. Schumacher (Williams FW25/BMW) 1m15,019s; 211,674 Km/h – 2003
Recorde anterior da volta na corrida: D. Coulthard (McLaren MP4-17/Mercedes) 1m15,045s; 203,925 Km/h – 2002
Novo recorde da volta na corrida: J. P. Montoya (Williams FW25/BMW) 1m15,512s; 210,292Km/h – 2003
Média do vencedor: 203,866 km/h.

CLASSIFICAÇÃO FINAL

					SEXTA-FEIRA		SÁBADO					
CL.	Nº	PILOTOS	CHASSIS/MOTOR	Pneus	1º Treinos Livres	Treinos Qualificativos	2º Treinos Livres	3º Treinos Livres	Warm-up	N.º VOLTAS	MELHOR VOLTA	TEMPO FINAL DIFERENÇA/CAUSA
1º	**4**	**RALF SCHUMACHER**	**WILLIAMS FW25/BMW**	**M**	1.28,082	1.29,327	1.16,291	**1.14,966**	**1.15,092**	**70**	(37ª) 1.15,698	**1h 30m 49,213s**
2º	3	Juan P. Montoya	Williams FW25/BMW	M	1.29,608	1.28,988	1.16,687	1.15,577	1.15,697	70	**(36ª) 1.15,512**	a 13.813s
3º	1	M. Schumacher	Ferrari F2003-GA	B	1.28,681	1.27,929	1.16,495	1.15,918	1.15,879	70	(19ª) 1.16,303	a 19.568s
4º	6	Kimi Räikkönen	McLaren MP4-17D/Mercedes	M	1.28,846	1.29,120	1.17,050	1.16,012	1.15,822	70	(19ª) 1.16,609	a 38.047s
5º	5	David Coulthard	McLaren MP4-17D/Mercedes	M	1.28,718	1.28,937	1.16,840	1.15,600	1.15,823	70	(17ª) 1.15,981	a 40.289s
6º	14	Mark Webber	Jaguar R4/Cosworth	M	**1.26,915**	1.25,178	1.17,197	1.16,112	1.16,801	70	(47ª) 1.17,068	a 1m06,380s
7º	2	R. Barrichello	Ferrari F2003-GA	B	1.29,813	1.27,095	1.16,190	1.16,345	1.16,332	69	(47ª) 1.17,104	a 1 volta
8º	20	Olivier Panis	Toyota TF103	M	1.28,773	1.24,175	1.17,186	1.16,133	1.16,238	69	(36ª) 1.17,398	a 1 volta
9º	16	J. Villeneuve	BAR 005/Honda	B	s/ tempo	1.24,651	1.17,452	1.17,101	1.17,304	69	(49ª) 1.17,786	a 1 volta
10º	15	Antonio Pizzonia	Jaguar R4/Cosworth	M	1.28,442	1.24,642	1.17,959	1.17,036	1.17,212	69	(67ª) 1.17,416	a 1 volta
11º	21	C. Da Matta	Toyota TF103	M	1.30,791	1.26,975	1.17,118	1.17,690	1.17,382	69	(63ª) 1.17,870	a 1 volta
12º	10	Heinz H. Frentzen	Sauber C22/Petronas	B	1.28,803	1.26,151	1.18,295	1.17,776	1.17,378	68	(18ª) 1.18,099	a 2 voltas
13º	9	Nick Heidfeld	Sauber C22/Petronas	B	1.29,317	1.24,042	1.18,455	1.18,057	1.17,945	68	(21ª) 1.18,994	a 2 voltas
14º	18	Justin Wilson	Minardi PS03/Cosworth	B	1.32,535	s/ tempo	1.19,948	1.19,044	1.19,454	67	(25ª) 1.19,588	a 3 voltas
15º	12	Ralph Firman	Jordan EJ13/Ford	B	1.29,640	1.23,496	1.18,876	1.18,670	1.18,300	67	(13ª) 1.19,345	a 3 voltas
16º	19	Jos Verstappen	Minardi PS03/Cosworth	B	1.32,091	**1.20,817**	1.19,089	1.18,696	1.18,899	66	(66ª) 1.18,754	a 4 voltas
	7	Jarno Trulli	Renault R23	M	1.28,296	1,29,024	1.17,123	1.16,376	s/ tempo	45	(33ª) 1.17,025	motor
	8	Fernando Alonso	Renault R23	M	1.28,260	1.29,455	**1.16,076**	1.16,039	1.16,262	43	(11ª) 1.17,029	motor
	11	G. Fisichella	Jordan EJ13/Ford	B	1.28,782	1.28,502	1.18,749	1.18,908	1.18,427	42	(23ª) 1.19,093	motor
	17	Jenson Button	BAR 005/Honda	B	s/ tempo	1.30,731	1.17,341	1.17,808	1.17,091	21	(19ª) 1.17,149	falta de gasolina

ARC

Foster's British Grand Prix

Silverstone

Domínio completo de Barrichello

Ferrari

Rubinho partiu da pole e venceu, depois duma corrida ao ataque. Fanático religioso invadiu pista e assustou pilotos. Räikkönen ganhou um ponto a M. Schumacher. Mundial passou a ter quatro candidatos.

Foi a corrida mais louca do ano. Duas intervenções do Safety Car por motivos pouco habituais – destroços na pista e, incrível, um invasor a colocar em risco a vida dos pilotos – muitas ultrapassagens e jogadas nas boxes, enfim, o G. P. da Grã-Bretanha teve de tudo um pouco, mas o resultado final não faltou à verdade desportiva. Apesar de alguns inconvenientes Rubens Barrichello venceu em Silverstone, ele que foi claramente o mais rápido em pista e deixou na sombra todos os candidatos ao título, entre os quais o seu companheiro de equipa, um certo Michael Schumacher!

Que transformação! Claramente abatido desde o seu estranho abandono em Interlagos, Barrichello foi outro homem a partir do momento em que chegou a Silverstone. O paulista até cometeu um erro na primeira qualificação e se noutras alturas isso teria sido mais do que suficiente para o abater, desta vez o incidente deu-lhe ainda mais força e daí para a frente o ferrarista esteve imparável.

Na corrida Barrichello viu Trulli e Räikkönen superarem-no na largada, mas manteve o sangue-frio e efectuou a primeira ultrapassagem ao piloto da McLaren na 11ª volta, com uma bela manobra em Abbey. Tapado por Montoya no primeiro reabastecimento, o brasileiro caiu para a 8ª posição e foi a partir daí que se viu até que ponto Barrichello estava inalcançável para os restantes pilotos.

Firman foi rapidamente passado, enquanto Ralf Schumacher também só resistiu uma volta. Trulli foi mais coriáceo, aguentando o ferrarista atrás de sí durante dez voltas, antes de ceder a sua posição e com Coulthard a reabastecer cedo, Barrichello ascendeu ao 4º posto à 28ª volta. Duas voltas mais tarde superou Panis e como da Matta também rumou às boxes, encontrou-se com apenas Räikkönen pela frente, mas a uma distância considerável – cerca de dez segundos.

Reabastecendo quatro voltas mais tarde que o finlandês, Barrichello saiu das boxes a menos de dois segundos do seu rival e demorou apenas três voltas a assumir, pela primeira vez, o comando da corrida, indo-se embora a um ritmo impressionante, que só teve o condão de vincar ainda mais a superioridade do paulista em Silverstone.

Räikkönen acabou mesmo por perder o 2º lugar para Montoya, na sequência dum ligeiro despiste em Club e depois não teve andamento para incomodar o colombiano. Ambos aproveitaram para ganhar alguns pontos a M. Schumacher, que teve uma presença apagada na prova britânica, mesmo se boa parte do tempo que perdeu para os da frente, perdeu-o mais nas boxes, durante o primeiro reabastecimento, do que na pista. Mesmo assim, o 4º lugar permitiu-lhe manter Räikkönen a sete pontos no Mundial.

Coulthard salvou um 5º posto importante para a McLaren no Mundial de Construtores, enquanto Trulli, que liderou 12 voltas, acabou no 6º lugar, queixando-se de problemas de pneus na fase final da corrida.

O 7º posto foi magra recompensa para da Matta, que deu uma enorme alegria à Toyota ao liderar durante 17 voltas, aproveitando bem o facto da marca japonesa ter mandado os seus pilotos reabastecerem durante a primeira intervenção do Safety Car. Pena foi que tenham persistido na estratégia com três paragens, pois com uma passagem para dois reabastecimentos o resultado do brasileiro teria sido ainda mais encorajante. Button foi o último a terminar nos pontos, enquanto R. Schumacher não foi além do 9º lugar, depois duma corrida cinzenta, em que nunca teve andamento para se manter entre os primeiros.

CASO DA CORRIDA

INCRÍVEL! UM LOUCO NA PISTA

Surrealista! O Safety Car já entrara em acção na 6ª volta, depois de Coulthard ter perdido a protecção do habitáculo do seu McLaren, requerendo a entrada dos comissários na pista para retirar os destroços espalhados pelo asfalto, mas ninguém queria acreditar que um louco estava a entrar na pista, bem a meio da Hangar Straight – onde os Fórmula 1 atingem velocidades superiores a 320 km/hora, quando decorria a 12ª volta. Sempre práticos os estrategas mandaram os seus pilotos entrar nas boxes de imediato, aproveitando nova intervenção do Safety Car, mas alguns pilotos apanharam os sustos das suas vidas. Tanto Panis como Webber, empenhados em tentativas de ultrapassagem, só viram o invasor louco quando estava a menos de um segundo de o atingirem e o australiano confessou mesmo, no final da corrida, que pensou que a sua hora tinha chegado!

O que se passara, afinal? Neil Horan, um fanático religioso irlandês, decidiu aproveitar uma aberta no sistema de segurança da pista para fazer chegar a sua mensagem apocalíptica ao mundo, entrando na pista com um cartaz na mão, mas tal era a sua figura, com um kilt e uma roupagem muito vistosa, que ninguém ligou à mensagem e toda a gente só quis saber como é que era possível uma falha tão clamorosa da segurança.

Foi por mero acaso que ninguém atingiu o pastor irlandês, no que teria contituido morte certa para os intervenientes no choque e é certo que mal foi alcançado por um comissário de pista, Horan nem ofereceu resistência – seria do susto? – sendo arrastado rapidamente para fora de pista. Depois, passou dois meses na prisão de Northampton, antes de ser condenado a uma pena ligeira, que lhe permitiu regressar à liberdade.

MOMENTO DECISIVO

RUBINHO IMPARÁVEL

Barrichello não teve a vida facilitada em Silverstone, mas apesar dum mau arranque e do tempo perdido no primeiro reabastecimento, foi claramente o mais rápido em pista, ultrapassou todos os adversários que lhe apareceram no caminho – ultrapassagens, aliás, foi coisa que não faltou na pista britânica, contrariando o que é habitual – dando-se ao luxo de superar Räikkönen por duas vezes e passar Ralf Schumacher, de caminho. Ou seja, o brasileiro passou, sem erros dos adversários, pelos Williams e McLaren sem problema de maior e, por isso, quando chegou ao 1º lugar, à 42ª volta, toda a gente percebeu que a corrida estava nas suas mãos.

Barrichello conquistou um triunfo indiscutível, festejado de forma exuberante no pódio (em cima). Trulli (ao meio) mudou de capacete e a sua sorte também se alterou . O italiano foi o primeiro líder (ao lado) beneficiando dum arranque menos bom de Barrichello.

11

1º Rubens Barrichello
2º Juan Pablo Montoya
3º Kimi Räikkönen
4º Michael Schumacher
5º David Coulthard
6º Jarno Trulli
7º Cristiano da Matta
8º Jenson Button
9º Ralf Schumacher
10º Jacques Villeneuve
10º Antonio Pizzonia
11º Olivier Panis
12º Heinz-Harald Frentzen
13º Ralph Firman
14º Mark Webber
15º Jos Verstappen
16º Justin Wilson
17º Nick Heidfeld

Pontuação
Pilotos

69 Michael Schumacher
62 Kimi Räikkönen
55 Juan Pablo Montoya
53 Ralf Schumacher
49 Rubens Barrichello
39 Fernando Alonso
33 David Coulthard
16 Jarno Trulli
12 Mark Webber
11 Jenson Button
10 Giancarlo Fisichella
7 Heinz-Harald Frentzen
5 Cristiano da Matta
4 Marc Gené
3 Jacques Villeneuve
2 Olivier Panis
2 Nick Heidfeld
1 Ralph Firman

Construtores

118 Ferrari
108 Williams/BMW
95 McLaren-Mercedes
55 Renault
14 Bar/Honda
12 Jaguar/Cosworth
11 Jordan /Ford
9 Sauber/Petronas
7 Toyota

Barrichello
Seguranças do circuito

6ª vitória de Barrichello
(1ª desde os EUA 2002)

164ª vitória Ferrari

Qualificação

> *"É essencial que tiremos o máximo dos nossos dois carros."*
> **David Pitchforth, Director Geral da Jaguar**

Renault

Barrichello bate os candidatos

Ferrari

Rubens Barrichello surpreendeu os candidatos ao título e obteve a sua primeira pole position da temporada em Silverstone, apesar de ter sido o segundo piloto a entrar em acção no sábado à tarde, depois de ter acabado a qualificação do dia anterior na escapatória de Priory.
O brasileiro, que desde o seu abandono em Interlagos tinha estado muito apagado, reapareceu com uma enorme motivação na pista britânica e não deu hipóteses a ninguém na qualificação, dos candidatos ao título ao inesperadamente veloz Jarno Trulli.
Sabia-se desde os testes efectuados por todas as equipas em Silverstone que o F2003-GA se dava particularmente bem com as curvas do traçado britânico, mas esperava-se que fosse Schumacher o homem de ponta da Scuderia. Afinal, e sem ter cometido erros de maior, o alemão foi apenas o 5º mais rápido na qualificação, a mais de seis décimos de segundo do seu companheiro de equipa.
Trulli foi um inesperado 2º qualificado numa pista onde os motores contam muito mas, afinal, a aerodinâmica conta ainda mais. Tirando partido das características do Renault R23 o italiano foi o único que ameaçou a pole de Barrichello, enquanto Alonso acabou por desiludir na comparação com o seu companheiro de equipa, não indo além do 8º posto.
Na McLaren foi Räikkönen o mais rápido e garantiu o 3º lugar na grelha, sendo o melhor entre os candidatos ao título, o que foi mais do que suficiente para o contentar. Quanto a Coulthard, voltou a cometer erros em demasia, quedando-se por um desapontador 12º lugar da grelha, a mais de 1,5s do homem da pole.
Dominadora nas provas anteriores a Williams teve em Silverstone a confirmação de que a aerodinâmica continuava a ser o ponto mais débil do FW25 e os melhores esforços de Ralf Schumacher não lhe permitiram ir além do 4º lugar na grelha. Quando a Montoya, cometeu mais erros que o seu companheiro de equipa e, por isso, acabou por se qualificar num modesto 7º lugar atrás da sensação do dia, o brasileiro Cristiano da Matta.
O piloto de Belo Horizonte tirou o melhor partido da estratégia da Toyota, que optara claramente por parar três vezes na corrida e qualificou-se num sensacional 6º lugar, a sua melhor performance desde a estreia na Fórmula 1! Numa pista onde os Bridgestone pareciam recuperar alguma da eficácia perdida Villeneuve conseguiu entrar nos dez primeiros, ao efectuar o nono tempo, enquanto Pizzonia foi o melhor representante da Jaguar com o seu 10º posto.

“ *No final da qualificação fiquei desesperado. Só pensava: Michael anda bem, mas não melhor que eu...* ”
Rubens Barrichello

“ *Tive um carro de sonho. Este é o tipo de corrida que eu devia ter mais vezes.* ”
Rubens Barrichello

Mercedes

Jarno Trulli (acima) protagonizou uma das sensações da qualificação, ao efectuar o segundo tempo, atrás de Barrichello. Raikkonen (em cima à direita), foi o melhor dos candidatos ao título, com o seu terceiro tempo, enquanto Villeneuve conseguiu colocar o seu BAR-Honda nos dez primeiros, beneficiando da ligeira supremacia da Bridgestone em Silverstone.

Honda

8ª pole de Barrichello (2ª do ano)

164ª pole Ferrari (6ª do ano)

3ª primeira fila de Trulli

> *"Um único motor por GP?*
> *Será um desafio maior do que se pensa..."*
> **Bernard Dudot**

TESTES LIVRES

PLENO DA MICHELIN

Numa pista onde apenas a Minardi ainda não tinha testado este ano, os testes livres foram aproveitados mais para escolha de pneus do que para grandes acerto dos monolugares e, por isso, raros foram os pilotos que efectuaram mais de metade da distância dum Grande Prémio. Como habitualmente a Renault foi a mais produtiva, com os seus três pilotos a totalizarem 113 voltas, quase dois Grande Prémios completos.
Uma vez mais a Michelin fez o pleno, com os três homens da Renault e os dois da Jaguar a ocuparem as cinco primeiras posições, enquanto Fisichella foi claramente o melhor dos Bridgestone e Firman, que parou a 15 minutos do final da sessão devido a um problema de motor, acabou por bater por pouco os dois pilotos da Minardi.

MONTOYA TRAMOU SCHUMACHER

A matreirice de Juan Pablo Montoya comprometeu a corrida de Barrichello e tirou a Michael Schumacher qualquer possibilidade de lutar pelos lugares do pódio. Tudo aconteceu no reabastecimento "em bloco" à 12ª volta, quando o louco invasor forçou a entrada em pista do Safety Car. Com a Ferrari colocada nas primeiras boxes do pit lane, seguida da Williams, os pilotos melhores colocados de ambas as equipas puderam parar nos seus lugares sem problemas, enquanto Montoya e M. Schumacher tinham de esperar que houvesse vaga para eles, antes de mudarem de pneus e reabastecerem. R. Schumacher não teve qualquer problema em sair das boxes, mas Barrichello, que entrara nas boxes à frente do alemão, ficou tapado por Montoya, que se colocou ao seu lado, tapando-lhe a saída das boxes até que os mecânicos da Williams estivessem prontos para o receber. Só depois do colombiano ter entrado na sua boxe é que Barrichello pode regressar à pista e então foi a vez de M. Schumacher ser atendido pelos mecânicos italianos. Uma jogada de Montoya, que custou meis dúzia de segundos a Barrichello e muitos mais ao alemão, que nunca mais recuperou do tempo perdido.

Toyota

Honda

BMW

Cristiano da Matta conseguiu o notável feito de manter o seu Toyota na liderança dum Grande Prémio por 17 voltas (em cima, à direita), mas ao insistir numa estratégia rígida a equipa japonesa condenou o brasileiro a ser apenas sétimo, depois de ter perdido para Coulthard nas última voltas (em baixo). Montoya (acima) foi o melhor representante da Williams, confirmando-se como candidato ao título. As sucessivas entradas em acção do Safety Car baralharam o plantel, forçando alguns pilotos a recuperarem na pista o tempo perdido nas boxes.

Toyota

1º hattrick (pole, vitória e melhor volta) de Barrichello

1ª vez que Da Matta e a Toyota lideram um GP

Silverstone acessível

Com a transformação da infernal A43, onde passámos muitas horas em fila para chegar a Silverstone, em auto-estrada de cinco pistas agora já dá para encarar ir ao GP britânico sem ser de helicóptero ou sem perder os nervos, ou sem ter de dormir em quarto alugado em casa de casais a umas centenas de metros do circuito. As ameaças de Ecclestone deram resultado. Tanto quanto os esforços de Jackie Stewart e o investimento do governo britânico.

Coulthard: 10º GP GB

David Coulthard fez o seu 10º GP caseiro. Apenas outros cinco pilotos britânicos participaram em mais British Grand Prix: G.Hill (17), Surtees (12), Mansell, Salvadori e Watson (11, cada).

Top Ten sem britânicos

Este foi apenas o 3º GP da Grã-Bretanha sem qualquer piloto da casa nos primeiros 10 lugares do grid, depois das provas de 1980 e 1982. Ao contrário, a corrida de 1958 teve sete britânicos no Top Tem da qualificação, e resultou numa quadra britânica à chegada: Collins, Hawthon, Salvadori e Lewis-Evans.

O esforço da Bridgestone

Na semana anterior ao GP, a Bridgestone fez três sessões de testes, em Barcelona com a Ferrari e a BAR, a segunda em Fiorano, com M. Schumacher, e depois em Mugello com Massa. Só a Ferrari percorreu 4.750 km – quase uma temporada completa de F1!
Novas misturas, novas construções de pneus, num total de 20 tipos diferentes testados na Europa e fabricados no Japão, de onde chegam dois dias depois dos dados enviados por linha directa entre os computadores dos engenheiros.

Schumi sem liderar

Este foi o terceiro GP consecutivo que M. Schumacher não liderou. A sua pior performance desde que entrou na Ferrari foi a série de cinco corridas sem liderar, entre o GP de Portugal de 1996 e o GP da Argentina de 1997.

Novos motores V8?

O grupo técnico dos grandes fabricantes reuniu-se em Silverstone para discutir o futuro. Na agenda: redução de custos e da performance da F1. Duas opções foram discutidas: passagem dos V10 a V8 ou redução da cilindrada de 3.000 a 2.500 cc. Quando, em 1995, a cilindrada baixou para 3.000 cc os motores chegavam aos 700 cv. Agora estamos em 900 cv, e não falta muito para chegar aos 1.000 cv. Ross Brawn: *"A solução mais fácil é eliminar dois cilindros, o que baixaria a cilindrada para 2.400 cc."*
Patrick Head: *"Um passo atrás seria bem-vindo."*
Mike Gascoyne: *"Não acho que termos apenas um motor por fim-de-semana baixará muito a potência dos motores."*
Mario Theissen: *"Reduzir os custos e a potência não são sinónimos. Já no ano passado fizemos um motor para um fim-de-semana e se agora temos de fazer um V8..."*

Mercedes com três equipas

Além da McLaren e da Jordan, a Mercedes fornecerá motores a uma terceira equipa em 2004.

11 Foster's Bristish Grand Prix

Grid

1. 2 – R. BARRICHELLO 1.21,209
2. 7 – J. Trulli 1.21,381
3. 6 – K. Räikkönen 1.21,695
4. 4 – R. Schumacher 1.21,727
5. 1 – M. Schumacher 1.21,867
6. 21 – C. da Matta 1.22,081
7. 3 – J. P. Montoya 1.22,214
8. 8 – F. Alonso 1.22,404
9. 16 – J. Villeneuve 1.22,591
10. 15 – A. Pizzonia 1.22,634
11. 14 – M. Webber 1.22,647
12. 5 – D. Coultard 1.22,811
13. 20 – O. Panis 1.23,042
14. 10 – H. H. Frentzen 1.23,187
15. 11 – G. Fisichella 1.23,574
16. 9 – N. Heidfeld 1.23,844
17. 12 – R. Firman 1.24,385
18. 18 – J. Wilson 1.35,468
19. 19 – J. Verstappen 1.25,759
20. 17 – J. Button S/ tempo

Diferença entre o pole e o último (Verstappen): 4,555s
Diferença em 2002: 5,787s
Pole de 2002: Montoya (Williams FW24/BMW) -1m18,998s

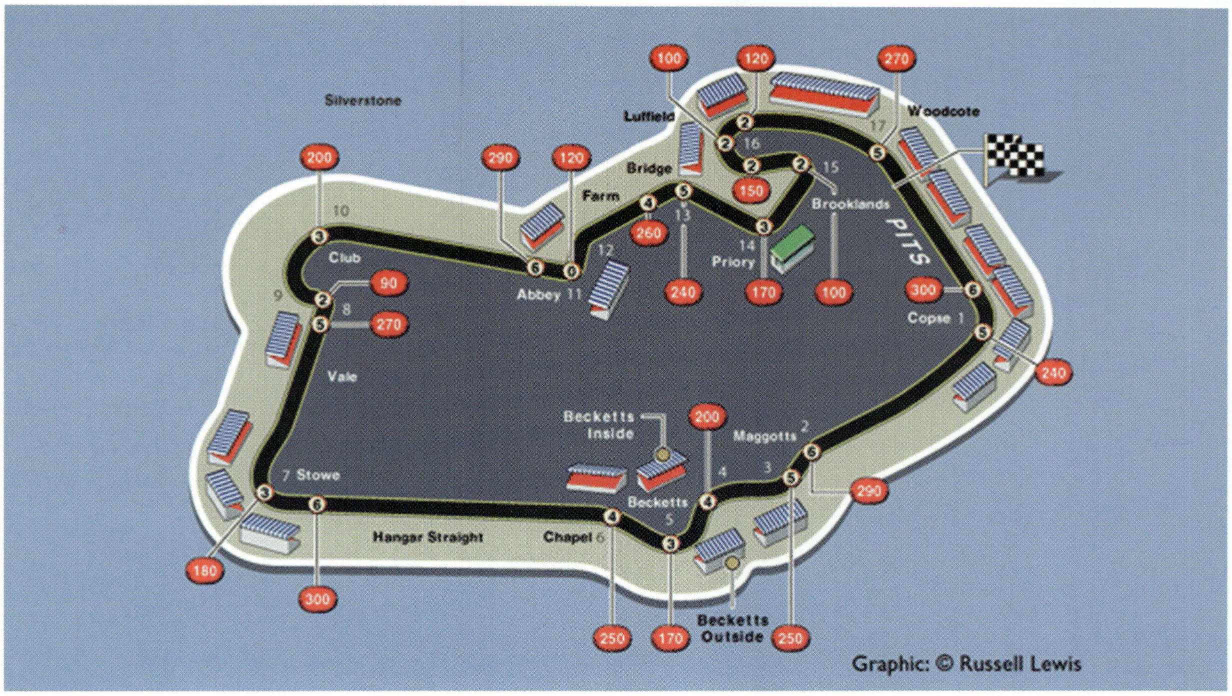

Graphic: © Russell Lewis

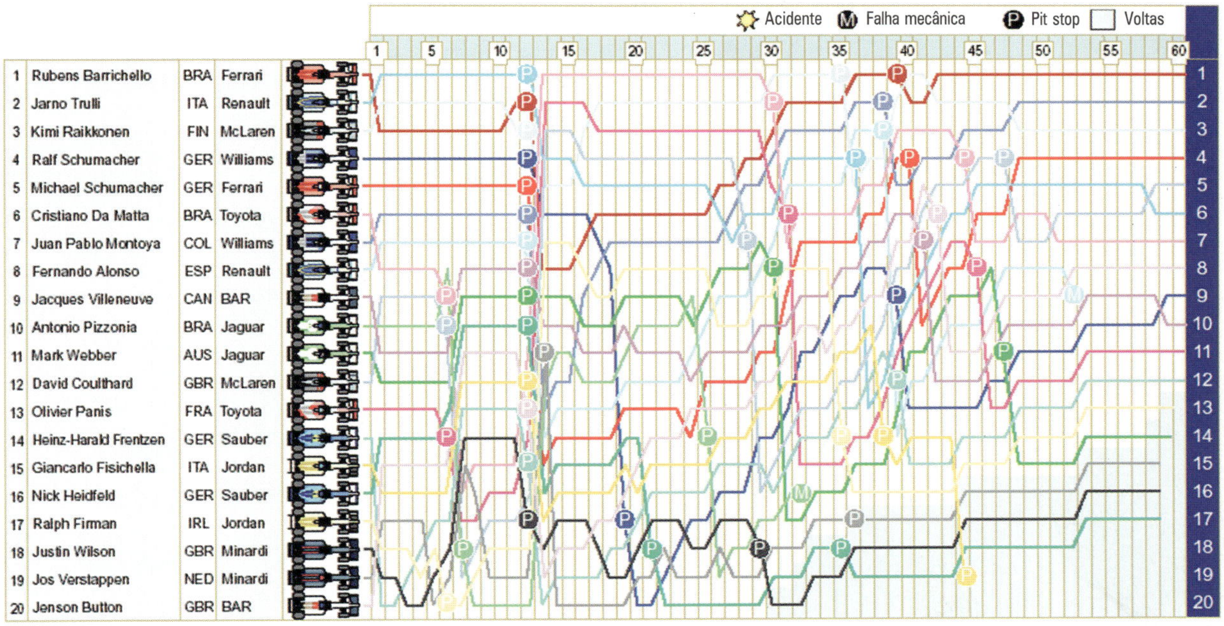

Condições Atmosféricas

6ª feira: Seco. Ar: 16º/18º. Pista: 21º/25º
Sábado: Seco. Ar: 19º/25º. Pista: 25º/33º
Domingo: Seco. Ar: 21º/23º. Pista: 33º/35º

Melhor Pit Stop

McLaren
Coulthard
30,953s

Velocidades de Ponta Km/h

Maior: R. Schumacher – 266,4
Menor: Verstappen – 244,8

Data: 20.07.2003 **Público:** 70.000
Distância: 60 voltas de 5.141m – 308,355 Km
Treinaram: 20 **Largaram:** 20 **Classificados:** 17
Recorde volta nos treinos: J. P. Montoya (Willimas FW24/BMW) 1m18,998s; 234,279Km/h – 2002
Recorde anterior da volta na corrida: R. Barrichello (Ferrari F2002) 1m23,083s; 222,760 Km/h – 2002
Novo recorde da volta na corrida: R. Barrichello (Ferrari F2003 - GA) 1m22,236s – 225,054 Km/h – 2003
Média do vencedor: 208,757 km/h.

CLASSIFICAÇÃO FINAL

					SEXTA-FEIRA		SÁBADO					
CL.	Nº	PILOTOS	CHASSIS/MOTOR	Pneus	1º Treinos Livres	Treinos Qualificativos	2º Treinos Livres	3º Treinos Livres	Warm-up	N.º VOLTAS	MELHOR VOLTA	TEMPO FINAL DIFERENÇA/CAUSA
1º	**2**	**R. BARRICHELLO**	**FERRARI F2003-GA**	**B**	1.20,604	s/tempo	1.22,397	1.21,587	**1.21,094**	**60**	**(38ª) 1.22,236**	**1h28m37.554s**
2º	3	Juan P. Montoya	Williams FW25/BMW	M	1.21,182	1.19,749	1.23,141	**1.21,415**	1.34,936	60	(33ª) 1.22,938	a 05.462s
3º	6	Kimi Räikkönen	McLaren MP4-17D/Mercedes	M	1.21,407	1.21,065	**1.22,263**	1.22,400	1.21,871	60	(9ª) 1.22,911	a 10.656s
4º	1	M. Schumacher	Ferrari F2003-GA	B	1.20,992	**1.19,474**	1.22,659	1.21,608	1.22,074	60	(10ª) 1.23,024	a 25.648s
5º	5	David Coulthard	McLaren MP4-17D/Mercedes	M	**1.20,039**	1.19,968	1.23,888	1.22,317	1.22,722	60	(60ª) 1.22,692	a 36.827s
6º	7	Jarno Trulli	Renault R23B	M	1.20,858	1.19,963	1.23,609	1.22,332	s/ tempo	60	(9ª) 1.22,797	a 43.067s
7º	21	C. Da Matta	Toyota TF103	M	1.21,027	1.20,765	1.24,532	1.22,614	s/ tempo	60	(32ª) 1.23,528	a 45.085s
8º	17	Jenson Button	BAR 005/Honda	B	1.20,933	1.20.569	1.23,925	1.23,455	1.23,235	60	(53ª) 1.23,912	a 45.478s
9º	4	Ralf Schumacher	Williams FW25/BMW	M	1.21,029	1.19,788	1.23,596	1.21,711	1.22,457	60	(10ª) 1.22,943	a 58.032s
10º	16	J. Villeneuve	BAR 005/Honda	B	1.21,246	1.21,084	1.23,591	1.23,326	1.23,073	60	(57ª) 1.23,705	a 1m 03.569s
11º	20	Olivier Panis	Toyota TF103	M	1.20,693	1.19,959	1.24,484	1.22,257	1.23,462	60	(47ª) 1.23,463	a 1m 05.207s
12º	10	Heinz H. Frentzen	Sauber C22/Petronas	B	1.21,969	1.21,363	1.24,573	1.23,620	1.23,376	60	(58ª) 1.23,933	a 1m 05.564s
13º	12	Ralph Firman	Jordan EJ13/Ford	B	1.22,135	1.22,335	1.25,044	1.23,981	1.24,692	59	(33ª) 1.25,087	a 1 volta
14º	14	Mark Webber	Jaguar R4/Cosworth	M	1.20,346	1.20,171	1.23,902	1.22,910	1.22,429	59	(28ª) 1.23,833	a 1 volta
15º	19	Jos Verstappen	Minardi PS03/Cosworth	B	1.23,176	1.23,418	1.26,262	1.25,684	1.25,731	58	(2ª) 1.27,021	a 2 voltas
16º	18	Justin Wilson	Minardi PS03/Cosworth	B	1.24,086	s/tempo	1.25,808	1.25,906	1.25,938	58	(9ª) 1.25,859	a 2 voltas
17º	9	Nick Heidfeld	Sauber C22/Petronas	B	1.23,290	1,21,211	1.23,939	1.23,945	1.24,295	58	(9ª) 1.24,537	a 2 voltas
	8	Fernando Alonso	Renault R23B	M	1.20,485	1.19,907	1.23,316	1.22,462	1.22,498	52	(37ª) 1.22,819	câmbio
	11	G. Fisichella	Jordan EJ13/Ford	B	1.22,028	1.21,500	1.25,114	1.23,944	1.23,792	44	(40ª) 1.24,823	susp. traseira d. partida
	15	Antonio Pizzonia	Jaguar R4/Cosworth	M	1.20,966	1.20,877	1.24,942	1.23,703	1.22,630	32	(9ª) 1.23,158	motor

Nem a tradicional ameaça da chuva impediu a Foster's e a Playstation de apostarem forte na divulgação dos seus produtos, mas a Benson & Hedges foi ainda mais ousada, o que esteve longe de desagradar a Firman. A Honda é que se concentrou no trabalho de pista, trazendo para Silverstone uma versão mais potente do seu V10.

Fotos Jordan

Honda

Grosser Mobil 1 Preis Von Deutschland

Hockenheim

Juan Pablo Montoya ficou sózinho

Mercedes

Montoya vence sem oposição. Acidente na 1ª curva elimina R. Schumacher, Räikkönen e Barrichello. Furo condena M. Schumacher ao 7º lugar. Renault e Toyota em grande forma.

Duas semanas depois de termos assistido a uma corrida plena de emoção e ultrapassagens, o GP da Alemanha foi dominado de princípio a fim por Juan Pablo Montoya, ao ponto do colombiano ter terminado a corrida mais de um minuto na frente de todos os seus rivais. Como é que isso aconteceu, se o plantel era suposto estar bem mais equilibrado? Por duas razões principais: primeiro porque um acidente na primeira curva eliminou Ralf Schumacher, Räikkönen e Barrichello, deixando os Renault a servirem de tampão a M. Schumacher e a Coulthard; depois porque a superioridade da Michelin se acentuou ainda mais na corrida, ao ponto dos seis primeiros classificados terem sido utilizadores dos pneus franceses.

O acidente da primeira curva tirou a Montoya os seus três mais directos concorrentes e daí para a frente o domínio do colombiano foi mais do que evidente. Tudo se teria passado sem grandes sobressaltos se depois do seu segundo reabastecimento Montoya não tivesse sentido uma falha de potência no motor BMW do seu Williams.

O colombiano avisou as boxes, mas a telemetria da equipa não registava qualquer problema, pelo que foi decidido não intervir no FW25 durante a terceira paragem, não fosse o diabo tecê-las. É que os tempos por volta mantinham-se ao nível anterior e foi isso que continuou a acontecer até ao final da corrida, para grande alívio de Montoya e da sua equipa.

Trulli foi quem mais lucrou com o acidente da primeira volta, pois não só garantiu o 2º lugar logo aí, como viu Alonso saltar para o 3º posto, garantindo-lhe alguma tranquilidade até ao primeiro reabastecimento. Atrás dos dois Renault, M. Schumacher não conseguia mais do que se manter atrás do piloto espanhol, sem nunca estar em posição de o ultrapassar. Quanto a Coulthard, superado que foi Webber à 7ª volta, não conseguiu aproximar-se do trio que o precedia, chegando mesmo a estar a 12,7s do alemão à 13ª volta.

O primeiro reabastecimento juntou os três homens que aspiravam ao 2º lugar, enquanto Coulthard começou a ganhar-lhes tempo, pois desta vez Trulli estava mesmo a travar os seus rivais. A primeira reviravolta aconteceu à 31ª volta quando Alonso errou na entrada do Stadium, foi à gravilha e permitiu a ultrapassagem de Schumacher. O segundo reabastecimento foi fatal para as aspirações do piloto espanhol, que foi passado por Coulthard e começou a perder o contacto com o McLaren que, entretanto, se colara a Trulli e M. Schumacher.

A terceira paragem não trouxe alterações de monta à frente da corrida, mas rapidamente se viu que Trulli estava em dificuldades. O italiano foi rapidamente alcançado por M. Schumacher e Coulthard, numa luta bastante interessante, pois a menor velocidade de ponta do Renault permitia a aproximação dos seus rivais no final das rectas. À 59ª volta Schumacher superou mesmo Trulli, utilizando uma escapatória em asfalto para o fazer e Coulthard seguiu-lhe as pisadas uma volta mais tarde, mas sem sair de pista para conseguir os seus intentos.

Mas o alemão pouco gozou o seu 2º lugar, pois furou a meio da 63ª volta – coisa que já lhe tinha acontecido nos treinos livres – e acabou por cair para a 7ª posição, salvando dois pontos. Coulthard acabou por ser o 2º, à frente de Trulli e Alonso, enquanto os Toyota tiveram um dia em grande com Panis a terminar no 5º posto à frente de da Matta. Quanto ao último ponto, foi para Button, no final dum dia difícil para a BAR-Honda e a Bridgestone.

Fotos L. Gorys

MOMENTO DECISIVO

VITÓRIA POR ELIMINAÇÃO

Eram remotas as possibilidades da Williams-BMW perder este G. P. da Alemanha, mas quando Ralf Schumacher ficou logo na 1ª curva, juntamente com Räikkönen e Barrichello, só mesmo uma catástrofe poderia impedir Juan Pablo Montoya de vencer. Com os Renault a servirem de tampão a M. Schumacher e Coulthard, durante praticamente toda a corrida, o colombiano teve tempo para tudo, até para se aperceber dum ínfimo problema com o acelerador do seu FW25 – nem a telemetria deu por nada... – que deixou Patrick Head e os seus pares de cabelos em pé até ao final da corrida. Mas não houve catástrofe e Montoya confirmou aquilo que se pensava deste a 1ª curva. O GP da Alemanha não lhe podia escapar.

A primeira curva foi fatídica para Räikkönen, Barrichello e Ralf Schumacher, envolvidos num acidente espectacular, de que o McLaren (em cima, à esquerda), saiu muito maltratado.

CASO DA CORRIDA

CAOS NA PRIMEIRA CURVA

Enquanto Juan Pablo Montoya arrancou sem problemas da pole position, Ralf Schumacher foi bem mais lento a mover-se da 2ª posição da grelha – estava na parte suja da pista – e isso deu a possibilidade aos três homens que estavam atrás de si de lutarem pelo 2º lugar. Trulli, fazendo o melhor uso do controlo electrónico do seu Renault, passou o alemão com facilidade, pelo lado direito da pista, enquanto Barrichello e Räikkönen tentavam a sua sorte pelo lado esquerdo, para onde o Williams se estava a deslocar.
O finlandês tinha mesmo efectuado um arranque sensacional e passou Barrichello com facilidade, ficando quase paralelo a Ralf Schumacher, com o brasileiro a ter as rodas da frente do seu F2003-GA entalado entre as rodas traseiras dos seus adversários. Como Ralf Schumacher, não podendo ver Räikkönen tão à sua esquerda, continuou a chegar-se para a trajectória ideal, o brasileiro ficou sem espaço para o seu Ferrari, tocando, primeiro, em Räikkönen, depois em R. Schumacher, o que tornou inevitável o despiste dos três no final da recta da meta. Um rude golpe para os dois candidatos ao título, mas apenas um normal acidente de corrida, que os Comissários Desportivos decidiram transformar num crime de lesa-majestade, imputando todas as responsabilidades a R. Schumacher e condenando-o a perder dez posições na grelha, na prova seguinte.
A Williams apelou e a condenação foi comutada numa multa de 50.000 euros, mas mesmo assim, ficou no ar um sentimento de injustiça pois ninguém tinha, mesmo, nada que criticar ao piloto alemão.

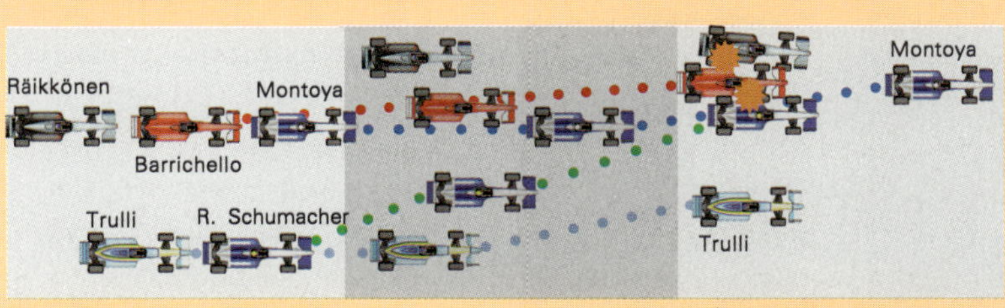

12

1º Juan Pablo Montoya
2º David Coulthard
3º Jarno Trulli
4º Fernando Alonso
5º Olivier Panis
6º Cristiano da Matta
7º Michael Schumacher
8º Jenson Button
9º Jacques Villeneuve
10º Nick Heidfeld
11º Mark Webber
12º Nicolas Kiesa
13º Giancarlo Fisichella

Pontuação
Pilotos

71 Michael Schumacher
65 Juan Pablo Montoya
62 Kimi Räikkönen
53 Ralf Schumacher
49 Rubens Barrichello
44 Fernando Alonso
41 David Coulthard
22 Jarno Trulli
12 Jenson Button
12 Mark Webber
10 Giancarlo Fisichella
8 Cristiano da Matta
7 Heinz-Harald Frentzen
4 Marc Gené
3 Jacques Villeneuve
2 Nick Heidfeld
1 Ralph Firman
1 Justin Wilson

Construtores

120 Ferrari
118 Williams/BMW
103 McLaren-Mercedes
66 Renault
15 Bar/Honda
14 Toyota
12 Jaguar/Cosworth
11 Jordan/Ford
9 Sauber/Petronas

Montoya
Comissários Desportivos

3ª vitória de Montoya (2ª do ano)

18ª vitória de um motor BMW

112ª vitória Williams

6 primeiros com Michelin

“Aerodinamicamente estamos agora ao mesmo nível que a Ferrari.”
Juan Pablo Montoya

Reanult

Toyota

Montoya impõe-se

Depois de Silverstone ter marcado um ressurgimento da Ferrari, em Hockenheim voltou-se ao “status quo” visto antes da corrida britânica, com os Williams-BMW a dominarem os acontecimentos. Desta vez foi Montoya o mais forte, batendo Ralf Schumacher por apenas 18 milésimos de segundo, mas a derrota do alemão iria assumir uma importância bem maior do que seria, à partida, normal, devido aos acontecimentos na largada para a corrida. Ralf Schumacher até estava bem encaminhado para obter mais uma pole position, mas cometeu um pequeno erro na entrada da penúltima curva e acabou por ver evaporar-se a vantagem de dois décimos de segundo que tinha sobre o seu companheiro de equipa, ficando-se pela 2ª posição na grelha. Para Montoya, ainda em clima de guerrilha com a sua equipa, depois dos acontecimentos de Magny-Cours, esta foi uma pole muito saborosa, até porque conseguida no país do seu companheiro de equipa e rival.

Ciente da vantagem dos FW25 a Ferrari decidiu sacrificar a corrida de Barrichello a bem dos superiores interesses de Michael Schumacher, fazendo o brasileiro qualificar-se com pouca gasolina, na tentativa de atrapalhar a estratégia da Williams no primeiro terço da corrida. Mas mesmo com um F2003-GA mais leve o paulista não foi além do 3º tempo, a três décimos de segundo dos Williams.

Em configuração semelhante à dos Williams, M. Schumacher perdeu sete décimos de segundo para os melhores, o que lhe valeu apenas o 6º tempo na grelha de partida, atrás, inclusive, de Kimi Räikkönen, que bateu o alemão por 24 milésimos de segundo. Desta forma o ferrarista tinha todos os seus rivais à sua frente, o que poderia proporcionar-lhe uma corrida difícil. Räikkönen voltou a arrasar por completo Coulthard, que cometeu erros no início e no final da sua volta lançada, perdendo oito décimos para o seu companheiro de equipa e não indo além da 10ª posição na grelha.

No meio desta guerra foi Jarno Trulli quem voltou a surpreender, conquistando o 4º melhor tempo, duas semanas depois de ter sido 2º em Silverstone. O italiano voltou a ser o ponta de lança da Renault, enquanto Alonso, com mais gasolina no seu R23, foi apenas 8º, depois de, uma vez mais, ter optado pela prudência no momento da qualificação.

A completar os dez primeiros ficaram os dois Toyota, em nova demonstração da progressiva competitividade dos TF103. Panis esteve sensacional, ao obter o 7º tempo, enquanto da Matta confirmou o seu bom desempenho de Silverstone ao ficar com o 9º melhor tempo. Atrás de Webber (11º), Fisichella foi o surpreendente terceiro melhor representante da Bridgestone, com um encorajador 12º tempo absoluto.

“Alguma vez a sorte dele (M. Schumacher) tinha de acabar. Foi hoje.”
Juan Pablo Montoya

Phot 4

11ª pole de Montoya (1ª do ano)

123ª pole Williams (4ª do ano)

30ª pole de um motor BMW

Juan Pablo Montoya (ao lado) dominou por completo em Hockenheim, conquistando a vitória, a pole e a volta mais rápida. Jarno Trulli (em cima à esquerda) voltou a ser mais rápido que Alonso na qualificação e regressou aos pódios no final da corrida. Dia grande para a Toyota, com Panis e da Matta (em baixo à esquerda) nos pontos. Em baixo, os três estreantes em Hockenheim: Baumgartner (à esquerda), Brunni e Kiesa (à direita).

Página seguinte: Justin Willson estreou-se com a Jaguar, mas ficou longe de Webber. Nas impressionantes tribunas de Hockenheim o apoio era entusiástico e até o reservadoR.Schumacher agradeceu ao aplausos que lhe foram dispensados.

TESTES LIVRES

TRÊS ESTREANTES

Pela primeira vez 11 pilotos tomaram parte nesta sessão, com Zsolt Baumgartner e Gianmaria Brunni a engrossarem as hostes da Jordan e da Minardi respectivamente. Mas as mudanças não se ficaram por aquí, pois Justin Wilson tomou o lugar de Pizzonia na Jaguar e Nicolas Kiesa foi o piloto que substituiu o inglês na Minardi. Com tantas novidades o que não se alterou foi a velocidade e fiabilidade dos Renault, que dominaram por completo os acontecimentos. Trulli, Alonso e McNish foram claramente os mais rápidos em pista, acumularam 141 voltas entre sí – mais do que duas distâncias de Grande Prémio – e deram uma boa indicação do que seria a rapidez dos R23 no resto do fim-de-semana germânico. Webber foi o melhor dos restantes enquanto os três novatos ficaram no final da tabela de tempos, o que não surpreendeu dada a falta de quilómetros que tinham efectuado em testes.

Phot 4

Jordan

Jordan

“Eu apenas defendi a minha posição e não mudei de direcção de repente. Os outros tiveram tempo para se afastarem de mim.”
Ralf Schumacher

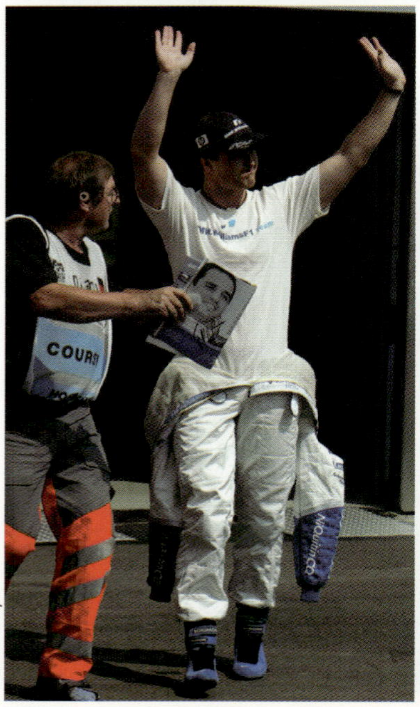

Fotos L. Gory's

Ralf responsabilizado

Pela primeira vez, o Colégio de Comissários Desportivos sancionou um piloto com base no Art.55 (c) do Código Desportivo Internacional – R. Schumacher, que foi considerado culpado do acidente na partida.

Recurso: US$50.000 de multa

O Tribunal de Recursos da FIA decidiu aplicar uma multa de US$50.000 a R. Schumacher em vez da penalização de recuo de 10 posições no grid da Hungria, já que julgou que Barrichello também teve parte da culpa do acidente na partida.

Villeneuve na Ferrari?

Está na altura de surgirem os boatos mais variados sobre transferências de pilotos. Montoya na McLaren. Villeneuve na Ferrari, etc, etc.

Na conferência de imprensa, quando perguntaram a M. Schumacher o que achava de ter Ville como companheiro de equipa, o alemão foi rápido e incisivo: *"Francamente não vejo que isso seja a sério. Penso que o nosso objectivo é melhorar..."*

120.000 lugares sentados

Hockenheim tem tido ao longo da sua longa existência muitas alterações. Em 2002 o seu traçado foi drasticamente encurtado, com a retirada da longa travessia da floresta, passando o perímetro de 6.825 m para os actuais 4.574 m. Uma primeira gigantesca arquibancada financiada pela Mercedes foi colocada. Este ano nasceu na curva sul do estádio, aumentando a capacidade total para impressionantes 120.000 lugares sentados – a maior capacidade de qualquer circuito europeu.

O curto total das obras até agora foi de €62 milhões.

85.000 litros de cerveja

Nos três dias foram consumidas 125.000 salsichas, 85.000 litros de cerveja. Não admira que houvesse 248 marshals de pista e 800 agentes da polícia...

Estádio mais rápido

Com as mudanças em 2002, o circuito de uma rapidíssima incursão pela floresta passou a assemelhar-se mais aos outros traçados: *"Agora as afinações passaram a ser muito parecidas com outras pistas"*, revela Pat Symons, o chefe da engenharia da Renault. *"A entrada para o estádio é 25% mais rápida do que era e as velocidades através desse sector são, em média, 15% mais altas."*

Maior vantagem em oito anos

A vantagem de 65,459 s de Montoya sobre Coulthard foi a maior desde a vitória de D. Hill (Williams-Renault) no GP da Austrália de 1995, com duas voltas de avanço sobre Panis (Ligier-Mugen), e da vitória do mesmo D. Hill (Williams-Renault) sobre Alesi (Ferrari) no GP da Grã-Bretanha de 1994 – 68,128 s.

Fiabilidade no topo

As três equipas de topo tiveram até agora apenas 13 abandonos em 72 partidas em 12 corridas.

Grid

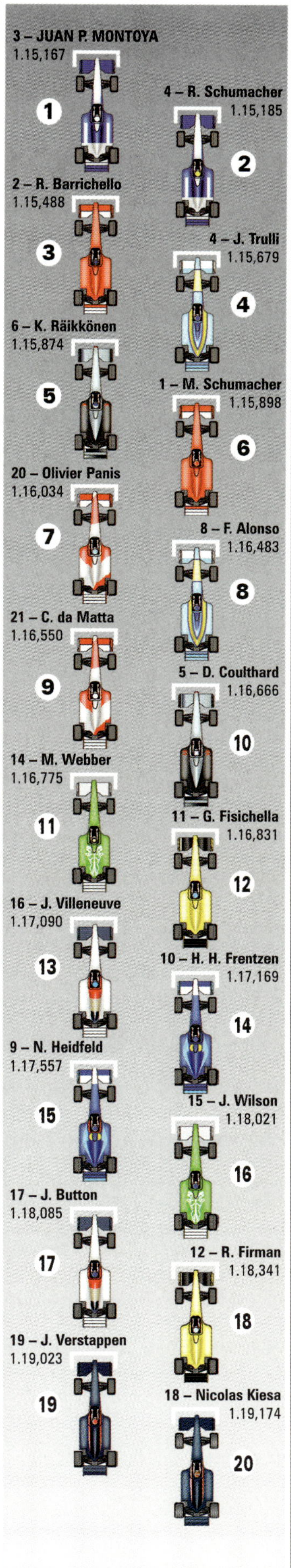

Diferença entre o pole e o último: 4,007s
Diferença em 2002: 5,386s
Pole de 2002: M. Schumacher (Ferrari F2002)-1m14,398s

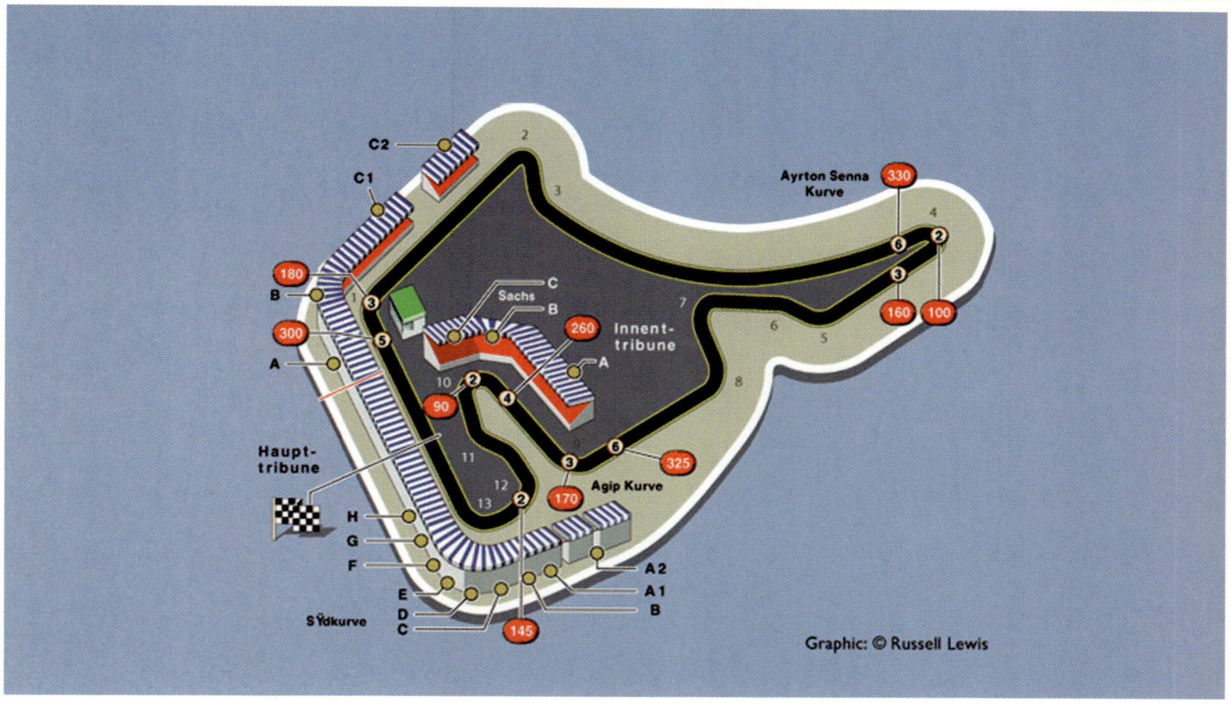

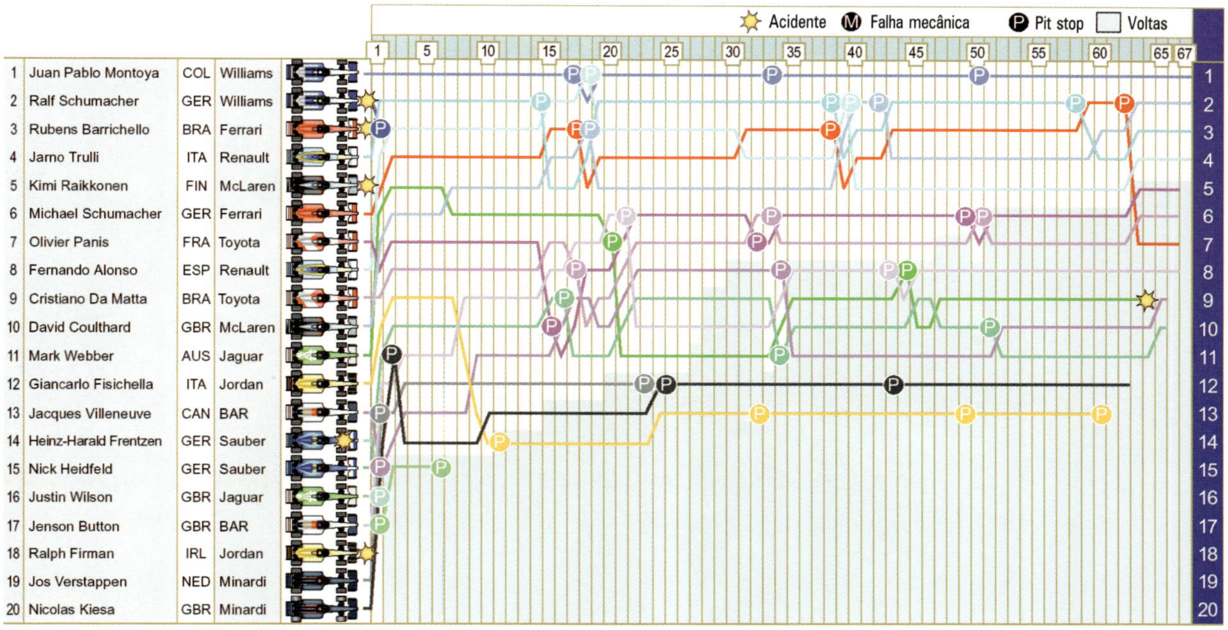

Condições Atmosféricas

6ª feira: Seco. Ar: 20º/30º. Pista: 20º/42º
Sábado: Seco. Ar: 25º/33º. Pista: 22º/47º
Domingo: Seco. Ar: 33º/36º. Pista: 45º/50º

Melhor Pit Stop

Toyota
da Matta
27,286s

Velocidades de Ponta Km/h

Maior: Villeneuve – 333,3
Menor: Frentzen – 184,0

Data: 03.08.2003 **Público:** 103.000
Distância: 67 voltas 4.574 m – 306,458 Km
Treinaram: 20 **Largaram:** 20 **Classificados:** 13
Recorde da volta nos treinos: M. Schumacher (Ferrari F2002) 1m14,389s; 221,355 Km/h – 2002
Recorde anterior da volta na corrida: M. Schumacher (Ferrari F2002) 1m16,462s; 215,354 Km/h – 2002
Novo recorde da volta na corrida: J. P. Montoya (Williams FW25/BMW) 1m14,917s; 219,795 Km/h – 2003
Média do vencedor: 207,036 km/h.

CLASSIFICAÇÃO FINAL

					SEXTA-FEIRA		SÁBADO					
CL.	Nº	PILOTOS	CHASSIS/MOTOR	Pneus	1º Treinos Livres	Treinos Qualificativos	2º Treinos Livres	3º Treinos Livres	Warm-up	N.º VOLTAS	MELHOR VOLTA	TEMPO FINAL DIFERENÇA/CAUSA
1º	3	**JUAN P. MONTOYA**	**WILLIAMS FW25/BMW**	**M**	1.15,890	1.14,673	**1.15,668**	1.15,716	**1.15,385**	**67**	**(14ª) 1.14,917**	1h 28m 48,796s
2º	5	David Coulthard	McLaren MP4/17D-Mercedes	M	**1.15,523**	1.15,557	1.17,147	s/ tempo	1.16,576	67	(14ª) 1.16,003	a 1m 05.459 s
3º	7	Jarno Trulli	Renault R23B	M	1.15,617	1.15,004	1.16,275	1.16,305	1.16,497	67	(13ª) 1.15,740	a 1m 09.060 s
4º	8	Fernando Alonso	Renault R23B	M	1.15,797	1.15,214	1.16,371	1.16,277	1.15,701	67	(16ª) 1.16,060	a 1m 09.344 s
5º	20	Olivier Panis	Toyota TF103	M	1.16,602	1.15,471	1.16,560	1.17,169	1.15,758	66	(34ª) 1.15,883	a 1 volta
6º	21	C. da Matta	Toyota TF103	M	1.16,109	1.16,450	1.17,662	1.17,426	1.16,341	66	(35ª) 1.16,051	a 1 volta
7º	1	M. Schumacher	Ferrari F2003-GA	B	1.16,814	1.15,456	1.16,056	1.16,493	1.16,532	66	(36ª) 1.16,081	a 1 volta
8º	17	Jenson Button	BAR 005/Honda	B	1.16,187	1.15,754	1.16,957	1.16,954	1.17,130	66	(41ª) 1.17,430	a 1 volta
9º	16	J. Villeneuve	BAR 005/Honda	B	1.16,945	s/ tempo	1.17,353	1.16,957	1.17,421	65	(65ª) 1.18,235	a 2 voltas
10º	9	Nick Heidfeld	Sauber C22/Petronas	B	1.18,121	1.15,985	1.17,345	1.17,647	1.17,323	65	(10ª) 1.18,036	a 2 voltas
11º	14	Mark Webber	Jaguar R4/Cosworth	M	1.15,799	1.15,030	1.16,953	1.16,474	1.16,908	64	(46ª) 1.17,754	Acidente
12º	18	Nicolas Kiesa	Minardi PS03/Cosworth	B	1.19,030	s/ tempo	1.19,766	1.20,408	s/ tempo	62	(26ª) 1.20,171	a 5 voltas
13º	11	G. Fisichella	Jordan EJ13/Ford	B	1.17,050	1.17,111	1.17,419	1.17,583	1.17,407	60	(51ª) 1.18,145	Motor
	19	Jos Verstappen	Minardi PS03/Cosworth	B	1.18,791	1.17,702	1.19,433	1.19,533	1.22,229	23	(6ª) 1.20,399	Problema hidráulico
	15	Justin Wilson	Jaguar R4/Cosworth	M	1.16,568	1.15,373	1.18,063	1.17,766	1.17,903	6	(3ª) 1.19,441	Câmbio
	4	Ralf Schumacher	Williams FW25/BMW	M	1.16,401	**1.14,427**	1.15,890	**1.15,387**	1.15,828	0	—	Acidente
	10	Heinz-H. Frentzen	Sauber C22/Petronas	B	1.17,137	1,15,968	1.17,180	1.17,334	1.17,796	0	—	Acidente
	2	R. Barrichello	Ferrari F2003-GA	B	1.17,361	1.15,399	1.15,853	1.15,495	1.15,924	0	—	Acidente
	6	Kimi Räikkönen	McLaren MP4-17D/Mercedes	M	1.17,284	1.15,276	1.16,193	1.16,320	1.15,964	0	—	Acidente
	12	Ralph Firman	Jordan EJ13/Ford	B	1.17,842	1.17,044	1.18,293	1.18,403	1.17,840	0	—	Acidente

elf
MILD SEVEN
elf
RENAULT
MILD SEVEN
MILD
SEVEN

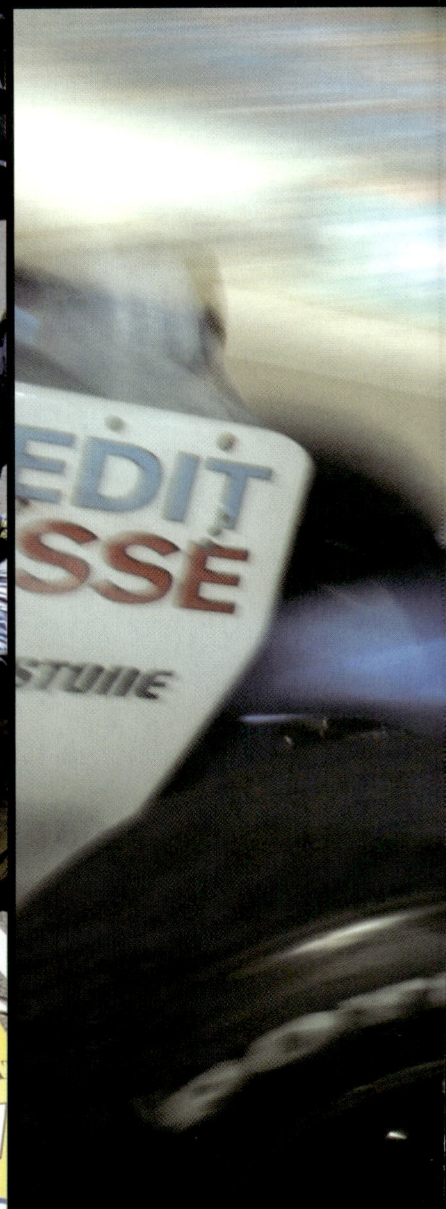

Marlboro
vodafone

Renault

Este furo (à esquerda) atrasou ainda mais Michael Schumacher, mas o alemão saiu de Hockenheim com a liderança do Mundial intacta. Trulli esteve em destaque, com a trabalho da Renault nas boxes (à esquerda) a ter uma importância decisiva no seu terceiro lugar. Frentzen (em cima) foi vítima inocente do acidente da primeira curva, abandonando cedo o que terá sido o seu último Grande Prémio nacional.

Fotos ARC

Anheuser Busch
Bud
ianz
W Power
NiQu
Castrol
hp
BMW.WilliamsF1

L. Gorys

Marlboro Magiar Nagydíj

Hungaroring

Fotos Renault

Ferrari

CASO DA CORRIDA

O FRACASSO DA FERRARI

Michael Schumacher terminar um Grande Prémio em 8º lugar, sem ter tido qualquer inconveniente mecânico ao longo da prova, eis uma coisa nunca vista desde que o alemão chegou à Ferrari no início de 1996. O que aconteceu, então, para as coisas terem corrido tão mal à Scuderia no Hungaroring? Como é normal nestas circunstâncias, a resposta não é simples nem tem sinal único. É claro que os pneus da Bridgestone não ajudaram, pois a Michelin encontrou uma solução muito superior para os desafios da pista dos arredores de Budapeste, mas a Ferrari também não esteve ao seu melhor nível e mesmo Michael Schumacher foi uma sombra de sí mesmo ao longo de todo o fim-de-semana. Basta comparar o seu tempo na qualificação com o de Nick Heidfeld, que tinha o mesmo nível de gasolina e pneus idênticos para se perceber que a Ferrari e o alemão não estiveram ao seu melhor nível em Budapeste. É que entre os dois alemães a diferença foi de apenas 0,866s enquanto em Hockenheim, por exemplo, tinha sido de 1,659s! E Barrichello foi quase seis décimos de segundo mais veloz que o seu companheiro de equipa, o que também não é normal. Por fim, e sendo evidente que Schumacher só foi dobrado porque ficou preso atrás de Trulli na última parte da corrida, também é pouco comum que o alemão passe 16 voltas atrás dum carro claramente mais lento sem, sequer, tentar a ultrapassagem. Acuse-se a Bridgestone, sim, mas sem que as responsabilidades deixem de ser partilhadas entre todos os que não estiveram bem.

Alonso como um veterano

Alonso dominou por completo e conseguiu primeira vitória espanhola no Mundial. Michelin arrasou a Bridgestone, que só marcou um ponto, com Michael Schumacher. Suspensão de Rubinho quebrou e o brasileiro bateu forte.

Fernando Alonso nunca sonhou que fosse tão fácil ganhar um Grande Prémio! O espanhol arrancou, bem, da pole, viu Webber saltar para o 2º lugar e a partir daí só voltou a encontrar outros carros quando reabasteceu, no final da 13ª volta e, mais tarde, quando começou a dobrar grande parte do pelotão. Para Alonso a primeira vitória não podia ter acontecido de forma mais simples, pois não teve qualquer tipo de oposição e mesmo quando Kimi Räikkönen ascendeu ao 2º lugar, depois da primeira ronda de reabastecimentos, controlou tranquilamente o andamento do piloto finlandês. Na verdade, Alonso pilotou com a rapidez dum jovem lobo, mas controlou a corrida com a tranquilidade dum veterano, dando razão aos muitos observadores que o apontam como um grande Campeão do futuro.

Só os Williams poderiam estar à altura do desafio lançado por Alonso, mas o primeiro quilómetro foi fatal às aspirações dos seus dois pilotos. Ambos largaram pessimamente e estavam a discutir a 8ª posição na entrada da 2ª curva quando R. Schumacher fez um pião para evitar bater no seu companheiro de equipa, o que o fez cair para a última posição.

Assim coube a Räikkönen assumir a liderança do pelotão quando pôde desfazer-se de Webber após o primeiro reabastecimento, mas apesar

L. Gorys

de todos os seus esforços o finlandês nunca conseguiu encurtar a diferença para o líder, limitando-se a passar pelo comando temporariamente, depois de cada um dos dois primeiros reabastecimentos de Alonso.

Mais atrás a luta foi intensa, mas Webber foi perdendo sucessivamente posições a cada reabastecimento – era sempre dos primeiros a parar e, por isso, os seus adversários ganhavam-lhe vantagem ao rodarem com pouca gasolina quando o Jaguar estava bem mais pesado. Barrichello também estava na luta, passou mesmo o australiano na pista, mas não conseguiu completar a chicane, na 3ª volta, e isso fez-lhe perder algumas posções. Graças a um bom trabalho nas boxes o subiu até ao 5º posto mas a sua corrida acabou por forma dramática no início da 20ª volta quando a suspensão traseira esquerda do seu Ferrari quebrou e o brasileiro bateu forte o final da recta da meta. Barrichello não sofreu qualquer ferimento, mas a batida foi forte e o piloto pareceu combalido ao sair do F2003-GA.

Com o comportamento do R23 de Trulli a deteriorar-se progressivamente, o italiano mais não conseguiu do que defender o seu 7º posto de M. Schumacher, bem longe do sensacional Webber, deixando Montoya e R. Schumacher na luta pelo último lugar do pódio. O colombiano tinha a situação dominada, mas fez um pião a oito voltas do final da corrida, o que o deixou sob a ameaça do alemão. Este fez uma prova sensacional, ultrpassando muitos adversários até chegar ao 4º lugar, depois de ser último na 1ª volta.

Coulthard foi um tranquilo 5º classificado, longe dos Williams e bem na frente de Trulli, dando um bom resultado de conjunto à McLaren-Mercedes.

MOMENTO DECISIVO

WEBBER AJUDOU

Que não restem dúvidas: Ninguém tinha andamento para Fernando Alonso no Hungaroring, mas a principal razão porque o espanhol perguntou à sua equipa "onde estão os outros?" no final da 10ª volta, foi Mark Webber ter conseguido ascender à 2ª posição na largada. O australiano não estava particularmente veloz em corrida, mas porque é muito difícil ultrapassar na pista húngara, pôde manter-se atrás de Alonso até ao 1º reabastecimento. Daí que o piloto da Renault já tivesse 21 segundos de vantagem sobre os seus rivais quando parou, no final da 13ª volta, o que até lhe permitiu regressar à pista muito perto de Kimi Räikkönen, que era o único que tinha andamento para lhe causar alguma apreensão. O espanhol até aumentou a vantagem antes do 2º reabastecimento, mas não restam dúvidas que foi nas primeiras 13 voltas que Alonso garantiu a sua primeira vitória em Grande Prémios.

Fernando Alonso (em cima à esquerda) venceu com autoridade e os festejos foram efusivos. Numa corrida para a Ferrari esquecer, Barrichello (à esquerda) foi o seu melhor representante, mas acabou fora de posta, depois desta impressionante quebra da suspensão traseira esquerda do seu F2003-GA.

13

1º Fernando Alonso
2º Kimi Räikkönen
3º Juan Pablo Montoya
4º Ralf Schumacher
5º David Coulthard
6º Mark Webber
7º Jarno Trulli
8º Michael Schumacher
9º Nick Heidfeld
10º Jenson Button
11º Cristiano da Matta
12º Jos Verstappen
13º Nicolas Kiesa

Pontuação
Pilotos
72 Michael Schumacher
70 Kimi Räikkönen
71 Juan Pablo Montoya
58 Ralf Schumacher
54 Fernando Alonso
45 David Coulthard
49 Rubens Barrichello
24 Jarno Trulli
12 Jenson Button
15 Mark Webber
10 Giancarlo Fisichella
8 Cristiano da Matta
7 Heinz-Harald Frentzen
4 Marc Gené
2 Nick Heidfeld
3 Jacques Villeneuve
1 Ralph Firman

Construtores
129 Williams/BMW
121 Ferrari
115 McLaren-Mercedes
78 Renault
15 Bar/Honda
15 Jaguar/Cosworth
14 Toyota
11 Jordan/Ford
9 Sauber/Petronas

Alonso
Ferrari

1ª vitória de Alonso no seu 29º GP

1ª vitória de um espanhol na F1

16ª vitória Renault (última no GP Europa 1997)

Qualificação

> “*Esta vitória mostrou que não nos enganámos nas nossas escolhas*”
> **Patrick Faure, Predsidente da Renault Sport**

Alonso anuncia a cor

Fotos Renault

Desde o início dos treinos livres que a Renault estava a dar cartas, com Trulli e Alonso sempre entre os primeiros, pelo que se esperava uma boa prestação da equipa francesa na qualificação. Para além do R23 se adaptar lindamente às características do Hungaroring, os pneus Michelin davam uma enorme vantagem às suas equipas e, por isso, também foi possível ver, nos treinos livres, a Toyota e a Jaguar nos lugares de frente.

Na qualificação, no entanto, Fernando Alonso não deu hipóteses a ninguém. O piloto espanhol efectuou uma volta sensacional, tirando o melhor partido da boa aerodinâmica e do equilíbrio geral do seu chassis para obter a segunda pole position da sua carreira, desta vez sem a ajuda duma menor quantidade de gasolina no depósito do seu Renault. Em contrapartida Trulli começou a ter problemas a partir do momento em que a pista começou a ganhar mais aderência, e não conseguiu do 6º lugar na grelha, para se grande desapontamento.

Confirmando os progressos do Williams FW25 em todos os tipos de circuitos, Ralf Schumacher foi o único que conseguiu andar a um nível próximo do piloto espanhol e apesar de ter ficado a quase três décimos de segundo da pole position ainda conseguiu garantir o 2º melhor tempo. Montoya voltou a ser batido pelo seu companheiro de equipa, depois de ter cometido um erro na parte nova da pista, mas garantiu o 4º tempo.

Entre os dois Williams qualificou-se um sensacional Mark Webber, que foi quem melhor partido tirou da superioridade da Michelin. O australiano andou entre os primeiros desde o início do fim-de-semana e parecia encaminhado para dar à Jaguar um excelente resultado na corrida. Quanto aos homens da McLaren, ambos cometeram erros custosos na parte final das suas voltas e pagaram um preço bem elevado por isso. Räikkönen não foi além do 7º posto, enquanto Coulthard esteve ainda pior e qualificou-se apenas na 9ª posição.

Rubens Barrichello, que foi o melhor representante da Bridgestone, não foi além do 5º melhor tempo, mas a verdade é que o brasileiro efectuou uma volta sensacional no Hungaroring. A prova disso mesmo é que M. Schumacher, que tinha apenas mais três quilos de gasolina no depósito do seu F2003-GA, perdeu seis décimos de segundo para o seu companheiro de equipa e não conseguiu melhor do que a 8ª posição na grelha.

A fechar os dez primeiros ficou Olivier Panis, melhor representante da Toyota, numa pista que, em princípio, não favorecia muito as características do chassis japonês. E Heidfeld foi o 3º melhor representante da Bridgestone, ao conseguir um encorajador 11º tempo.

Toyota

TESTES LIVRES

CATÁSTROFE NA FORD

Fernando Alonso começou o fim-de-semana em grande forma, garantindo o melhor tempo nesta sessão de testes, à frente dos dois outros pilotos da Renault. Uma vez mais a Michelin monopolizou as primeiras cinco posições, num dia muito negativo para a Ford, pois Webber, Kiesa e Fisichella tiveram todos de parar com problemas de motor nos seus monolugares. Registo para o facto de Baumgartner ter sido mais veloz do que Firman e Fisichella, mas ao menos o italiano só efectuou duas voltas lançadas, enquanto o jovem britânico mostrou alguma dificuldade em aprender a pista magiar. Nota final para as muitas saídas, sem consequências, nas duas zonas modificadas da pista, pois os pilotos aproveitaram a existência de escapatórias em asfalto para chegarem aos limites sem se preocuparem com eventuais saídas de pista.

“Já não sabia o que era ter um piloto ganhador...”
Flávio Briatore

“Esta situação da luta pelo título obriga-nos a fazer algo diferente.”
Hisao Suganuma, da Bridgestone

Circuito modificado

A recta de chegada foi alongada com a finalidade de facilitar a ultrapassagem na primeira curva. O perímetro total passou a 4.381 m (mais 406 metros). A tradição, no entanto, manteve-se: o GP da Hungria é a única prova de F1 que jamais foi afectada pela chuva!

Alonso: sempre o mais jovem

Fernando Alonso passou a ser o mais jovem vencedor de um Grand Prix. Aos 22 anos e 26 dias bateu Troy Ruttman, em Indianápolis, (22 anos e 80 dias) e Bruce McLaren, em Sebring 1959, (22 anos e 104 dias). Fernando é o 84º vencedor da F1.

Renault: primeira desde 1983

Esta foi a primeira vitória Renault como equipa, desde o GP da Áustria de 1983 (Prost), há 20 anos e 10 dias.

Oito vencedores

Alonso foi o oitavo vencedor este ano, um recorde desde 1985, mas ainda longe da temporada de 1982, quando houve 11 vencedores. A Renault passou a ser a quinta equipa a ganhar este ano, um máximo desde 1985, mas ainda a duas do que aconteceu em 1982 (Brabham, Ferrari, Lotus, McLaren, Renault, Tyrrell e Williams).

Da pole position à vitória (à esquerda), Fernando Alonso não teve adversários, dando à Renault um importante triunfo em que a contribuição da Michelin (foto enquadrada), foi fundamental. Ralf Schumacher vai sair de pista para evitar Montoya (em cima), protagonizando, depois, a melhor recuperação da sua carreira. Coulthard (acima) aguentou M. Schumacher até ao primeiro reabastecimento, mas depois o alemão afundou-se na classificação.

2ª pole de Alonso
20ª pole Renault

Marlboro Magiar Nagydíj

“Isto jamais se pode repetir e todos concordamos com isso...”
Luca di Montezemolo

Dois pontos entre os três

Apenas dois pontos separam os três primeiros no campeonato. Räikkönen tem apenas uma vitória, como Rosberg em 1982 ...

Primeira para Schumi

É a primeira vez que M. Schumacher perdeu uma volta para o vencedor em duas corridas consecutivas. Há cinco GP eu não lidera uma corrida...

Motor Honda: 250º GP

Recorde: Pódio mais jovem

Alonso (22 anos e 26 dias), Räikkönen (23 anos e 311 dias) e Montoya (27 anos e 338 dias) compuseram o pódio mais jovem de toda a história dos Grand Prix, com uma média de 24 anos e 225 dias.

Chrysler

Jordan

Michelin: progresso notável

Pierre Dupasquier: *“Os progressos são notáveis, mas há uma grande diferença – há uma diferença muito pequena entre os nossos dois tipos de pneus, enquanto existe uma enorme margem entre os dois tipos da marca concorrente.”*

Primeiro piloto húngaro

Claro que o primeiro vencedor de um Grand Prix – o primeiro GP da história, em 1906, em Le Mans – foi o húngaro Ferenc Szisz, motorista de Marcel Renault, e ao volante de um Renault, claro. O último húngaro a competir num GP foi Istvan de Sztriha no GP da Suíça de 1938. No entanto, na Fórmula 1 moderna Zsolt Baumgartner é o primeiro piloto magiar. A Hungria é o 26º país representado. Ele substituiu Ralph Firman depois do violento acidente deste nos treinos.
22 anos
1994-97: Karts
1997: Fórmula Renault alemã.
1999: Fórmula Renault: Alemanha – campeão; Europa – 3º
2000: F3 na Alemanha, 1 pódio.
2001: F3 e F3000 - Prost.
2002: F3000 – Nordic Racing.
2003: F3000 – Coloni. F1: estreia na Jordan.

Minardi: 300º GP

Têm sido 18 anos de paixão e sofrimento, com apenas um lugar na primeira fila do grid e uma volta no comando, mas a paixão continua nesta pequena equipa de Faenza.

Fotos L. Gorys

Bernie Ecclestone (ao cimo à esquerda) ganhou um busto no Hungaroring, num parque dedicado aos Campeões do Mundo, mas a festa foi de Alonso, Räikkönen e Montoya, (ao cimo).
O despiste de Ralph Firman (ao meio à esquerda) abriu uma vaga na Jordan, proporcionando a Baumgartner (com Eddie Jordan e o Primeiro Ministro húngaro) a estreia em Grande Prémios.
A Minardi festejou o seu 300º Grande Prémio, com a participação de alguns antigos pilotos da equipa de Faenza (ao lado).

Grid

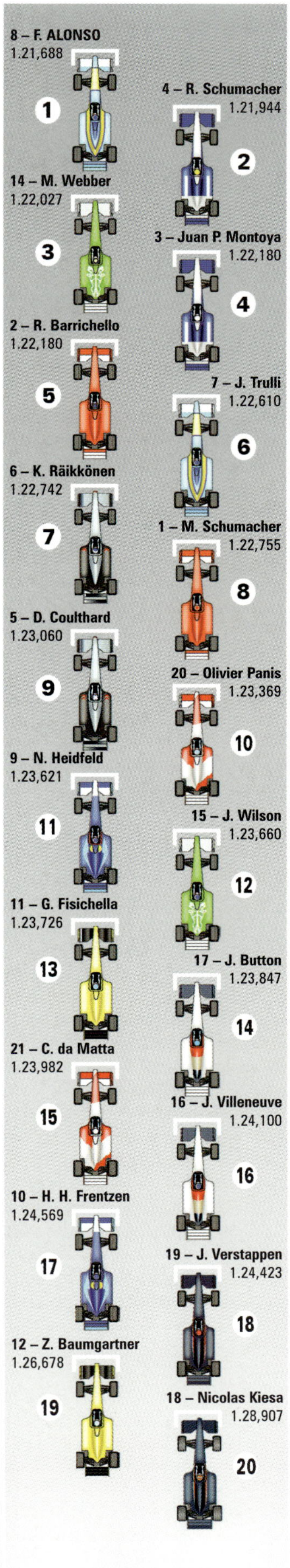

Diferença entre o pole e o último: 7,219s
Diferença em 2002: 4,626s
Pole de 2002: Barrichello (Ferrari F2002) -1m13,333s

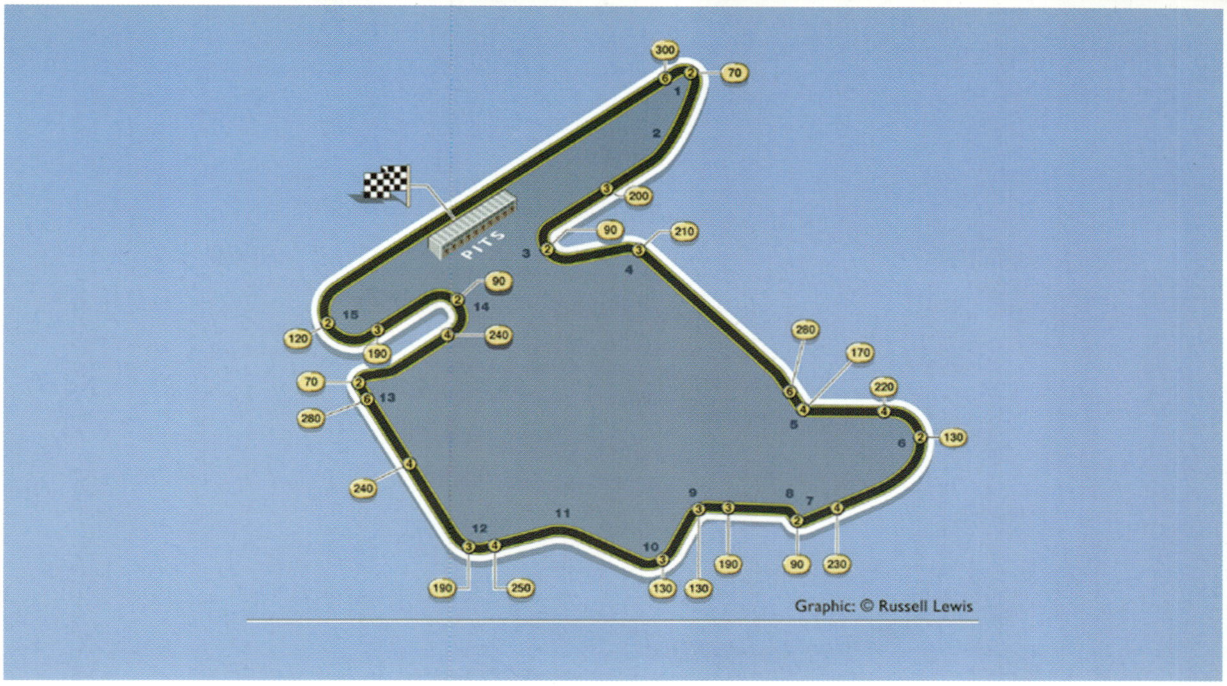

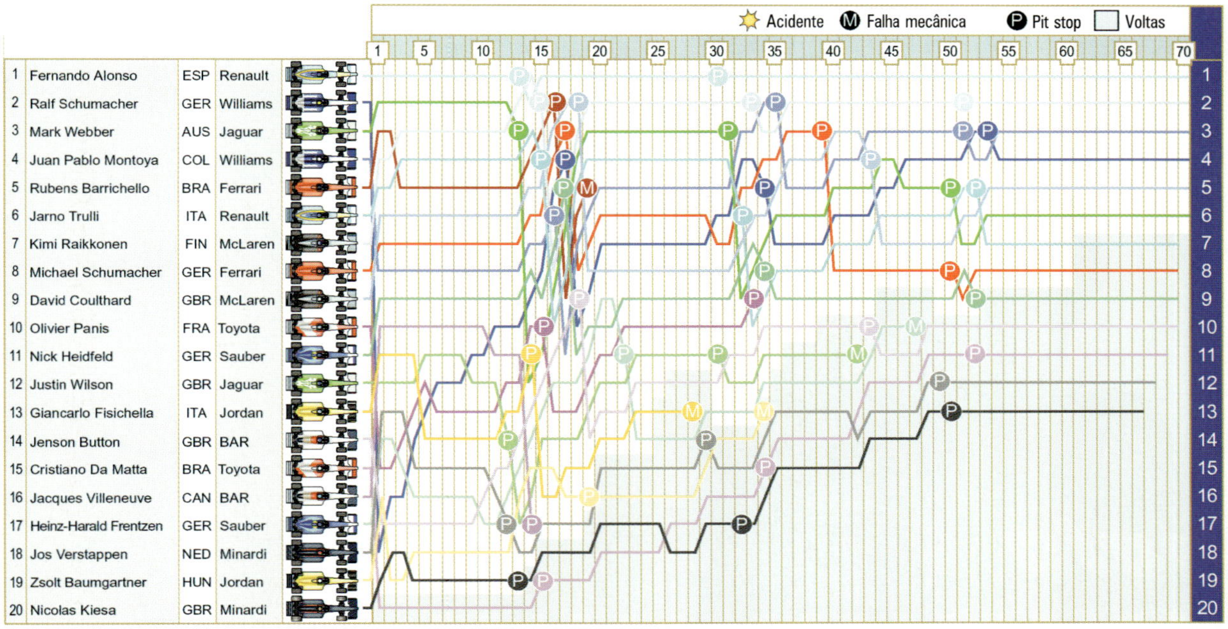

Condições

Sexta-feira: Seco. Ar: 24º/32º. Pista: 22º/42º
Sábado: Seco. Ar: 27º/32º. Pista: 27º/40º
Domingo: Seco. Ar: 28º/30º. Pista: 47º/50º

Melhor Pit Stop

Renault
Trulli
27,472s

Velocidades de Ponta Km/h

Maior: R. Schumacher – 307,5
Menor: Kiesa – 290,2

Data: 24.08.2003 **Público:** 70.000
Distância: 70 voltas – 4.381m – 306,663 Km
Treinaram: 21 **Largaram:** 20 **Classificados:** 13
Recorde anterior da volta nos treinos: R. Barrichello (Ferrari F2002) 1m13,333s; 195,137 Km/h – 2002
Novo recorde da volta nos treinos: F. Alonso (Renault R23B) 1m21,688s; 193,071Km/h – 2003
Recorde anterior da volta na corrida: M. Schumacher (Ferrari F2002) 1m16,207s; 178,778 Km/h – 2002
Novo recorde da vota na corrida: J. P. Montoya (Willimas Fw25/BMW) 1m22,095s; 192,114 Km/h – 2003
Média do vencedor: 185,810 km/h.

CLASSIFICAÇÃO FINAL

					SEXTA-FEIRA		SÁBADO					
CL.	Nº	PILOTOS	CHASSIS/MOTOR	Pneus	1º Treinos Livres	Treinos Qualificativos	2º Treinos Livres	3º Treinos Livres	Warm-up	N.º VOLTAS	MELHOR VOLTA	TEMPO FINAL DIFERENÇA/CAUSA
1º	**8**	**FERNANDO ALONSO**	**RENAULT R23B**	**M**	1.23,214	1.22,953	**1.22,950**	1.22,902	1.22,460	**70**	**(47ª) 1.22,565**	1h 39m 01,460s
2º	6	Kimi Räikkönen	McLaren MP4-17D/Mercedes	M	1.23,532	1.23,695	1.24,837	1.22,876	1.33,177	70	(66ª) 1.22,372	a 16.768s
3º	3	Juan P. Montoya	Williams FW25/BMW	M	1.22,592	1.23,305	1.24,124	1.22,494	1.22,521	70	(37ª) 1.22,095	a 34.537s
4º	4	Ralf Schumacher	Williams FW25/BMW	M	1.22,757	1.22,413	1.23,750	**1.21,939**	1.22,766	70	(55ª) 1.22,319	a 35.620s
5º	5	David Coulthard	McLaren MP4-17D/Mercedes	M	1.22,797	1.22,786	1.25,379	1.23,293	1.23,822	70	(40ª) 1.23,193	a 56.535s
6º	14	Mark Webber	Jaguar R4/Cosworth	M	1.22,741	1.22,625	1.24,328	1.22,848	1.22,654	70	(49ª) 1.23,156	a 1m 12.643s
7º	7	Jarno Trulli	Renault R23B	M	1.22,464	**1.22,358**	1.23,796	1.23,074	1.23,102	69	(34ª) 1.24,100	a 1 volta
8º	1	M. Schumacher	Ferrari F2003-GA	B	1.22,842	1.23,430	1.23,274	1.2,313	**1.22,,210**	69	(38ª) 1.23,207	a 1 volta
9º	9	Nick Heidfeld	Sauber C22/Petronas	B	1.24,535	1.23,482	1.24,734	1.23,838	1.24,046	69	(54ª) 1.24,267	a 1 volta
10º	17	Jenson Button	BAR 005/Honda	B	1.23,723	1.24,313	1.25,397	1.23,805	1.24,268	69	(65ª) 1.23,376	a 1 volta
11º	21	C. da Matta	Toyota TF103	M	1.22,700	1.55,138	1.25,545	1.24,401	1.24,789	68	(36ª) 1.23,040	a 2 voltas
12º	19	Jos Verstappen	Minardi PS03/Cosworth	B	1.25,579	1.26,052	1.26,976	1.26,498	1.26,362	67	(60ª) 1.26,559	a 3 voltas
13º	18	Nicolas Kiesa	Minardi PS03/Cosworth	B	s/ tempo	1.27,023	1.27,188	1.27,295	1.31,376	66	(47ª) 1.27,641	a 4 voltas
	10	Heinz-H. Frentzen	Sauber C22/Petronas	B	1.23,586	1.23,660	1.24,617	1.24,006	1.49,249	47	(45ª) 1.24,450	falta de combustível
	15	Justin Wilson	Jaguar R4/Cosworth	M	1.24,669	1.24,343	1.24,800	1.23,853	1.25,106	42	(26ª) 1.24,936	motor
	12	Zsolt Baumgartner	Jordan EJ13/Ford	B	—	—	—	—	1.26,346	34	(22ª) 1.26,464	motor
	20	Olivier Panis	Toyota TF103	M	**1.21,770**	1,22,986	1.24,251	1.23,789	1.23,582	33	(17ª) 1.24,414	câmbio
	11	G. Fisichella	Jordan EJ13/Ford	B	1.24,474	1.24,725	1.25,566	1.24,343	1.24,250	28	(13ª) 1.25,081	motor
	2	R. Barrichello	Ferrari F2003-GA	B	1.22,594	1.22,892	1.23,432	1.22,467	1.23,457	19	(13ª) 1.24,583	suspensão/saída pista
	16	J. Villeneuve	BAR 005/Honda	B	1.23,817	1.24,333	1.25,816	1.24,154	1.25,066	14	(13ª) 1.25,278	falta de combustível
	12	Ralph Firman	Jordan EJ13/Ford	B	1.24,502	1.25,223	1.26,618	s/tempo	—	—	—	não largou

Renault

O Grande Prémio da Hungria, "foi" de Fernando Alonso,, senhor absoluto do fim de semana magiar.

Honda

CARRING

L. Gorys

Gran Premio Vodafone d'Italia

Monza

Ferrari

O regresso de Michael Schumacher

Vitória de Schumacher pôs fim a crise da Ferrari. Retardatários travaram Montoya e estragaram luta pelo primeiro lugar. Barrichello tirou pontos a Räikkönen. Gené foi o herói do dia, com o 5º lugar na estreia com a Williams.

Michael Schumacher ressuscitou a sua candidatura ao título com um triunfo muito oportuno em Monza, face a 120 mil tifosi em delírio, mas o alemão teve de suar bastante, face à ameaça constante de Juan Pablo Montoya, pois o piloto da Williams esteve muito perto do líder até à fase final da corrida. Foi só a dez voltas do fim, depois de ter perdido dois segundos atrás do retardatário Baumgartner, que Montoya tirou o pé, para desespero dos homens da Williams, que o incitavam a atacar para forçar Schumacher a manter-se a fundo, sabendo-se que o F2003-GA estava com problemas quanto à durabilidade dos seus travões.

Muito se jogou na primeira volta, quando Montoya teve meia oportunidade para assumir a liderança, jogou limpo para não tocar em Schumacher e acabou por perder na luta directa com o alemão (ler Momento Decisivo). Daí até ao seu primeiro reabastecimento, à 15ª volta, o piloto da Ferrari conseguiu abrir uma vantagem de 4,9s para o seu rival, mas como Montoya parou uma volta mais tarde, quando ambos voltaram à pista a diferença reduzira-se para 3,4s. Com o segundo jogo de pneus a situação inverteu-se e foi Montoya que começou a ganhar tempo, de forma regular, ao seu rival. De tal maneira que à 28ª volta a diferença entre ambos era inferior a um segundo e, por isso, era grande a expectativa quanto ao resultado dos segundos reabastecimentos, esperados para pouco depois. Foi aqui que a Williams cometeu um erro estratégico, antecipando em duas voltas a entrada de Montoya nas boxes, na tentativa de lhe dar pista livre para ganhar tempo a Schumacher.

Só que com pneus velhos, mas com pouquíssima gasolina no seu F2003-GA, o alemão defendeu-se bem e regressou à pista, no início da 35ª volta, 1,6s à frente do seu rival. A diferença foi baixando à média de um décimo de segundo por volta até que, na 40ª volta, Frentzen fez o colombiano perder um segundo ao não colaborar com a dobragem, como fizera com o seu compatriota. Quatro voltas mais tarde Zsolt Baumgartner quase forçou Montoya a parar no meio da Variante Ascari e com 5,8s de atraso a nove voltas do final da corrida o colombiano deixou de atacar, entregando a vitória a Michael Schumacher.

Atrás, a luta pelo 3º lugar começou por envolver Trulli, e o italiano até podia ter aproveitado a luta entre os dois primeiros, na volta de abertura, para causar uma surpresa. Mas o seu Renault R23 não durou mais do que meia volta e, por isso, coube a Barrichello defender o seu 3º lugar dos ataques de Räikkönen. Até ao segundo reabastecimento a vantagem foi claramente do brasileiro, mas com

14

1º	Michael Schumacher
2º	Juan Pablo Montoya
3º	Rubens Barrichello
4º	Kimi Räikkönen
5º	Marc Gené
6º	Jacques Villeneuve
7º	Mark Webber
8º	Fernando Alonso
9º	Nick Heidfeld
10º	Giancarlo Fisichella
11º	Zsolt Baumgarther
12º	Nicolas Kiesa
13º	Heinz-Harald Frentzen

Pontuação
Pilotos

82	Michael Schumacher
79	Juan Pablo Montoya
75	Kimi Räikkönen
58	Ralf Schumacher
55	Rubens Barrichello
55	Fernando Alonso
45	David Coulthard
24	Jarno Trulli
17	Mark Webber
12	Jenson Button
10	Giancarlo Fisichella
8	Cristiano da Matta
7	Heinz-Harald Frentzen
6	Olivier Panis
6	Jacques Villeneuve
4	Marc Gené
2	Nick Heidfeld
1	Ralph Firman

Construtores

141	Williams/BMW
137	Ferrari
120	McLaren-Mercedes
79	Renault
18	Bar/Honda
17	Jaguar/Cosworth
14	Toyota
11	Jordan/Ford
9	Sauber/Petronas

↑ Ferrari e Gené
↓ Toyota

69ª vitória de M. Schumacher (5ª do ano)

50ª vitória de M. Schumacher na Ferrari

165ª vitória Ferrari (6ª do ano)

Fotos L. Gorys

o terceiro jogo de pneus o paulista ficou em dificuldades e nas últimas 17 voltas teve o McLaren do finlandês bem à vista nos seus retrovisores. Barrichello não cometeu o menor erro e, assim, garantiu o 3º lugar, retirando, também, um ponto a Räikkönen na sua luta contra Schumacher.
Coulthard parecia ter o 5º lugar garantido quando o motor Mercedes do seu McLaren cedeu no início da 46ª volta. Assim, foi o sensacional Marc Gené que herdou essa posição. Chamado de emergência para substituir Ralf Schumacher, o espanhol esteve impecável ao longo de todo o fim-de-semana, chegou mesmo a comandar a prova antes do seu segundo reabastecimento e conseguiu facilmente o melhor resultado da sua carreira, dando quatro preciosos pontos à Williams.
Villeneuve foi o 6º classificado, depois duma corrida tranquila a partir do momento em que Panis abandonou, enquanto Webber foi 7º, confirmando a consistência da Jaguar nesta temporada.
Alonso foi um sensacional 8º classificado, pois teve um acidente na largada, quando acertou no Minardi de Verstappen – o holandês desviava-se de Wilson, que ficara parado na grelha – teve de ir às boxes mudar a frente do seu R23, mas recuperou de forma sensacional, passando Heidfeld na entrada da última volta para ganhar o último ponto em discussão.
O final da corrida foi negro para a Sauber, que também viu Frentzen parar a uma volta e meia do final, quando tinha o 7º lugar no bolso e, depois, foi a vez de Heidfeld perder o ponto final para Alonso.

O triunfo de Michael Schumacher deixou os tifosi em delírio, na estreia do novo pódio de Monza (à esquerda). Marc Gené (ao cimo), deu pontos preciosos à Williams-BMW, depois de ter sido chamado de emergência para substituir Ralf Schumacher. Kimi Räikkönen (em cima), atrasou-se na luta pelo título, numa corrida em que a McLaren esteve longe das suas rivais.

“Sabemos que a nossa posição é frágil.”
Ross Brawn

“Será preferível não termos de protestar, mas não digo que não o faremos.”
Luca di Montezemolo

MOMENTO DECISIVO

CANDEIA QUE VAI À FRENTE...

É certo que Frentzen, primeiro, e Baumgartner, depois, custaram a Montoya a possibilidade de discutir com Schumacher a vitória até ao final, mas foi mesmo ao não concretizar a ultrapassagem ao alemão na primeira curva, na Variante della Roggia, que Juan Pablo Montoya perdeu a única oportunidade de chegar ao primeiro lugar. Os dois homens travaram muito tarde para a primeira chicane e foi Schumacher quem teve mais dificuldades em negociar essa curva. Por isso, perdeu tempo antes de acelerar em direção à Curva Grande, dando a Montoya a possibilidade de se colocar a seu lado. O colombiano teve de ir para o lado de fora, mas pôde travar bem mais tarde que o ferrarista, pois este estava do lado sujo da pista. Ambos deram-se suficiente espaço para fazerem a Variante lado a lado, sem se tocarem, mas ao ficar do lado sujo da pista na saída da curva, Montoya não teve qualquer possibilidade de combater a superior aceleração do Ferrari, a caminho da primeira Lesmo. E assim perdeu a sua melhor oportunidade de ganhar este GP de Itália.

Renault

> “ *Preferimos ganhar na pista. Mas, quem sabe o que pode vir a acontecer?* ”
> **Jean Todt**

> “ *O protesto dos pneus pela Ferrari é uma manobra de diversão para as outras equipes perderem o ritmo de evolução.* ”
> **Ron Dennis**

CASO DA CORRIDA

FIA PENALIZA MICHELIN

A clamorosa derrota da Ferrari e da Bridgestone em Budapeste, juntamente com as três semanas de intervalo entre a corrida magiar e o GP de Itália, acabou por resultar numa alteração inesperada do regulamento técnico, quando a FIA decidiu dar razão a uma queixa da Ferrari da Scuderia acerca dos pneus Michelin. No final do GP da Hungria foram tiradas fotografias dos pneus de alguns dos utilizadores dos Michelin, nas quais se via que a zona de contacto com a pista se tinha alargado durante a sua utilização, presumivelmente ultrapassando os 2750 milímetros permitidos pelo regulamento.
A FIA emitiu um comunicado no qual especificou que, a partir daquele momento, os pneus tinham de estar conformes ao regulamento técnico antes e depois da sua utilização, o que apanhou a Michelin de surpresa. Os franceses fizeram questão de explicar que a actual versão dos seus pneus tinha sido introduzida no G. P. do Mónaco de 2001 e que, por isso, tinham efectuado cerca de 40 Grande Prémios sem que a sua legalidade suscitasse dúvidas.
Mesmo assim a Michelin foi forçada a apresentar pneus completamente novos para Monza, tendo feito um brevíssimo teste com esses pneumáticos na semana anterior à corrida. Mas numa pista de alta velocidade os ganhos em velocidade de ponta compensaram o que os pilotos da Michelin perderam em curva e, por isso, os homens da marca francesa acabaram por andar ao seu nível habitual. Em contrapartida, a Bridgestone e a Ferrari confirmaram a sua apetência para pistas de alta velocidade, pois era nas curvas lentas que o F2003-GA sempre tivera problemas para acompanhar os seus rivais.

55ª pole de M. Schumacher (5ª do ano e 1ª há 7 GPs)

165ª pole Ferrari

Michael Schumacher começou a ganhar o G. P. de Itália ao evitar a ultrapassagem de Montoya na Variante della Roggia, na primeira volta (à esquerda). Trulli (à esquerda embaixo) ia beneficiando dessa luta, mas abandonou logo de seguida. Ao lado os pneus que a Michelin teve de produzir em tempo recorde, depois da FIA ter alterado a sua interpretação dos regulamentos, num fim de semana em que os pilotos da Ferrari tiveram muitas acções promocionais para cumprir (em baixo).

Primeiro round para Schumacher

Com a Michelin a ter de produzir pneus completamente novos, na sequência da polémica decisão da FIA acerca das medidas dos pneumáticos, a luta pelos lugares da frente tornou-se bem mais renhida. A Ferrari ganhou um novo fôlego, como ficou claro na semana de testes, dando fundadas esperanças aos tifosi de ver Michael Schumacher nos lugares da frente durante o Grande Prémio.
Dispondo novamente dum monolugar muito competitivo, o alemão não se fez rogado e regressou às pole positions, de que estava afastado desde o GP Áustria. Mas a sua tarefa não esteve facilitada, pois Juan Pablo Montoya confirmou que mesmo com pneus feitos de emergência a Williams-BMW ainda era bastante competitiva e conseguiu o 2º tempo, a apenas 51 milésimos de segundo do seu rival. O tempo perdido na chicane Ascari foi fatal ao colombiano, mas mesmo assim garantiu um lugar na 1ª linha da grelha de partida.
Barrichello foi o 3º mais rápido, dando uma boa ajuda a Schumi, por se ter qualificado na frente de Kimi Räikkönen, com o finlandês a ficar a mais de dois décimos de segundo do brasileiro e a meio segundo da pole. Num circuito onde a potência manda, o McLaren-Mercedes esteve longe dos seus rivais e deixou Räikkönen em posição complicada para a corrida. Quanto a Coulthard, voltou a decepcionar muito em qualificação, pois perdeu um segundo numa pista onde as diferenças raramente são tão grandes, e não foi além da 8ª posição na grelha.
Primeiro a entrar em acção, por força de não ter participado na sessão de 6ª feira, Marc Gené teve a sua primeira experiência deste tipo de qualificação e apesar dum pequeno erro na travagem para a segunda chicane, conseguiu levar o seu Williams FW25 à 5ª posição na grelha, de longe o melhor resultado da sua carreira.
Trulli foi o 6º mais rápido à frente de Button, mas Alonso comprometeu as suas aspirações com um erro na 2ª chicane, que o condenou a partir da última posição da grelha de partida.
A 8ª posição de Button foi mais uma prova da melhoria dos Bridgestone, mas Villeneuve ficou-se pelo 10º tempo, a quatro décimos de segundo do seu companheiro de equipa.
Ainda dentro do top ten ficou Olivier Panis, dando mais uma boa qualificação à Toyota, numa pista onde o motor japonês ajudou bastante, mas é evidente que o chassis do TF103 continuava a fazer progressos.

> *"Eu sabia que podia ter esta performance, mas muita gente duvidava."*
> **Marc Gené**

Renault

TESTES LIVRES

TRULLI ALEGRA TIFOSI

Como todas as equipas tinham testado em Monza na semana anterior ao Grande Prémio, esta sessão matinal não assumiu a importância de outros ensaios semelhantes e toda a gente se limitou a confirmar acertos e escolhas de pneus. Os dez pilotos envolvidos nesta sessão tiveram tempo para encontrar os pontos de travagem para a três chicanes – o que não é fácil quando se roda com o mínimo de apoio aerodinâmico – e só Brunni e Verstappen evitaram qualquer saída de pista. No final o domínio voltou a ser da Renault, que viu os seus três pilotos completarem 124 voltas – o equivalente a 2,3 Grande Prémios! – e Trulli foi o mais rápido, dando uma alegria aos tifosi. Uma vez mais os cinco representantes da Michelin ficaram à frente dos homens da Bridgestone, entre os quais, surpreendentemente, Jos Verstappen foi o mais rápido.

Recordes de velocidade

Este foi o Grand Prix mais rápido da história da Fórmula 1 moderna – 247,585 km/h de média do vencedor –, destronando a média de Peter Gethin e da sua BRM no GP de Itália de 1971, também em Monza – 242,615 km/h. São os únicos pilotos a completar um GP moderno a mais de 150 mph.

Aliás dos 10 GPs mais rápidos da história da F1 moderna, desde 1950, apenas dois não se disputaram em Monza – os GPs da Bélgica em Spa-Franchorchamps de 1968 e 1970.

Também se registou o recorde de maior velocidade de ponta: M. Schumacher atingiu 368,8 km/h, batendo Jean Alesi, com um Jodan-Honda, igualmente em Monza, em 2001, com 363,2 km/h.

De realçar que o GP mais rápido de toda a história foi o GP da Alemanha, em Avus, em 1937, ganho por Herrmann Lang num Mercedes, a 261,710 Km/h.

Bernard Cahier

Ferrari

R. Schumacher ausente

Devido ao acidente violento que teve na primeira curva de Lesmo durante os testes na semana anterior, que lhe causou uma contusão, foi examinado e julgado apto para correr. Fez os treinos de 6ª feira, e piorou, pelo que a Williams temendo uma piora no sábado que pudesse prejudicar a saúde do piloto, substitui-o pelo piloto-reserva e de testes, o espanhol Marc Gené, eu teve uma performance excelente – 5º na qualificação e na corrida!

A tempestade dos pneus

A Ferrari afirmou em Monza estar determinada e perseguir todos os meios legais para emendar a situação dos pneus Michelin que considera ilegal. Poderá, inclusive, alegar a aplicação do Art. 179b do Código Desportivo Internacional que prevê o direito de rever acontecimentos anteriores e aplicar sanções com efeito retroactivo.

A Ferrari afirmou que pode reclamar alguns resultados da Williams obtidos com pneus que, ela acredita, terem tido uma largura de piso maior que os 270 mm permitidos nos regulamentos.

A Michelin também revelou oficiosamente que poderia protestar os pneus Bridgestone e por em questão a liderança da Ferrari no campeonato. Tudo porque, devido ao camber usado na suspensão dianteira dos Ferrari, os Bridgestone teriam um piso assimétrico, o que é anti-regulamentar.

De qualquer forma, a Michelin fabricou para Monza 1.200 pneus ligeiramente diferentes, de formsa a não suscitar qualquer dúvida regulamentar (vide desenho).

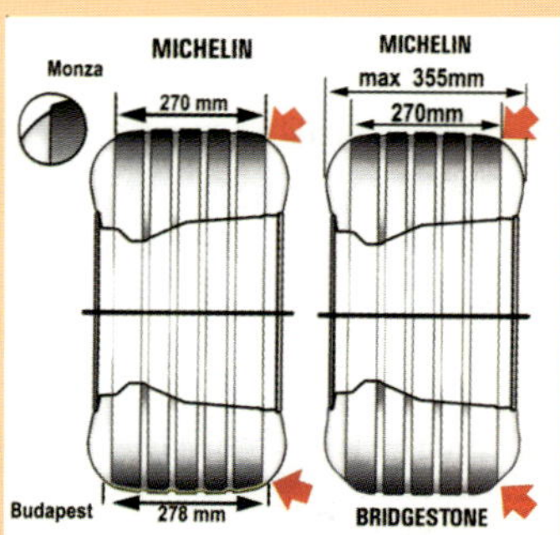

Bernard Chaier

O último italiano campeão

Há 50 anos, Alberto Ascari chegou a Monza já Campeão Mundial – foi o último italiano a ganhar o título.

De sete ficam três

Dos sete pilotos que chegaram a Monza com possibilidades matemáticas de serem campeões, no final da prova apenas três têm ainda possibilidade de chegar ao título – M. Schumacher, Räikkönen e Montoya, separados por sete pontos.

Dois espanhóis

Pela primeira vez na história, dois espanhóis pontuaram num GP: Gené em 5º e Alonso em 8º.

O adeus a Berger

Gerhard Berger abandonou em Monza o seu posto de Director Desportivo da BMW, que ocupava desde 1998. Na festa de despedida foi-lhe oferecido um banco de nadador-salvador, salva-vidas...

"Há 25 anos que levo uma vida de andarilho ou nómada. Agora quero viver, dedicar mais tempo aos meus dois filhos e cuidar mais da minha empresa de transportes, que tem mais de 400 camiões. E, também ... não fazer nada. Fico com excelentes recordações destes anos com a BMW, sobretudo a vitória em Le Mans, em 1999. Não estou triste em sair da F1. Para tudo na vida há um tempo e uma fase. Vou entrar em outra. E, não pensem que há qualquer coisa com outro fabricante (VW)."

Barrichello iguala Hill

Ao completar 176 GPs, Rubinho igualou a marca de Graham Hill que durante muitos anos foi o recorde de participações em F1. Claro que o recordista absoluto é Riccardo Patrese, com 256 GPs, mas aos 31 anos, o brasileiro ainda pode chegar lá...

BMW

Grid

1 – M. SCHUMACHER 1.20,963 — 1
3 – J.P. Montoya 1.21,014 — 2
2 – R. Barrichello 1.21,242 — 3
6 – K. Räikkönen 1.21,466 — 4
4 – Marc Gene 1.21,834 — 5
7 – J. Trulli 1.21,944 — 6
17 – J. Button 1.22,301 — 7
5 – D. Coulthard 1.22,471 — 8
20 – O. Panis 1.22,488 — 9
16 – J. Villeneuve 1.22,717 — 10
14 – M. Webber 1.22,754 — 11
21 – C. da Matta 1.22,914 — 12
11 – G. Fisichella 1.22,992 — 13
10 – H.H. Frentzen 1.23,216 — 14
15 – J. Wilson 1.23,484 — 15
9 – N. Heidfeld 1.23,803 — 16
19 – J. Verstappen 1.25,078 — 17
12 – Z. Baumgartner 1.25,881 — 18
18 – N Kiesa 1.26,778 — 19
8 – F. Alonso 1.40,405 — 20

Diferença entre o pole e o último: 19,442s
Diferença em 2002: 4,847s
Pole de 2002: Montoya (Williams FW24/BMW)-1m20,264s

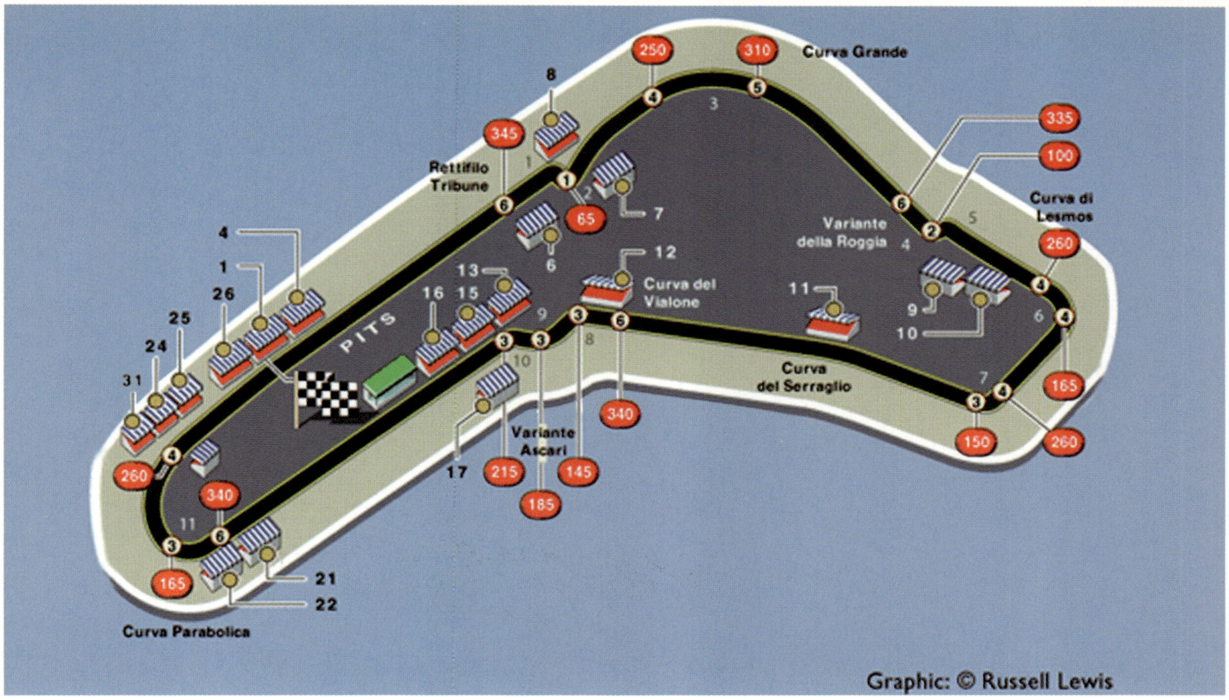

Graphic: © Russell Lewis

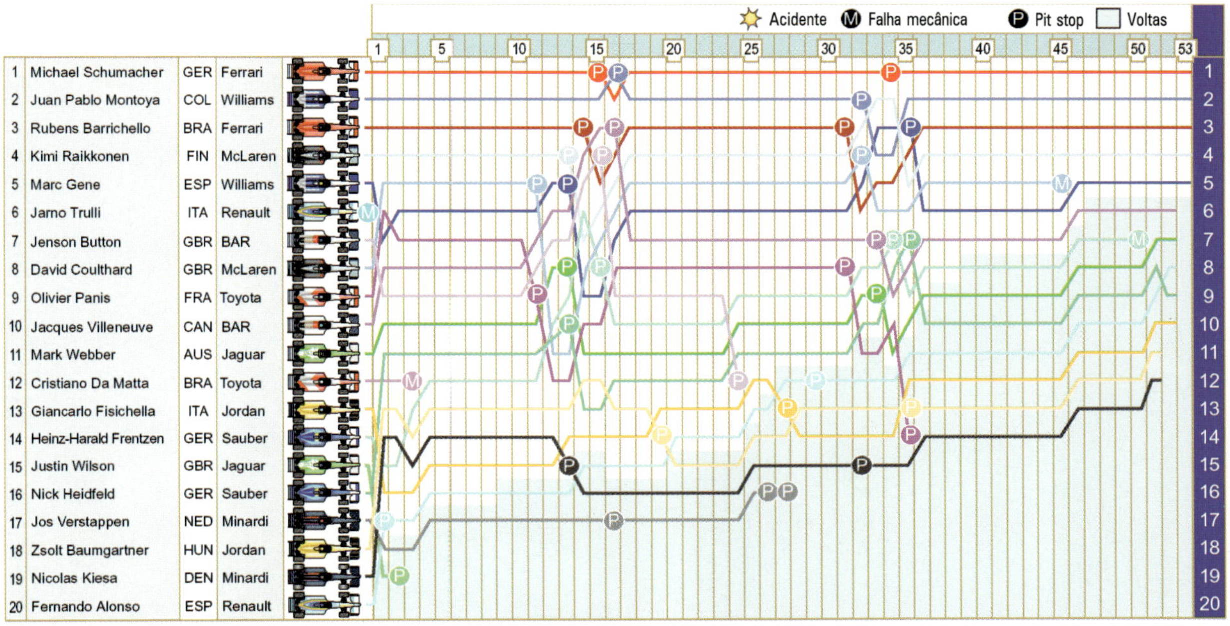

Condições Atmosféricas

Sexta: Seco Ar: 16º/33º. Pista:13º/44º
Sábado: Seco: Ar: 17º/26º. Pista: 19º/46º
Domingo: Seco. Ar: 23º/25º. Pista: 41º/44º

Melhor Pit Stop

Sauber
Heidfeld
29,333s

Velocidades de Ponta Km/h

Maior: M. Schumacher – 368,8
Menor: Trulli – 294,9

Data: 14.09.2003 **Público:** 120.000
Distância: 53 voltas de 5,793m – 306,720Km
Treinaram:21 **Largaram:**20 **Classificados:**13
Recorde da volta nos treinos: J. P. Montoya (Williams FW24/BMW) 1m20,264s; 259,827 Km/h – 2002
Recorde anterior na volta na corrida: R. Barrichello (Ferrari F2002) 1m23,657s; 249,289 Km/h – 2002
Novo recorde da volta na corrida: M. Schumacher (Ferrari F2003-GA) 1m21,832s; 254,848 Km/h – 2003
Média do vencedor: 247,585 km/h.

CLASSIFICAÇÃO FINAL

CL.	Nº	PILOTOS	CHASSIS/MOTOR	Pneus	SEXTA-FEIRA 1º Treinos Livres	SEXTA-FEIRA Treinos Qualificativos	SÁBADO 2º Treinos Livres	SÁBADO 3º Treinos Livres	Warm-up	N.º VOLTAS	MELHOR VOLTA	TEMPO FINAL DIFERENÇA/CAUSA
1º	**1**	**M. SCHUMACHER**	**FERRARI F2003-GA**	**B**	1.21,152	1.21,268	**1.21,623**	1.21,586	1.27,906	**53**	**(14ª) 1.21,832**	**1h14m19,838s**
2º	3	Juan P. Montoya	Williams FW25/BMW	M	1.21,556	**1.20,656**	1.22,646	**1.21,468**	1.21,819	53	(31ª) 1.22,126	a 5,294s
3º	2	Rubens Barrichello	Ferrari F2003-GA	B	**1.21,001**	1.20,784	1.22,146	1.22,108	**1.21,633**	53	(13ª) 1.22,095	a 11,835s
4º	6	Kimi Räikkönen	McLaren MP4-17D/Mercedes	M	1.21,318	1.21,966	1.22,718	1.22,091	1.22,512	53	(32ª) 1.22,032	a 12,834s
5º	4	Marc Gene	Williams FW25/BMW	M	—	1.22,786	1.22,685	1.22,271	1.22,534	53	(12ª) 1.22,413	a 27,891s
6º	16	J. Villeneuve	BAR 005/Honda	B	1.23,151	1.22,858	1.23,120	1.22,906	1.22,472	52	(13ª) 1.23,039	a 1 volta
7º	14	Mark Webber	Jaguar R4/Cosworth	M	1.22,368	1.21,966	1.24,454	1.23,294	1.23,378	52	(10ª) 1.23,778	a 1 volta
8º	8	Fernando Alonso	Renault R23B	M	1.22,100	1.22,103	1.22,731	1.22,399	1.22,591	52	(47ª) 1.23,195	a 1 volta
9º	9	Nick Heidfeld	Sauber C22/Petronas	B	1.22,821	1.22,547	1.24,134	1.23,846	1.24,157	52	(9ª) 1.24,225	a 1 volta
10º	11	G. Fisichella	Jordan EJ13/Ford	B	1.23,794	1.24,179	1.25,194	1.24,688	1.23,270	52	(52ª) 1.25,133	a 1 volta
11º	12	Zsolt Baumgartner	Jordan EJ13/Ford	B	1.24,891	1.24,872	1.26,295	1.25,916	1.26,363	51	(38ª) 1.25,549	a 2 voltas
12º	18	Nicolas Kiesa	Minardi PS03/Cosworth	B	1.26,903	1.26,299	1.25,870	1.26,160	1.27,384	51	(49ª) 1.26,127	a 2 voltas
13º	10	Heinz H. Frentzen	Sauber C22/Petronas	B	1.22,929	1.23,203	1.23,572	1.23,461	1.23,382	50	(14ª) 1.23,518	transmissão
	5	David Coulthard	McLaren MP4-17D/Mercedes	M	1.21,675	1.23,154	1.22,552	1.22,194	1.22,480	45	(10ª) 1.22,427	pressão da gasolina
	20	Olivier Panis	Toyota TF103	M	1.22,584	1.22,372	s/tempo	1.22,321	1.23,095	35	(10ª) 1.23,303	freios de oleo
	19	Jos Verstappen	Minardi PS03/Cosworth	B	1.24,652	s/tempo	1.25,934	1.25,749	s/tempo	27	(22ª) 1.25,816	fuga no radiador óleo
	17	Jenson Button	BAR 005/Honda	B	1.21,913	1,22,495	1.22,642	1.22,378	1.22,462	24	(13ª) 1.23,225	câmbio
	21	C. Da Matta	Toyota TF103	M	1.21,881	1.21,829	1.23,312	1.23,195	1.23,467	3	(3ª) 1.26,148	Pneu furado/saída pista
	15	Justin Wilson	Jaguar R4/Cosworth	M	1.23,478	1.23,609	1.23,955	1.24,239	1.23,601	2	(13ª) 1.59,265	transmissão
	7	Jarno Trulli	Renault R23B	M	1.22,335	1.22,034	1.22,735	1.22,333	1.22,581	0	—	circuito hidráulico
	4	Ralf Schumacher	Williams FW25/BMW	M	1.22,312	s/tempo	—	—	-	-	—	não largou

Toyota

Photo 4

O magnífico Parque de Monza é um cenário de sonho para os Fórmula 1 e o Grande Prémio é uma festa a que ninguém quer faltar, nem sequer o cardeal de Milão, ao lado.

vodafone
vodafone
vodafone
HONDA
West
Mobil 1
West
panasonic
WELLA
anasonic

vodafone
vodafone
HONDA
16
20
LOCTITE
Mobil 1
Mercedes-Benz
West
L. Gorys

United States Grand Prix

Indianapolis

Ferrari

Photo 4

No impressionante cenário de Indianapolis, a luta começou por ser entre os Williams e os Ferrari, mas Barrichello e Montoya tocaram-se muito cedo, com o brasileiro a abandonar de imediato e o colombiano a ser mal penalizado pelos Comissários Desportivos.

CASO DA CORRIDA

COMISSÁRIOS "TRAMARAM" MONTOYA

A candidatura de Juan Pablo Montoya morreu às mãos dos Comissários Desportivos, que penalizaram o colombiano com um "drive through" no pior momento possível, quando estava a chover mais e ainda tinha pneus para piso seco montados no seu FW25. Tudo porque Montoya e Barrichello se tocaram no início da 3ª volta, com o brasileiro a sair de pista, condenado ao abandono. O Ferrari de Barrichello estava com problemas de caixa de velocidades e, por isso, era uma presa mais fácil para os seus rivais. Coulthard passou-o no início da 2ª volta e Montoya estava a fazer a mesmo uma volta mais tarde, mas ficou sem espaço na entrada da segunda curva e o toque foi inevitável. Tratou-se dum normalíssimo incidente de corrida e Barrichello nem ficou zangado com o seu grande amigo.

Ninguém esperava uma punição mas 27 minutos depois do incidente Montoya foi penalizado com um "drive through", exactamente quando estava a caminho das boxes para montar pneus de chuva.

Assim, foi forçado a passar pelas boxes sem se deter, efectuando mais uma volta com os pneus errados, o que, no total, lhe custou cerca de um minuto, a possibilidade de lutar pelas primeiras posições e, em última instância, a possibilidade de ir para Suzuka ainda em posição de ser Campeão do Mundo.

Schumacher a um ponto do título

Jordan

Chuva ajuda Schumacher a vencer. O alemão fica a um ponto do título, com Montoya fora da corrida. Sensacional Räikkönen é 2º e Frentzen dá pódio inesperado à Sauber. Comissários erram ao penalizar Montoya.

As condições atmosféricas foram decisivas para o resultado final do Grande Prémio dos Estados Unidos da América, com benefício de Michael Schumacher e claro prejuízo para os pilotos da Michelin, deixando o Mundial de Pilotos praticamente decidido, pois o alemão saiu de Indianápolis necessitando de apenas um ponto na última corrida do ano para garantir o seu sexto título, quarto consecutivo.

Foi uma corrida muito movimentada, com os homens da Michelin a terem vantagem com piso seco ou um pouco de chuva, enquanto que com chuva intensa a vantagem foi claramente da Bridgestone. E como entre as voltas 20 e 45 os pneus de chuva foram mais rápidos, a vantagem ficou para os homens da Ferrari e da Sauber, pois os da BAR tiveram de abandonar com motores partidos.

Para Michael Schumacher a chuva foi mesmo providencial, pois apesar de ter tido de parar em voltas consecutivas (ler Momento Decisivo), o tempo perdido com a segunda paragem foi amplamente compensado pela superioridade dos pneus Bridgestone e pela sua particular apetência para rodar com piso molhado. O alemão chegou a estar fora dos pontos, mas ultrapassou rapidamente os homens da Michelin, superando Alonso à 26ª volta e Räikkönen duas voltas mais tarde. Beneficiando dos problemas de Montoya, do despiste do seu irmão Ralf e de igual erro de Webber, subiu até ao 3º posto, atrás de Button e Frentzen. Estes tinham parado no momento certo para reabastecerem e trocarem para pneus de chuva ao mesmo tempo, o que os deixou, inesperadamente, nas primeiras posições. Mas contra o Ferrari de Schumacher não havia modo de resistir, fosse com um BAR, fosse com um Sauber, pelo que tanto Frentzen (33ª volta) como Button (38ª volta), tiveram de ceder face ao alemão, que, assim, ascendeu ao comando da corrida. A impressionante corrida de Button chegou ao fim na 41ª volta, quando o motor Honda cedeu, enquanto Frentzen não teve meios para se defender de Räikkönen quando já estavam todos com pneus para seco, cedendo a 2ª posição a 18 voltas do fim.

Nessa altura a vantagem de M. Schumacher face ao finlandês era já superior a 20 segundos, pelo que tudo estava decidido e os dois homens ficaram separados por nove pontos, deixando o alemão em clara posição de garantir o título em Suzuka. Quanto ao terceiro candidato, Montoya, teve um dia para esquecer. Problemas nos dois reabastecimentos, uma penalização injusta e inoportuna (ler Caso da Corrida) e alguns erros na chuva deixaram-no fora da corrida para o título, pois terminou apenas em 6º lugar, depois de passar Fisichella a poucas voltas do fim.

Frentzen e Heidfeld (5º) deram à Sauber pontos preciosíssimos na luta pelo 5º lugar entre os Construtores, apesar do mais jovem dos alemães ter tido de efectuar uma paragem extra para montar pneus de chuva, depois do seu reabastecimento. Trulli foi o 4º, recuperando parte do terreno perdido na qualificação, enquanto Fisichella fez o que pôde com um carro pesadíssimo nas últimas 30 voltas – por erro Jordan colocara 30 quilos de gasolina a mais no depósito... – e acabou por cair para a 7ª posição, mesmo assim a sua melhor performance desde a vitória no Brasil. E Justin Wilson marcou o primeiro ponto da sua carreira, dando um bom passo para tentar manter-se na Jaguar para além do final da temporada.

MOMENTO DECISIVO

DEUS DÁ, DEUS TIRA

Quando começou a chuviscar no início da 5ª volta, os pilotos da Bridgestone ficaram em dificuldades, pois os Michelin adaptam-se muito melhor a esta situação. Montoya e Alonso passaram M. Schumacher com facilidade, mas o alemão conseguiu defender-se de Trulli, apesar de perder um segundo por volta para os dois pilotos hispânicos. A chuva parou à 9ª volta e o alemão pôde chegar-se a Alonso, mas foi quando começou a chover com maior intensidade, à 20ª volta, que os pratos da balança se inclinaram definitivamente para o lado da Bridgestone. Schumacher até errou ao manter os pneus para piso seco quando reabastecer no final daquela volta, regressando às boxes uma volta mais tarde para montar pneus de chuva, mas como estes foram necessários até ao segundo reabastecimento, à 48ª volta, o alemão teve 27 voltas para ganhar uma vantagem decisiva a Räikkönen e assegurar a vitória. O que a chuva tinha começado por dar aos homens da Michelin, acabou por lhes retirar, em última instância.

1º Michael Schumacher
2º Kimi Räikkönen
3º Heinz-Harald Frentzen
4º Jarno Trulli
5º Nick Heidfeld
6º Juan Pablo Montoya
7º Giancarlo Fisichella
8º Justin Wilson
9º Cristiano da Matta
10º Jos Verstappen
11º Nicolas Kiesa

Pontuação Pilotos

92 Michael Schumacher
83 Kimi Räikkönen
82 Juan Pablo Montoya
58 Ralf Schumacher
55 Rubens Barrichello
55 Fernando Alonso
45 David Coulthard
29 Jarno Trulli
17 Mark Webber
13 Heinz-Harald Frentzen
12 Giancarlo Fisichella
12 Jenson Button
8 Cristiano da Matta
6 Nick Heidfeld
6 Olivier Panis
6 Jacques Villeneuve
4 Marc Gené
1 Ralph Firman
1 Justin Wilson

Construtores

147 Ferrari
144 Williams/BMW
128 McLaren-Mercedes
84 Renault
19 Sauber/Petronas
18 Bar/Honda
18 Jaguar/Cosworth
14 Toyota
13 Jordan/Ford

↑ Schumacher, Räikkönen e Sauber

↓ Comissários Desportivos e Honda

70ª vitória de M. Schumacher (6ª do ano)

2ª vitória de M. Schumacher em Indianápolis

166ª vitória Ferrari

100ª prova Ferrari nos pontos em 125 GPs

1º pódio Frentzen em três anos

1º ponto de Wilson

United States Grand Prix

Qualificação

> *“Correrei para ganhar estas duas últimas provas.”*
> **Ralf Schumacher**

Räikkönen em forma

Ferrari

Era evidente desde o início dos treinos que a Michelin tinha uma pequena vantagem técnica em Indianápolis, e tinham sido os Renault a dominar os acontecimentos desde 6ª feira de manhã, sobretudo através de Jarno Trulli. Mas o italiano complicou muito a sua tarefa ao despistar-se no final do Warm-Up, obrigando os seus mecânicos a um enorme trabalho contra-relógio para reparar o R23 a tempo da qualificação. Mas nem tudo ficou como era dantes e Trulli acabou por ser uma decepção, não indo além do 10º posição na grelha.
Disso beneficiou Kimi Räikkönen para conseguir a sua 2ª pole position do ano, logo num momento crucial do campeonato.
O finlandês efectuou uma volta impecável, mas numa pista tão curta as diferenças tinham de ser mínimas e, por isso, a emoção durou até ao momento em que se percebeu, no final da sessão, que Trulli estava fora da luta pela pole.
Na verdade os 12 primeiros couberam todos num segundo e a vantagem de Räikkönen sobre Barrichello foi de pouco mais de um décimo de segundo. Pela 5ª vez este ano o brasileiro foi mais rápido que Schumacher e o alemão pagou caro um erro feito logo na primeira curva, pois os dois décimos de segundo perdidos condenaram-no à 7ª posição na grelha, bem atrás dos seus rivais.
A surpresa da qualificação foi o 3º tempo de Olivier Panis, pois mesmo se era certo que o TF103 estava com pouca gasolina no depósito, também não se esperava tanto da equipa japonesa. Em contrapartida, da Matta esteve um pouco longe do francês, mas conseguiu, mesmo assim, o 9º lugar da grelha, colocando os dois Toyota em boa posição para pontuar.
Numa pista onde fazia figura de favorita a Williams esteve um pouco abaixo do esperado, com Montoya a bater R. Schumacher na luta pela 4ª posição. Mas os dois pilotos dos FW25 pensavam ter um pouco mais de gasolina que os seus rivais e, por isso, mantinham um optimismo moderado para a corrida.
Alonso, um pouco abaixo das expectativas, ficou com o 6º tempo, à frente de Coulthard, com o escocês, uma vez mais, a ficar demasiado longe de Räikkönen para o poder ajudar na luta pelo título. Button e Villeneuve foram os melhores do segundo grupo, dando fundadas esperanças à BAR-Honda de chegar aos pontos, com a sua colocação na 6ª linha da grelha.

Mercedes

Honda

TESTES LIVRES

DOMÍNIO RENAULT

Sem surpresa, a Renault dominou por completo esta sessão e o facto mais interessante foi o andamento de Allan McNish. Sabendo que estava fora da equipa para 2004, o escocês decidiu mostrar o seu valor e esteve à frente da tabela de tempos durante grande parte do treino. Só quando Trulli e Alonso rodaram em condições de qualificação é que McNish caiu para o 3º lugar, mas a mensagem estava dada. Webber e Wilson ficaram atrás dos Renault, seguindo-se os dois Jordan de Fisichella e Firman. O estreante Bjorn Wirdheim ficou com o último tempo, mas fez um bom trabalho para a Jordan, testando pneus para a corrida. E na Minardi Bruni continuou a dar nas vistas ao ser mais rápido que Verstappen, tendo ambos deixado Kiesa a meio segundo.

Räikkönen (em cima) efectuou uma corrida sensacional mas não teve pneus para acompanhar Schumacher no molhado. Em contrapartida, os Bridgestone deram uma enorme ajuda a Frentzen (em cima à direita) a conseguir um sensacional terceiro lugar com a Sauber. Villeneuve (à esquerda) teve mais um dia negativo, abandonando com o motor partido, mas o americanos vibraram com os F. 1 nesta pista única.

2ª pole de Räikkönen

114ª pole McLaren

43ª pole de um motor Mercedes

“Será difícil meter na cabeça do Ralf que deve ajudar o Montoya.”
Jean Alesi

“Tudo o que podia dar errado na corrida, deu ... e de muito errado...”
Juan Pablo Montoya

Fotos Renault

> *“Não vou desistir.”*
> **Kimi Räikkönen**

Vantagem quase inalcançável

O segundo lugar de Räikkönen adiou a decisão do título para a última prova, o que acontece pela primeira vez desde 1999. No entanto, a vantagem de nove pontos de M. Schumacher é quase inalcansável: nunca ninguém conseguiu suplantar tal diferença. O máximo foram o sete pontos de Mansell que Prost conseguiu anular para se tornar campeão em 1986, na Austrália.

Decisão no Japão

Este foi o 23º ano em que a decisão do campeonato foi adiada até à última prova, e por 13 vezes o campeão foi o piloto que chegou à última prova na liderança. Suzuka será pela quarta vez o palco da decisão final – um recorde. Monza e a Cidade do México já tiveram três corridas decisórias.

Photo 4

Jordan

Toyota

Photo 4

Ville: 100 GPs sem vitórias

J.Villeneuve completou 100 GPs sem uma vitória – a sua última foi no GP do Luxemburgo de 1997, no Nürburgring.

Fisichella pontua

O italiano pontuou pela primeira vez depois de ganhar o GP do Brasil. Evitou assim ser o 10º piloto a ganhar um GP e não pontuar pelo resto do ano. Jean-Pierre Jabouille foi o último a fazê-lo, em 1979 e 1980. Físico acabou assim com a pior série de resultados da Jordan.

As constantes alterações das condições da pista trocaram as voltas às equipas, proporcionando lutas pouco comuns, como esta entre Räikkönen e Wilson (ao cimo). A Toyota precipitou-se (em meio) e acabou por comprometer a corrida dos seus pilotos, enquanto Frentzen (acima) esteve em grande forma, mostrando que a sua rapidez se mantém intacta. A torre de Indianapolis é única, mas Firman (à esquerda) nunca chegou a figurar entre os primeiros.

15 United States Grand Prix

Grid

1. 6 – K. RÄIKKÖNEN 1.11,670
2. 2 – R. Barrichello 1.11,794
3. 20 – Olivier Panis 1.11,920
4. 3 – J. P. Montoya 1.11,948
5. 4 – R. Schumacher 1.12,078
6. 8 – F. Alonso 1.12,087
7. 1 – M. Schumacher 1.12,194
8. 5 – D. Coulthard 1.12,297
9. 21 – C. da Matta 1.12,326
10. 7 – J. Trulli 1.12,566
11. 17 – J. Button 1.12,695
12. 16 – J. Villeneuve 1.13,050
13. 9 – N. Heidfeld 1.13,083
14. 14 – M. Webber 1.13,269
15. 10 – H-H Frentzen 1.13,447
16. 15 – J. Wilson 1.13,585
17. 11 – G. Fisichella 1.13,798
18. 12 – R. Firman 1.14,027
19. 19 – J. Verstappen 1.15,360
20. 18 – N. Kiesa 1.15,644

Diferença entre a pole e o último: 3,974s
Diferença em 2002: 3,019s
Pole de 2002: M. Schumacher (Ferrari F2002) -1m10,790s

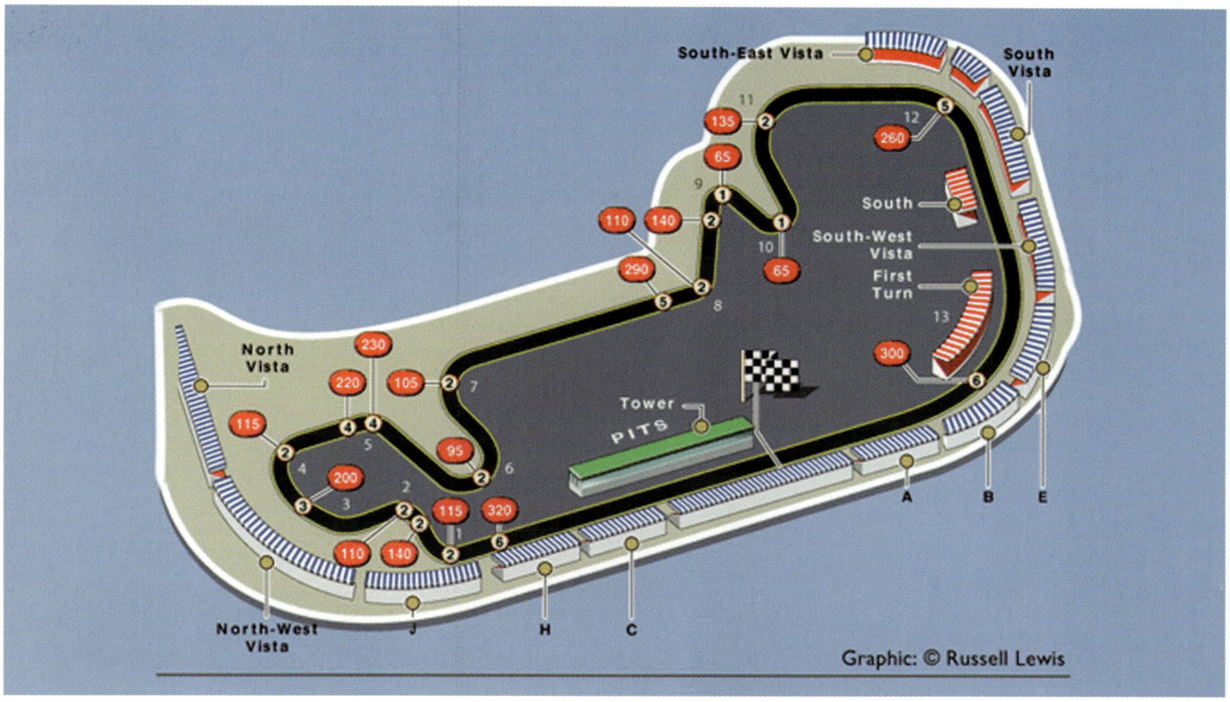

Grid Position/Driver	Nat	Car
1 Kimi Raikkonen	FIN	McLaren
2 Rubens Barrichello	BRA	Ferrari
3 Olivier Panis	FRA	Toyota
4 Juan Pablo Montoya	COL	Williams
5 Ralf Schumacher	GER	Williams
6 Fernando Alonso	ESP	Renault
7 Michael Schumacher	GER	Ferrari
8 David Coulthard	GBR	McLaren
9 Cristiano Da Matta	BRA	Toyota
10 Jarno Trulli	ITA	Renault
11 Jenson Button	GBR	BAR
12 Jacques Villeneuve	CAN	BAR
13 Nick Heidfeld	GER	Sauber
14 Mark Webber	AUS	Jaguar
15 Heinz-Harald Frentzen	GER	Sauber
16 Justin Wilson	GBR	Jaguar
17 Giancarlo Fisichella	ITA	Jordan
18 Ralph Firman	IRL	Jordan
19 Jos Verstappen	NED	Minardi
20 Nicolas Kiesa	GBR	Minardi

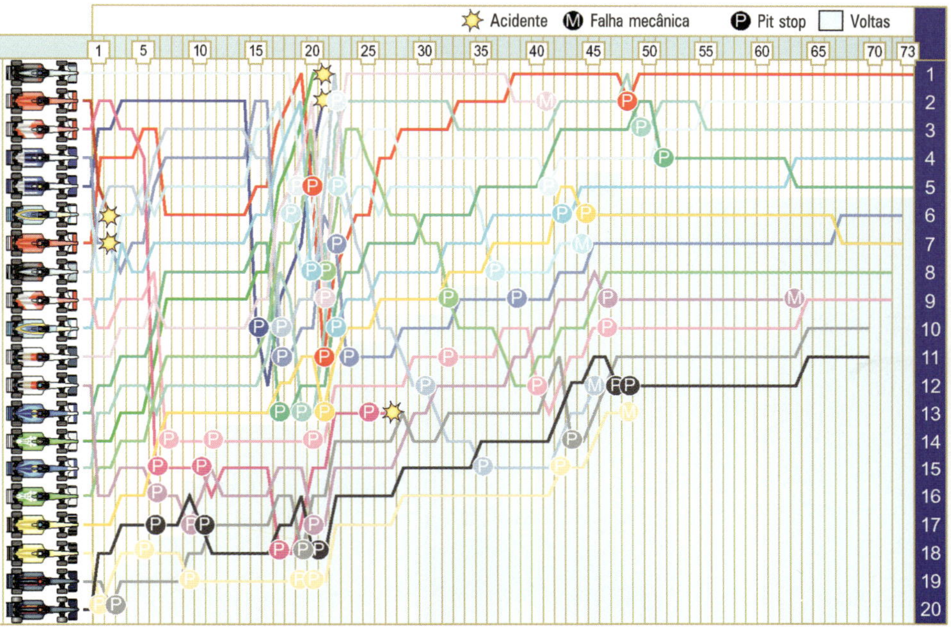

Condições Atmosféricas

Sexta: seco nublado. Ar: 13º/16º. Pista: 15º/20º **Sábado:** seco, sol depois nublado. Ar: 13º/20º. Pista: 9º/34º. **Domingo:** seco, chuva, seco. Ar: 13º/15º. Pista: 16º/17º

Velocidades Ponta Km/h

Maior: Montoya – 350,3
Menor: Fisichella – 328,5

Data: 28.09.2003 **Público:** 90.000
Distância: 73 voltas de 4.192m– 306,016
Treinaram:20 **Largaram:**20 **Classificados:**11
Recorde da volta nos treinos:M. Schumacher (Ferrari F2002) 1m 10,790s; 213,183Km/h – 2002
Recorde anterior na volta na corrida: R. Barrichello (Ferrari F2002) 1m 12,738s; 207,473 Km/h – 2002
Novo recorde da volta na corrida:M. Schumacher (Ferrari F2003-GA) 1m 11,473s; 211,145 Km/h – 2003
Média do vencedor: 196,164 km/h.

CLASSIFICAÇÃO FINAL

CL.	Nº	PILOTOS	CHASSIS/MOTOR	Pneus	SEXTA-FEIRA 1º Treinos Livres	SEXTA-FEIRA Treinos Qualificativos	SÁBADO 2º Treinos Livres	SÁBADO 3º Treinos Livres	Warm-up	N.º VOLTAS	MELHOR VOLTA	TEMPO FINAL DIFERENÇA/CAUSA
1º	**1**	**M. SCHUMACHER**	**FERRARI F2003-GA**	**B**	1.11,656	1.10,736	s/tempo	1.11,139	1.12,688	**73**	**(13ª) 1.11.473**	**1h33m35,997s**
2º	6	Kimi Räikkönen	McLaren MP4-17D/Mercedes	M	1.11,876	1.10,756	s/tempo	1.11,493	1.12,177	73	(9ª) 1.11,617	a 18,258s
3º	10	Heinz H. Frentzen	Sauber C22/Petronas	B	1.13,881	1.13,541	1.13,363	1.12,680	1.13,925	73	(71ª) 1.13,338	a 37,964s
4º	7	Jarno Trulli	Renault R23B	M	**1.11,153**	**1.09,566**	**1.12,408**	1.11,124	s/tempo	73	(14ª) 1.12,015	a 48,329s
5º	9	Nick Heidfeld	Sauber C22/Petronas	B	1.13,601	1.17,768	1.14,439	1.12,380	1.13,612	73	(13ª) 1.13,085	a 56,403s
6º	3	Juan P. Montoya	Williams FW25/BMW	M	1.11,842	1.10,372	1.12,495	1.11,232	1.12,083	72	(9ª) 1.11,595	a 1 volta
7º	11	G. Fisichella	Jordan EJ13/Ford	B	1.12,849	1.12,227	1.18,267	1.13,458	1.14,347	72	(13ª) 1.13,630	a 1 volta
8º	15	Justin Wilson	Jaguar R4/Cosworth	M	1.12,387	1.19,491	1.13,781	1.13,275	1.13,982	71	(12ª) 1.13,324	a 2 voltas
9º	21	C. Da Matta	Toyota TF103	M	1.12,084	1.11,949	1.13,098	1.12,671	1.12,699	71	(13ª) 1.13,231	a 2 voltas
10º	19	Jos Verstappen	Minardi PS03/Cosworth	B	1.18,255	s/tempo	1.14,411	1.14,335	1.14,985	69	(68ª) 1.15,257	a 4 voltas
11º	18	Nicolas Kiesa	Minardi PS03/Cosworth	B	1.13,537	1.21,973	1.14,493	1.14,781	1.15,258	69	(67ª) 1.14,737	a 4 voltas
	16	J. Villeneuve	BAR 005/Honda	B	1.12,656	1.18,547	1.13,960	1.12,931	1.13,600	63	(62ª) 1.13,538	motor
	12	Ralph Firman	Jordan EJ13/Ford	B	1.13,167	1.19,383	s/tempo	1.13,749	1.14,508	48	(11ª) 1.14,687	motor
	5	David Coulthard	McLaren MP4-17D/Mercedes	M	1.11,967	1.10,450	s/tempo	1.11,355	1.12,951	45	(12ª) 1.12,009	câmbio
	8	Fernando Alonso	Renault R23B	M	1.11,692	1.10,556	1.12,741	1.12,135	**1.12,079**	44	(9ª) 1.11,525	motor
	17	Jenson Button	BAR 005/Honda	B	1.12,331	1.11,847	1.14,911	1.12,186	1.13,203	41	(10ª) 1.13,038	motor
	20	Olivier Panis	Toyota TF103	M	1.11,388	1,17,666	1.13,306	1.11,758	1.12,127	27	(12ª) 1.13,340	saída de pista
	14	Mark Webber	Jaguar R4/Cosworth	M	1.11,794	1.10,081	1.13,573	1.11,800	1.13,019	21	(12ª) 1.13,099	saída de pista
	4	Ralf Schumacher	Williams FW25/BMW	M	1.11,339	1.10,222	1.12,468	1.12,060	1.12,958	21	(13ª) 1.11,905	suspensão
	2	Rubens Barrichello	Ferrari F2003-GA	B	1.11,499	1.09,835	1.12,510	**1.11,112**	1.12,537	2	(2ª) 1.13,905	colisão

Fotos Ferrari

O triunfo em Indianapolis deixou Michael Schumacher a um ponto do seu sexto título e o alemão festejou de forma exuberante esta importante vitória.

L. Gorys

Fuji Television Japanese Grand Prix

Suzuka

O dia mais perfeito da Ferrari

Mercedes

Barrichello vence, Michael Schumacher e a Ferrari garantem os respectivos títulos. Segundo lugar de Räikkönen não chega mas Schumacher é apenas 8º, depois duma corrida plena de erros.

Tanta foi a emoção na corrida decisiva do Mundial que até parecia que Bernie Ecclestone estava a ocupar-se da encenação deste último ato do campeonato, a partir da sua casa em Londres. Era legítimo pensar que Schumacher iria passear-se em Suzuka, pois não devia ser-lhe difícil chegar ao 8º lugar, mas a qualificação baralhou bastante as coisas e o nervosismo do alemão fez o resto. Por duas ocasiões, antes de cada um dos seus reabastecimentos, Kimi Räikkönen foi mesmo campeão virtual – liderava com o alemão fora dos pontos – o que era uma situação impensável quando se iniciou este fim-de-semana.

Quem não sentiu problemas com a pressão foi Rubens Barichello. O brasileiro não conseguiu resistir a Montoya na 1ª volta, pois os Michelin eram os pneus mais adaptados às circunstâncias, mas

Ferrari

L. Gorys

o abandono do colombiano à 9ª volta, juntamente com a quebra do motor de Alonso à 18ª volta, deixaram-no numa situação muito tranquila e o piloto da Ferrari só teve de controlar a distância para os dois McLaren, vencendo sem contestação, no final duma corrida sem mácula. Desta forma o paulista garantiu o título de construtores à Ferrari e ofereceu o de pilotos a M. Schumacher, pois só uma vitória de Räikkönen poderia colocar o alemão em perigo.
Em contrapartida, o candidato ao título colocou por diversas vezes em perigo a sua histórica consagração, com erros que só raramente se lhe vêem e logo na corrida decisiva. Schumacher passou mesmo 33 voltas – das 53 da corrida – fora dos pontos, o que lhe podia ter custado o Mundial.
Depois de ter escapado a todos os incidentes que provocou, o alemão lá optou por manter o 8º lugar na última meia dúzia de voltas, para assegurar o título, mas a verdade é que foi moderado nos seus festejos, admitindo ter cometido demasiados erros. Mas os campeonatos não se vencem numa corrida e, por isso, o alemão pôde ficar tranquilo quanto ao mérito do seu título.
Räikkönen fez tudo o que estava ao seu alcance para vencer, mas não tinha carro para bater Barrichello e só terminou na frente de Coulthard porque o escocês não teve ordem para atacá-lo nas últimas 20 voltas. O chassis que Räikkönen herdou do seu companheiro de equipa antes da qualificação nunca ficou bem acertado e, por isso, o nórdico teve grandes dificuldades em impor um ritmo veloz, mesmo depois de se ter desembaraçado de Cristiano da Matta após o primeiro reabastecimento. E Coulthard foi 3º no final da sua melhor corrida da segunda metade do campeonato, mesmo sacrificado aos interesses da equipa.
Quanto aos pilotos da Williams, tiveram um dia para esquecer. Montoya parecia ter a corrida dominada quando abandonou com um problema hidráulico à 9ª volta. Quanto a R. Schumacher, competiu em erros com o seu irmão, saindo na chicane na 2ª volta ao tentar passar Trulli, tocando em Frentzen no mesmo ponto da pista à 8ª volta, o que provocou danos irreparáveis ao Sauber, antes de ser apanhado na embrulhada do final da 41ª volta (ler Caso da Corrida), o que o atirou definitivamente para fora dos pontos, entregando o título de construtores à Ferrari.
Com tudo isto Jenson Button deu uma enorme alegria à BAR-Honda com o seu 4º lugar, depois duma corrida sensacional, em que não cometeu o mais pequeno erro e mostrou capacidade para liderar a equipa em 2004. Quanto a Takuma Sato, não podia ter tido melhor estreia com a sua nova equipa, pois terminou nos pontos, como tinha feito um ano atrás na despedida da Jordan, ao chegar num sensacional 6º lugar que ajudou a BAR a terminar o Mundial de Construtores na 5ª posição.
Entre ambos os pilotos de David Richards ficou Trulli, que recuperou o mais que pôde da sua última posição na grelha, mas não teve motor que o ajudasse a atacar Button, depois do último reabastecimento de ambos. Nota muito positiva, por fim, para Cristiano da Matta, que voltou a ser o melhor representante da Toyota, conquistando dois preciosos pontos para a marca japonesa e defendendo-se dos ataques de M. Schumacher com uma autoridade notável.

Em Suzuka a Ferrari ganhou tudo. A corrida foi para Barrichello (à esquerda), mas os títulos foram para Michael Schumacher e Scuderia (ao cimo).

16

1º Rubens Barrichello
2º Kimi Räikkönen
3º David Coulthard
4º Jenson Button
5º Jarno Trulli
6º Takuma Sato
7º Cristiano da Matta
8º Michael Schumacher
9º Nick Heidfeld
10º Olivier Panis
11º Mark Weber
12º Ralf Schumacher
13º Justin Wilson
14º Ralph Firman
15º Jos Verstappen
16º Nicolas Kiesa

Pontuação
Pilotos
93 Michael Schumacher
91 Kimi Räikkönen
82 Juan Pablo Montoya
65 Rubens Barrichello
58 Ralf Schumacher
55 Fernando Alonso
51 David Coulthard
33 Jarno Trulli
17 Jenson Button
17 Mark Weber
13 Heinz-Harald Frentzen
12 Giancarlo Fisichella
10 Cristiano da Matta
6 Nick Heidfeld
6 Olivier Panis
6 Jacques Villeneuve
4 Marc Gene
3 Takuma Sato
1 Ralph Firman
1 Justin Wilson

Construtores
158 Ferrari
144 Williams/BMW
142 McLaren-Mercedes
88 Renault
26 Bar/Honda
19 Sauber/Petronas
18 Jaguar/Cosworth
16 Toyota
13 Jordan/Ford

Barrichello e BAR-Honda
Michael e Ralf Schumacher

7ª vitória de Barrichello (2ª do ano e 1ª no Japão)

167ª vitória Ferrari (8ª do ano)

1º GP do ano de Sato e seus primeiros pontos

Qualificação

"Não tive carro para ganhar."
Kimmi Räikkönen

MOMENTO DECISIVO

DA MATTA ATÉ AJUDOU

É certo que Cristiano da Matta nunca deu passagem a M. Schumacher na segunda parte da corrida, mas o brasileiro até ajudou à conquista do 6º título ao aguentar os McLaren atrás de sí até ao primeiro reabastecimento. Isso permitiu a fuga de Barrichello, o que foi decisivo para o resultado final da corrida. Coulthard já estava 14,7s atrás do ferrarista quando se desembaraçou do Toyota, com a diferença a chegar a 23,9 seg. antes do terceiro reabastecimento dos dois primeiros. É, assim, evidente que o piloto da McLaren não tinha andamento para Barrichello, mas também é verdade que o tempo perdido nas primeiras dez voltas foi fatal às aspirações de Coulthard e, por tabela, de Räikkönen.

5º título Ferrari de Construtores consecutivo

13º título Ferrari (11º em 12 anos)

6º título de M. Schumacher (4º consecutivo).

9ª pole de Barrichello (3ª do ano)

166ª pole Ferrari

3ª primeira fila Barrichello/ Montoya

CASO DA CORRIDA

OS ERROS DE SCHUMACHER

Esta foi a 4ª vez que M. Schumacher chegou à última corrida ainda a discutir o título e foi, também, a 4ª vez em que o alemão errou clamorosamente nessas corridas, mostrando que sob pressão extrema cede sempre. Depois de Adelaide/94, Jerez/97 e Suzuka/98, o hexacampeão do Mundo começou por sair de pista na Spoon Curva à 3ª volta, antes de se tocar com Sato na chicane à 6ª volta, quebrando a frente do seu Ferrari, o que forçou uma paragem mais demorada nas boxes. Depois, quando estava em luta com da Matta e o seu irmão Ralf, bloqueou as rodas de forma incrível na travagem para a chicane à 41ª volta, não acertando no Toyota por milagre e sendo tocado apenas ao de leve pelo FW25 do seu irmão, sem que isso danificasse o seu Ferrari.

Até Ross Brawn admitiu, no final, que não há maneira de Schumacher garantir um título mundial de forma tranquila a não ser que o ganhe de avanço, mas com problemas para gerir a pressão ou não, o alemão lá vai ganhando título atrás de título, batendo recorde atrás de recorde e conquistando de forma inexorável o seu lugar na história do automobilismo.

Cristiano da Matta (à esquerda) foi um dos heróis da corrida, ao defender-se bravamente de M. Schumacher. Räikkönen (à direita) fez o que pôde, mas o 2º lugar não foi suficiente para conquistar o Mundial. Os problemas de Michael Schumacher (outras fotos) começaram com a chuva na qualificação (à direita), mas o alemão acusou a pressão com muitos erros na corrida.

Fotos Photo 4

"Respeito Fangio, mas para mim o mais importante é a equipa."
M.Schumacher

"Estava só à espera que o Rubbens parasse..."
Fernando Alonso

Candidatos com problemas!

Quem poderia imaginar que os dois candidatos ao título iriam arrancar para a corrida decisiva apenas na 8ª e 14ª posições? Mas o chuvisco que caiu na fase final da qualificação prejudicou aqueles que tinham sido mais rápidos na primeira sessão qualificativa, com Räikkönen a ter um pouco mais de sorte que Schumacher, pois ainda encontrou a pista em condições razoáveis, enquanto o alemão foi mesmo último a completar a sua volta lançada. Isto porque nem Ralf Schumacher nem Trulli completaram as suas voltas de qualificação – o italiano nem a iniciou! – pois a chuva aumentara de intensidade e não havia maneira de escaparem à última linha da grelha de partida.

No meio disto tudo Rubens Barrichello tirou o melhor partido da situação, pois foi o último a rodar com a pista seca e conseguiu uma pole position categórica, sete décimos de segundo na frente de Montoya. O colombiano errou na Dunlop durante a sua volta e isso foi-lhe fatal, mas ficou no ar a ideia que o Williams FW25 era mesmo o carro mais rápido em Suzuka.

Os grandes beneficiados com a chegada tardia da chuva foram os pilotos da Toyota, que andaram com o asfalto completamente seco e optaram por qualificar-se com pouca gasolina. Cristiano da Matta fez um sensacional 3º tempo na sua primeira visita a tão difícil circuito, batendo Panis de forma clara – quatro décimos de segundo – mas o resultado de conjunto da Toyota foi mesmo espantoso, pois os dois carros vermelhos e brancos ficaram na 2ª linha da grelha de partida. Alonso, que era candidato à pole, foi um dos prejudicados pela chuva, mas ainda salvou o 5º lugar na grelha, enquanto Webber alinhou pelos sortudos e numa pista onde a Jaguar não era competitiva garantiu o 6º lugra à frente dos dois McLaren. Sem nada a perder Coulthard arriscou mais do que Räikkönen, ficando com o 7º tempo, mesmo à frente do seu companheiro de equipa. Button e Wilson completaram os dez primeiros, à frente dos Sauber e do regressado Sato, este a desiludir um pouco depois da sensacional performance na primeira qualificação.

M. Schumacher viu a sua tarefa complicada pelo facto de ter rodado já com a pista relativamente molhada, qualificando-se na 14ª posição, mas ao menos sabia que Räikkönen tinha muito trabalho pela frente para chegar à vitória. Restava-lhe evitar incidentes para garantir um lugar nos pontos, enquanto o finlandês teria de arriscar tudo por tudo para chegar ao triunfo.

> *"Com o Michael sabemos que ele vai conseguir."*
> **Ross Brawn**

Allan McNish (ao lado) despediu-se em grande da Renault, ao ser o mais rápido nos testes livres. Button e Sato (ao centro) deram à BAR-Honda o quinto lugar no Mundial e isso foi amplamente festejado. Barrichello (em baixo à esquerda) terminou a temporada da melhor maneira, com um merecido triunfo, mas Montoya (em baixo à direita) parecia ter a corrida controlada, quando foi condenado ao abandono, por um problema hidráulico.

TESTES LIVRES

McNISH EM GRANDE

Allan McNish quis deixar a sua marca na despedida da Renault e dominou por completo os acontecimentos nos testes livres de Suzuka, terminando a manhã com dois décimos de vantagem sobre Alonso e sete sobre Trulli, isto apesar de ter perdido os últimos cinco minutos da sessão depois de se ter partido o motor do seu R23. Atrás dos Renault, Fisichella deu uma primeira esperança ao ser o 4º mais rápido, batendo Webber, enquanto Firman bateu Wilson, fazendo o melhor uso do seu conhecimento da pista. E o estreante Satoshi Motoyama conseguiu colocar o seu Jordan à frente dos três Minardi, com Verstappen a bater Bruni por pouco e Kiesa a ser claramente o mais lento em pista.

Renault

Honda

Ferrari

Circuito modificado

O traçado de Suzuka foi de novo alterado. Até 2000 teve 5.854 m. Em 2001 passou a 5.859 m. Em 2002, a 5.821 m, com o encurtamento dos esses atrás do pitlane para recuar um pouco a zona de segurança. Nova extensão este ano: 5.807 m, com duas novas novas e uma chicane. O acidente espectacular de McNish em 2002 levou à modificação da curva "130R" mesmo depois da passagem por baixo do túnel, que antes requeria muita coragem para ser feita a fundo. Ela foi dividida em duas curvas, uma "85 Radian", para reduzir a velocidade, logo seguida de uma "340 Radian", como os japoneses lhe chamam.
Logo a seguir a esta zona havia uma chicane, com uma frenagem muito seca para um gancho à direita seguida de uma esquerda. Esta chicana foi avançada uns 65 metros e alargada, passando a ser bem mais rápida. Por isso, a curva antes das arquibancadas ficou mais rápida.

Primeira para sul-americanos

Pela primeira vez na história, três sul-americanos conquistaram as primeiras três posições no grid – Barrichello, Montoya e Da Matta. Foi também a melhor qualificação de Cristiano, igualando a melhor da Toyota.

Schumi fora do Top Tem

Pela segunda vez na sua carreira, M. Schumacher qualificou-se abaixo dos dez primeiros. A sua pior qualificação continua a ser o 16º no GP da Bélgica de 1995, que ganhou.

Sato: bom no Japão

Pela segunda vez, Takuma Sato terminou nos pontos no GP do seu país. Aliás suas únicas pontuações até agora.

Button - primeiro desde Senna

Pela quinta vez, Jenson Button terminou em quarto, seu melhor resultado até agora. No entanto, teve a honra de ser o primeiro piloto com motor Honda a liderar dois GPs consecutivos desde Ayrton Senna ter liderado na Bélgica e na Itália, em 1992.

Montoya e Räikkönen - 50º GP

Coulthard - 132º GP na McLaren

Coulthard igualou o recorde de número de GPs na mesma equipa – Jacques Laffite: 132 GPs na Ligier.

PHOTO4

Grid

1 – 2 – R. BARRICHELLO 1.31,713
2 – 3 – J. P. Montoya 1.32,412
3 – 21 – C. Da Matta 1.32,419
4 – 20 – O. Panis 1.32,862
5 – 8 – F. Alonso 1.33,044
6 – 14 – M. Webber 1.33,106
7 – 5 – D. Coulthard 1.33,317
8 – 6 – K. Räikkönen 1.33,272
9 – 17 – J. Button 1.33,474
10 – 15 – J. Wilson 1.33,558
11 – 9 – N. Heidfeld 1.33,632
12 – 10 – H-H Frentzen 1.33,896
13 – 16 – T. Sato 1.33,924
14 – 1 – M. Schumacher 1.34,302
15 – 12 – R. Firman 1.34,771
16 – 11 – G. Fisichella 1.34,912
17 – 19 – J. Verstappen 1.34,975
18 – 18 – N. Kiesa 1.37,226
19 – 4 – R. Schumacher s/tempo
20 – 7 – J. Trulli s/tempo

Diferença entre o pole e o último (Kiesa): 5,513s
Diferença em 2002: 4,950s
Pole de 2002: M. Schumacher (Ferrari F2002)-1m31,317s

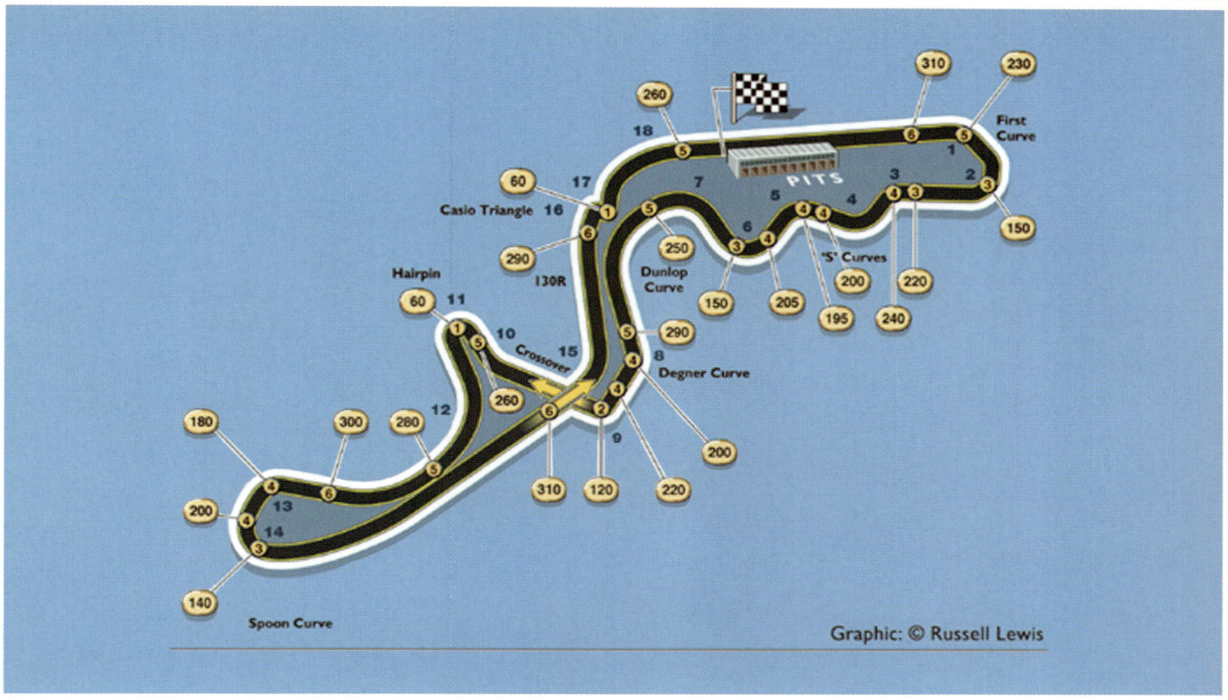

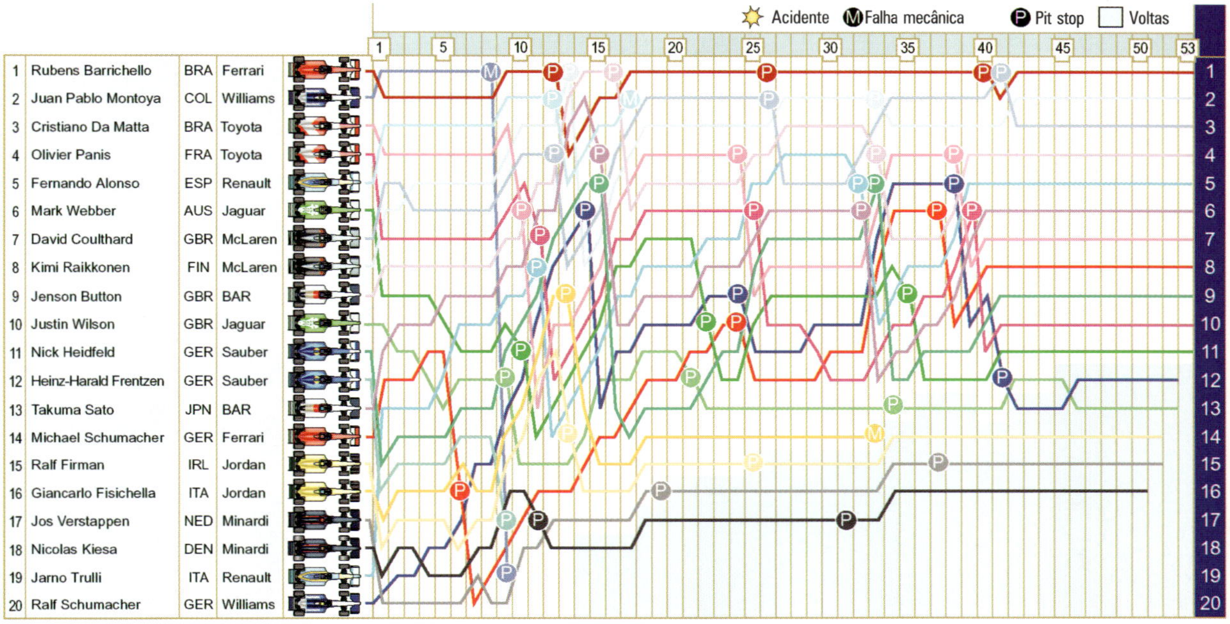

Condições Atmosféricas

Sexta: 18º/24º Ar. Pista: 20º/25º. Nublado e seco
Sábado: 21º/22º Ar. Pista: 22º/25º.Seco e chuviscos
Domingo: 21º/23 Ar. Pista: 22º/23º. Húmido;Seco; Muito nublado;

Velocidades de Ponta Km/h

Maior: M. Schumacher 315,0
Menor: Kiesa 287,5

Data: 12.10.2003 **Público:** 120.000
Distância: 53 voltas de 5.807m – 307,573Km
Treinaram:20 **Largaram:**20 **Classificados:**16
Recorde anterior da volta nos treinos:M. Schumacher (Ferrari F2002) 1m 31,317s; 229,482 Km/h – 2002
Novo recorde da volta na corrida: R. Barrichello (Ferrari F2003-GA) 1m 31,713s; 227,941 Km/h – 2003
Recorde anterior da volta na corrida: M. Schumacher (Ferrari F2002) 1m 36,125s; 218,003 Km/h – 2002
Novo recorde da volta na corrida: R. Schumacher (Williams FW25/BMW) 1m 33,408s; 223,805 Km/h – 2003
Média do vencedor: 216,611 km/h.

CLASSIFICAÇÃO FINAL

					SEXTA-FEIRA		SÁBADO					
CL.	Nº	PILOTOS	CHASSIS/MOTOR	Pneus	1º Treinos Livres	Treinos Qualificativos	2º Treinos Livres	3º Treinos Livres	Warm-up	N.º VOLTAS	MELHOR VOLTA	TEMPO FINAL DIFERENÇA/CAUSA
1º	**2**	**R. BARRICHELLO**	**FERRARI F2003-GA**	**B**	1.31,217	1.30,758	1.33,350	1.32,796	1.33,963	**53**	(18ª) 1.33,703	1h25m 11,743s
2º	6	Kimi Räikkönen	McLaren MP4-17D/Mercedes	M	1.31,303	1.30,558	1.34,523	1.32,930	s/tempo	53	(12ª) 1.34,488	a 11,085s
3º	5	David Coulthard	McLaren MP4-17D/Mercedes	M	1.31,019	1.30,482	1.34,309	s/tempo	1.34,790	53	(14ª) 1.33,416	a 11,614s
4º	17	Jenson Button	BAR 005/Honda	B	1.34,445	1.32,374	1.34,171	1.33,411	1.34,757	53	(14ª) 1.34,605	a 33,106s
5º	7	Jarno Trulli	Renault R23B	M	**1.30,727**	**1.30,281**	1.34,349	1.32,343	s/tempo	53	(26ª) 1.34,546	a 34,269s
6º	16	Takuma Sato	BAR 005/Honda	B	1.32,295	1.31,832	1.34,554	1.33,662	1.34,138	53	(28ª) 1.35,290	a 51,692s
7º	21	C. Da Matta	Toyota TF103	M	1.32,133	1.32,256	1.33,963	1.33,133	1.33,481	53	(16ª) 1.35,192	a 56,794s
8º	1	M. Schumacher	Ferrari F2003-GA	B	1.31,009	1.30,464	1.32,989	1.31,705	s/tempo	53	(14ª) 1.33,553	a 59,487s
9º	9	Nick Heidfeld	Sauber C22/Petronas	B	1.32,694	1.31,783	1.33,749	1.34,558	1.35,450	53	(31ª) 1.34,991	a 1m 00,159s
10º	20	Olivier Panis	Toyota TF103	M	1.32,011	1.31,908	1.34,541	1.33,082	s/tempo	53	(53ª) 1.35,023	a 1m 01,844s
11º	14	Mark Webber	Jaguar R4/Cosworth	M	1.31,977	1.31,305	1.34,599	1.33,807	1.34,504	53	(24ª) 1.34,635	a 1m 11,005s
12º	4	Ralf Schumacher	Williams FW25/BMW	M	1.32,208	1.30,343	**1.32,931**	**1.31,149**	1.34,750	52	**(43ª) 1.33,408**	a 1 volta
13º	15	Justin Wilson	Jaguar R4/Cosworth	M	1.32,735	1.32,291	1.34,119	1.33,952	1.35,778	52	(11ª) 1.35,014	a 1 volta
14º	12	Ralph Firman	Jordan EJ13/Ford	B	1.33,306	1.33,057	1.36,368	1.35,620	1.36,515	51	(15ª) 1.36,662	a 2 voltas
15º	19	Jos Verstappen	Minardi PS03/Cosworth	B	1.35,180	1.34,836	1.36,928	1.37,379	1.35,853	51	(51ª) 1.37,869	a 2 voltas
16º	18	Nicolas Kiesa	Minardi PS03/Cosworth	B	1.35,900	1.36,181	1.38,075	1.37,884	1.38,929	50	(6ª) 1.38,754	a 3 voltas
	11	G. Fisichella	Jordan EJ13/Ford	B	1.33,956	1,33,313	1.36,705	1.35,476	1.34,869	33	(33ª) 1.35,824	falta de gasolina
	8	Fernando Alonso	Renault R23B	M	1.31,276	1.30,624	1.34,398	1.33,107	1.33,972	17	(8ª) 1.34,255	motor
	10	Heinz H. Frentzen	Sauber C22/Petronas	B	1.32,422	1.31,892	1.34,718	1.33,694	1.47,062	9	(7ª) 1.36,601	motor
	3	Juan P. Montoya	Williams FW25/BMW	M	1.31,654	1.31,201	1.33,405	1.31,422	**1.33,211**	8	(2ª) 1.33,830	problemas hidráulicos

Fotos Photo 4

A equipa de testes da Renault despediu-se de Allan McNish, num Grande Prémio que tem sempre um colorido muito próprio, como só os japoneses conseguem criar.

FUJI-TV
FUJI-TV
FUJI-TV
FUJI-TV
WARSTEINER
Coulthard

L. Gorys

A Temporada dos Pilotos

PILOTOS	CARROS (Chassis/ Motor)	NACIONALIDADE	PNEUS	AUSTRÁLIA	MALÁSIA	BRASIL	SAN MARINO	ESPANHA	ÁUSTRIA	MÓNACO	CANADÁ	EUROPA	FRANÇA	GRÃ-BRETANHA	ALEMANHA	HUNGRIA	ITÁLIA	USA	JAPÃO	PONTOS	CLASSIFICAÇÃO NO CAMPEONATO
Alonso, Fernando	Renault R23	ESP	Mich	7	3p	3	6	2	Amt	5	4v	4	Amt	-	-	-	-	-	-	55	6º
	Renault R23-B		Mich	-	-	-	-	-	-	-	-	-	-	Acm	4	1pr	8	Amt	Amt		
Barrichello, Rubens	Ferrari F-2002	BRA	Bridg	Aac	2	11Apv	3	-	-	-	-	-	-	-	-	-	-	-	-	65	4º
	Ferrari F-2003 GA		Bridg	-	-	-	-	3vr	3	8	5	3	7	1pvr	Aac	Aacm	3	Aac	1pr		
Baumgartner, Zsolt	Jordan EJ13/Ford	HUN	Bridg	-	-	-	-	-	-	-	-	-	-	-	-	Amt	11	-	-	0	-
Button, Jenson	BAR 005/Honda	GBR	Bridg	10	7	Aac	8	9	4	NL	Acm	7	A	8	8	10	Acm	Amt	4	17	9º
Coulthard, David	McLaren MP4-17D/Mercedes	GBR	Mich	1	Acm	4	5	Aac	5	7	Acm	15Aac	5	5	2	5	A	A	3	51	7º
Firman, Ralph	Jordan EJ13/Ford	GBR	Bridg	Aac	10	Aacm	Amt	8	11	12	Amt	11	15	13	Aac	NL	NP	Amt	14	1	19º
Fisichella, Giancarlo	Jordan EJ13/Ford	ITA	Bridg	12Acm	Acm	1	15Amt	Amt	Acm	10	Acm	12	Amt	Acm	13Amt	Amt	10	7	A	12	12º
Frentzen, Heinz-Harald	Sauber C22/Petronas	GER	Bridg	6	9	5	11	Acm	NL	Aac	Acm	9	12	12	Aac	A	13Acm	3	Amt	13	11º
Gené, Marc	Williams FW25/BMW	ESP	Mich	-	-	-	-	-	-	-	-	-	-	-	-	-	5	-	-	4	17º
Heidfeld, Nick	Sauber C22/Petronas	GER	Bridg	Acm	8	Acm	10	10	Amt	11	Amt	8	13	17	10	9	9	5	9	6	15º
Kiesa, Nicolas	Minardi PS03/Cosworth	DEN	Bridg	-	-	-	-	-	-	-	-	-	-	-	12	13	12	11	16	0	-
Matta, Cristiano da	Toyota TF103	BRA	Mich	Aac	11	10	12	6	10	9	11Acm	Amt	11	7	6	11	Aac	9	7	10	13º
Montoya, Juan Pablo	Williams FW25/BMW	COL	Mich	2	12	Aac	7	4	Amt	1	3	2	2vr	2	1pvr	3vr	2	6	Acm	82	3º
Panis, Olivier	Toyota TF103	FRA	Mich	Acm	A	Aac	9	Amt	Acm	13	8	Acm	8	11	5	Acm	Acm	Aac	10	6	14º
Pizzonia, António	Jaguar R4/Cosworth	BRA	Mich	13Acm	Aac	Aac	14	Acm	9	Acm	10Acm	10	10	Amt	-	-	-	-	-	0	-
Räikkönen, Kimi	McLaren MP4-17D/Mercedes	FIN	Mich	3vr	1	2	2	Aac	2	2vr	6	Amtpv	4	3	Aac	2	4	2p	2	91	2º
Sato, Takuma	BAR 005/Honda	JAP	Bridg	-	-	-	-	-	-	-	-	-	-	-	-	-	-	-	6	3	18º
Schumacher, Michael	**Ferrari F-2002**	**GER**	**Bridg**	4p	6vr	Aac	1pvr	-	-	-	-	-	-	-	-	-	-	-	-	**93**	**1º**
	Ferrari F-2003 GA		Bridg	-	-	-	-	1p	1pvr	3	1	5	3	4	7	8	1pvr	1vr	8		
Schumacher, Ralf	Williams FW25/BMW	GER	Mich	8	4	7	4	5	6	4pr	2p	1	1pr	9	Aac	4	NL	Acm	12vr	58	5º
Trulli, Jarno	Renault R23	ITA	Mich	5	5	8	13	Aac	8	6	Acm	Acm	Amt	-	-	-	-	-	-	33	8º
	Renault R23-B		Mich	-	-	-	-	-	-	-	-	-	-	6	3	7	Acm	4	5		
Verstappen, Jos	Minardi PS03/Cosworth	NED	Bridg	11	13	Aac	Acm	12	Acm	Acm	9	14	15	15	Acm	12	Acm	10	15	0	-
Villeneuve, Jacques	BAR 005/Honda	CAN	Bridg	9	Acm	6	Amt	AI	12	Amt	Acm	Acm	9	10	9	A	6	Amt	NP	6	16º
Webber, Mark	Jaguar R4/Cosworth	AUS	Mich	Acm	Amt	9Aac	Acm	7	7	Acm	7	6	6	14	11Aac	6	7	Aac	11	17	10º
Wilson, Justin	Minardi PS03/Cosworth	GBR	Bridg	Acm	A	Aac	A	11	13	Acm	Acm	13	14	16	-	-	-	-	-	1	20º
	Jaguar R4/Cosworth		Mich	-	-	-	-	-	-	-	-	-	-	-	Acm	Amt	Acm	8	13		

2003: Numero de corridas consideradas na classificação final: 16 em 16

Atribuição de pontos:10 pontos ao 1º classificado, 8 ao 2º, 6 ao 3º, 5 ao 4º, 4 ao 5º, 3 ao 6º, 2 ao 7º, 1 ao 8º

A - abandono; Aac - abandono por acidente, saída de pista, pião; Aacm - abandono por acidente devido a causas mecânicas, aerodinâmicas, suspensões; Acm - abandono devido a causas mecânicas, aerodinâmicas, suspensões; Amt - abandono devido a quebra do motor; D - desclassificado; EXC - excluido; I - incêndio; NC - não classificado; NL - não largou; NP - não participou; p - pole position; r - recorde; v - melhor volta

Evolução da classificação e pontuação

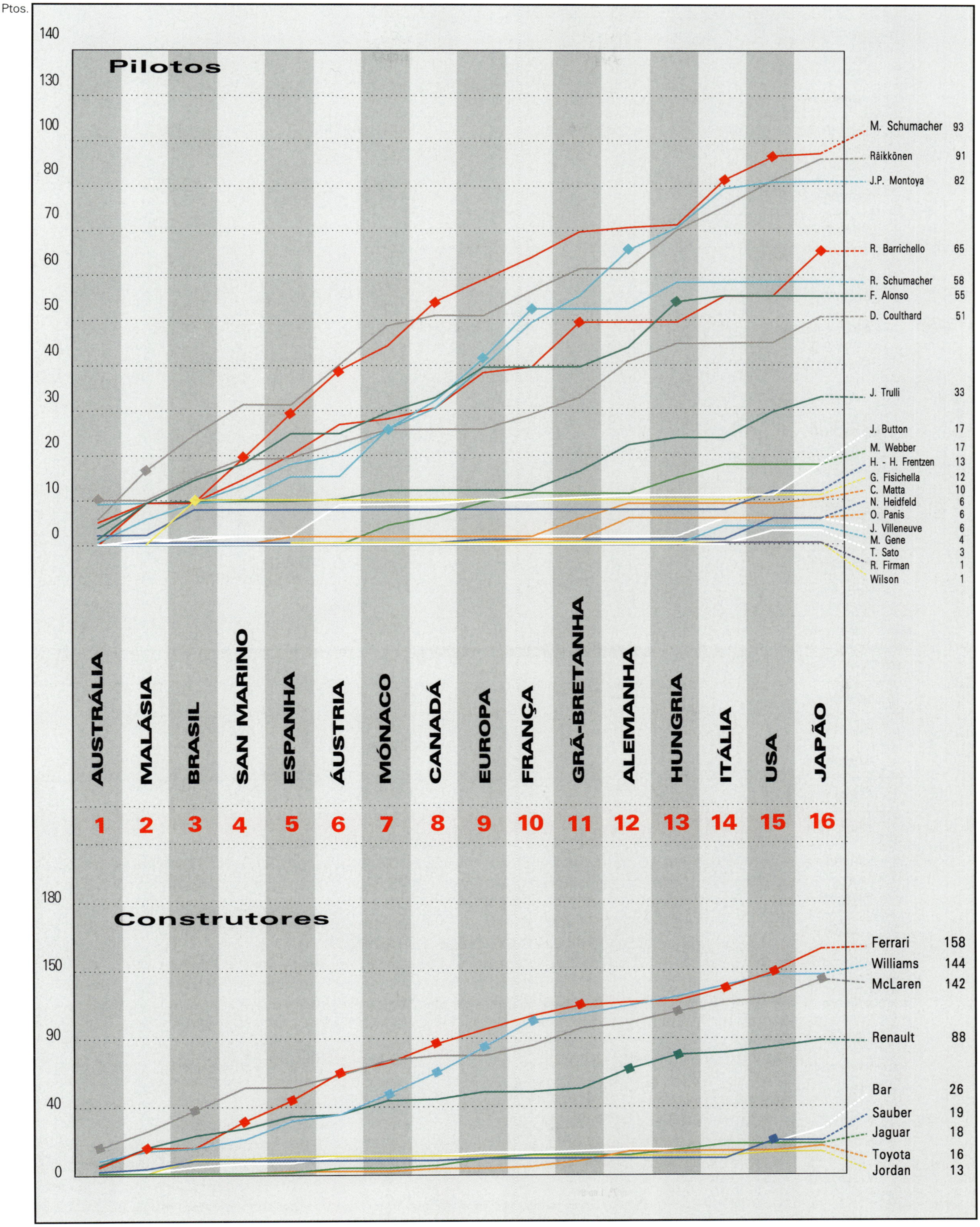

Estatísticas de pilotos

NA CARREIRA

PILOTOS	NACIONALIDADE	Nº DE GPs	NÃO QUALIFICADO OU NÃO LARGOU	TOTAL DE PONTOS	VITÓRIAS	2º LUGARES	3º LUGARES	4º LUGARES	5º LUGARES	6º LUGARES	7º LUGARES	8º LUGARES	"POLE POSITIONS"	MELHORES VOLTAS	VOLTAS NO COMANDO	ACIDENTES	MÉDIA DE PONTOS POR GP
Alonso, Fernando	ESP	33	0	55	1	1	2	3	1	1	1	1	2	1	97	1	1.667
Barrichello, Rubens	BRA	177	4	337	7	17	19	14	13	4	1	1	9	11	594	31	1.904
Baumgartner, Zsolt	HUN	2	0	0	0	0	0	0	0	0	0	0	0	0	0	0	0
Button, Jenson	GBR	66	1	43	0	0	0	5	8	3	2	3	0	0	17	7	0.652
Coulthard, David	GBR	157	0	451	13	26	21	8	16	7	1	0	11	18	893	13	2.873
Firman, Ralph	IRL	14	1	1	0	0	0	0	0	0	0	1	0	0	0	3	0.071
Fisichella, Giancarlo	ITA	123	1	94	1	5	4	5	8	5	1	0	1	1	37	19	0.764
Frentzen, Heinz-Harald	GER	156	4	174	3	3	12	12	10	16	0	0	2	6	151	22	1.115
Gené, Marc	ESP	34	0	5	0	0	0	0	1	1	0	0	0	0	1	6	0.147
Heidfeld, Nick	GER	66	1	25	0	0	1	2	2	7	0	2	0	0	0	9	0.379
Kiesa, Nicolas	DEN	5	0	0	0	0	0	0	0	0	0	0	0	0	0	0	0
Matta, Cristiano da	BRA	16	0	10	0	0	0	0	0	2	2	0	0	0	18	2	0.625
Montoya, Juan Pablo	COL	50	0	163	3	12	5	6	1	1	1	0	11	9	332	6	3.260
Panis, Olivier	FRA	140	1	70	1	3	1	4	7	8	0	2	0	0	16	14	0.500
Pizzonia, António	BRA	11	0	0	0	0	0	0	0	0	0	0	0	0	0	2	0
Räikkönen, Kimi	FIN	50	0	124	1	8	5	6	1	2	0	0	2	4	163	8	2.480
Sato, Takuma	JAP	18	0	5	0	0	0	0	1	1	0	0	0	0	0	4	0.278
Schumacher, Michael *	GER	193	2	1038	70	34	18	9	7	5	1	2	55	56	3958	16	4,974
Schumacher, Ralf	GER	115	1	235	6	5	12	15	14	5	1	1	4	7	356	20	2.043
Trulli, Jarno	ITA	112	1	71	0	1	1	7	7	8	1	2	0	0	51	17	0.634
Verstappen, Jos	NED	107	0	17	0	0	2	1	2	2	0	0	0	0	0	14	0.159
Villeneuve, Jacques	CAN	131	0	219	11	5	7	9	6	8	0	0	13	9	617	16	1.672
Webber, Mark	AUS	33	1	19	0	0	0	0	1	3	4	0	0	0	2	4	0.576
Wilson, Justin	GBR	16	0	1	0	0	0	0	0	0	0	1	0	0	0	1	0.063
ANDRETTI, Mario	USA	128	1	180	12	2	5	7	7	5	—	—	18	10	799	15	1,406
ASCARI, Alberto	ITA	32	—	139	13	4	—	2	1	—	—	—	14	11	—	—	4,343
BERGER, Gerhard	AUT	210	-	385	10	17	21	26	8	13	—	—	12	21	660	23	1,833
BRABHAM, Jack	AUS	126	—	261	14	10	8	12	5	4	—	—	13	10	827	—	2,070
CABRAL, Mario	POR	—	—	—	—	—	—	—	—	—	—	—	—	—	—	—	—
CLARK, Jim	GBR	72	—	274	25	1	6	4	3	1	—	—	33	27	2039	—	3,810
FANGIO, Juan Manuel	ARG	51	—	277,5	24	11	1	6	—	—	—	—	28	23	—	—	5,440
FARINA, Giuseppe	ITA	33	—	128,5	5	9	6	3	2	—	—	—	5	6	—	—	3,890
FITTIPALDI, Emerson	BRA	144	3	281	14	13	8	9	5	8	—	—	6	6	459	4	1,950

NA TEMPORADA 2003

PILOTOS	Nº DE GPs	NÃO QUALIFICADO OU NÃO LARGOU	TOTAL DE PONTOS	VITÓRIAS	2º LUGARES	3º LUGARES	4º LUGARES	5º LUGARES	6º LUGARES	7º LUGARES	8º LUGARES	"POLE POSITIONS"	MELHORES VOLTAS	VOLTAS NO COMANDO	ABANDONOS (%)	ACIDENTES (%)	MÉDIA DE PONTOS POR GP
Alonso, Fernando	16	0	55	1	1	2	3	1	1	1	1	2	1	97	31.25	0	3.438
Barrichello, Rubens	16	0	65	2	1	5	0	1	0	1	1	3	3	77	31.25	25	4.063
Baumgartner, Zsolt	2	0	0	0	0	0	0	0	0	0	0	0	0	0	50	0	0
Button, Jenson	15	1	17	0	0	0	2	0	0	2	3	0	0	17	33.33	6.67	1.133
Coulthard, David	16	0	51	1	1	1	1	5	0	1	0	0	0	40	37.50	12.50	3.188
Firman, Ralph	14	1	1	0	0	0	0	0	0	0	1	0	0	0	42.86	21.43	0.071
Fisichella, Giancarlo	16	0	12	1	0	0	0	0	0	1	0	0	0	1	68.75	18.75	0.750
Frentzen, Heinz-Harald	15	1	13	0	0	1	0	1	1	0	0	0	0	1	46.67	13.33	0.867
Gené, Marc	1	0	4	0	0	0	0	1	0	0	0	0	0	1	0	0	4
Heidfeld, Nick	16	0	6	0	0	0	0	1	0	0	2	0	0	0	25	0	0.375
Kiesa, Nicolas	5	0	0	0	0	0	0	0	0	0	0	0	0	0	0	0	0
Matta, Cristiano da	16	0	10	0	0	0	0	0	2	2	0	0	0	18	25	12.50	0.625
Montoya, Juan Pablo	16	0	82	2	5	2	1	0	1	1	0	1	3	145	18.75	6.25	5.125
Panis, Olivier	16	0	6	0	0	0	0	1	0	0	2	0	0	0	56.25	12.50	0.375
Pizzonia, António	11	0	0	0	0	0	0	0	0	0	0	0	0	0	63.64	18.18	0
Räikkönen, Kimi	16	0	91	1	7	2	2	0	1	0	0	2	3	142	18.75	12.50	5.688
Sato, Takuma	1	0	3	0	0	0	0	0	1	0	0	0	0	0	0	0	3
Schumacher, Michael *	16	0	93	6	0	2	2	1	1	1	2	5	5	300	6.25	6.25	5.813
Schumacher, Ralf	15	1	58	2	1	0	4	1	1	1	1	3	1	164	13.33	6.67	3.867
Trulli, Jarno	16	0	33	0	0	1	1	3	2	1	2	0	0	13	31.25	6.25	2.063
Verstappen, Jos	16	0	0	0	0	0	0	0	0	0	0	0	0	0	37.50	6.25	0
Villeneuve, Jacques	15	0	6	0	0	0	0	0	2	0	0	0	0	0	53.33	0	0.400
Webber, Mark	16	0	17	0	0	0	0	0	3	4	0	0	0	2	37.50	18.75	1.063
Wilson, Justin	16	0	1	0	0	0	0	0	0	0	1	0	0	0	56.25	6.25	0.063
ANDRETTI, Mario	Campeão Mundial: 1978.																
ASCARI, Alberto	Campeão Mundial: 1952 et 1953. Morreu em acidente, treinando, em 1955.																
BERGER, Gerhard	3º em 1988 e 1994.																
BRABHAM, Jack	Campeão Mundial: 1959, 1960 e 1966. Vice: 1967.																
CABRAL, Mario	Primeiro português a correr em F1.																
CLARK, Jim	Campeão Mundial: 1963 ee 1965. Morte em 7/4/1968 numa corrida de F2.																
FANGIO, Juan Manuel	Campeão Mundial: 1951, 1954, 1955, 1956 et 1957. Vice: 1950 ee 1952. Morreu a 17/7/1995.																
FARINA, Giuseppe	Campeão Mundial: 1950. Morreu a 30/6/1966 num acidente de estrada.																
FITTIPALDI, Emerson	Campeão Mundial: 1972 et 1974. Vice: 1973 ee 1975.																

FITTIPALDI, Wilson	BRA	36	—	3	—	—	—	—	1	1	—	—	—	—	—	—	0,083	Disputou 36 GP de 1972 a 1975.
GINTHER, Richie	USA	52	—	107	1	8	5	6	4	4	—	—	—	3	91	—	2,060	Vice-campeão: 1963.
GONZALEZ, Froilan	ARG	26	—	77,5	2	7	6	2	1	—	—	—	3	6	—	—	2,980	Vice-campeão: 1954.
HAKKINEN, Mika	FIN	161	4	420	20	14	17	13	10	9	—	—	26	25	1490	13	2.609	Campeão Mundial: 1998 et 1999. Vice-campeão: 2000
HAWTHORN, Mike	GBR	45	—	127,5	3	9	6	7	2	—	—	—	4	6	—	—	2,830	Campeão Mundial: 1958. Morreu em acidente rodoviário em 1959.
Hill, Damon	GBR	115	7	360	22	15	5	7	2	5	—	—	20	20	1374	14	3,130	
HILL, Graham	GBR	176	1	289	14	15	7	9	7	8	—	—	13	10	1073	—	1,640	Campeão Mundial: 1962 et 1969. Morreu a 29/12/1975 em acidente de avião.
HILL, Phil	USA	48	—	98	3	6	7	2	—	2	—	—	6	6	189	—	2,040	Prrimeiro Campeão Mundial norte-americano: 1961.
HUNT, James	GBR	92	—	180	10	6	7	7	2	3	—	—	14	8	634	16	1,950	Campeão Mundial: 1976. Morre a 15/6/1993 de ataque cardíaco.
HULME, Denis	NZ	102	—	248	8	9	17	10	8	9	—	—	1	9	436	—	2,430	Campeão Mundial: 1967; 3º em 1968 et 1972. Morreu a 04/10/1992 de ataque cardíaco.
ICKX, Jacky	BEL	116	5	181	8	7	10	4	7	4	—	—	13	14	529	6	1,560	Vice-campeão: 1969 e 1970.
JONES, Alan	AUS	116	—	206	12	7	5	8	5	2	—	—	6	13	594	15	1,775	Campeão Mundial: 1980.
LAMY, Pedro	POR	32	—	1	—	—	—	—	—	1	—	—	—	—	—	5	0,031	Primeiro português a conquistar pontos em F1: 1995.
LANDI, Francisco	BRA	5	—	1,5	—	—	—	1	—	—	—	—	—	—	—	—	—	Primeiro brasileiro a conquistar pontos em F1: 1956.
LAUDA, Niki	AUT	171	1	420,5	25	20	9	7	7	5	—	—	24	24	1615	17	2,459	Campeão Mundial: 1975, 1977 e 1984.
MANSELL, Nigel	GBR	187	2	482	31	17	11	8	6	9	—	—	32	30	2099	32	2,577	Campeão Mundial: 1992. Vice: 1986, 1987 e 1991.
MOSS, Stirling	GBR	66	—	186,5	16	5	2	3	2	—	—	—	16	20	—	—	2,830	Vice-campeão: 1955, 1956, 1957 et 1958.
PACE, João Carlos	BRA	5	—	58	1	3	2	5	3	2	—	—	1	5	49	—	0,810	Morreu a 18/3/1877 em acidente de avião.
PATRESE, Ricardo	ITA	256	—	281	6	17	14	8	15	13	—	—	8	13	568	39	1,097	Vice-campeão: 1992. Maior número de participações em GPs.
PETERSON, Ronnie	SUE	123	—	206	10	10	6	5	7	4	—	—	14	9	706	—	1,670	Morreu após acidente a 11/9/1978 no GP de Itália. Vice: 1978.
PIQUET, Nelson	BRA	204	2	485,5	23	20	17	18	15	7	—	—	24	23	1572	31	2,379	Campeão Mundial: 1981, 1983 e 1987.
PROST, Alain	FRA	199	1	798,5	51	35	20	10	5	7	—	—	33	40	2710	22	4,013	Campeão Mundial: 1885, 1986, 1989 e 1993. Vice 1983, 1984, 1988 e 1990.
REGAZZONI, Clay	SUI	132	6	212	5	13	10	8	9	7	—	—	5	15	361	20	1,610	Paralítico após acidente no GP de Long Beach a 30/3/1980.
REUTEMANN, Carlos	ARG	146	—	310	12	13	20	11	3	7	—	—	6	4	648	13	2,120	Vice-campeão: 1981.
RINDT, Jochen	AUT	60	—	109	6	3	4	5	2	1	—	—	10	3	387	—	1,820	Campeão Mundial: 1970. Morreu nos treinos do GP de Itália a 5/9/1970.
ROSBERG, Keke	FIN	114	10	159,5	5	8	4	11	9	1	—	—	5	3	505	6	1,339	Campeão Mundial: 1982.
SENNA, Ayrton	BRA	161	1	614	41	23	16	7	6	3	—	—	65	19	2966	21	3,814	Campeão Mundial: 1988, 1990 e 1991. Vice: 1989 e 1993. Morreua após acidente a 1/5/1994 no GP de San Marino.
SCHECKTER, Jody	SAF	112	1	255	10	14	9	9	7	4	—	—	3	6	671	16	2,280	Campeão Mundial: 1979. Vice: 1977.
STEWART, Jackie	GBR	99	—	360	27	11	5	6	5	3	—	—	17	15	1893	—	3,640	Campeão Mundial: 1969, 1971 e 1973: Vice: 1968 e 1972.
SURTEES, John	GBR	111	—	180	6	10	8	5	8	3	—	—	8	11	310	—	1,620	Campeão Mundial: 1964. Vice: 1966.
TARUFFI, Piero	ITA	18	—	41	1	3	1	2	2	—	—	—	—	1	—	—	2,280	3º em 1952.
VILLENEUVE, Gilles	CAN	67	—	107	6	5	2	2	3	3	—	—	2	7	533	11	1,590	Vice-campeão: 79. Morreu a 8/5/1982 nos treinos para o GP da Bélgica.
VON TRIPS, Wolfgang	GER	27	—	56	2	2	2	3	4	1	—	—	1	—	156	—	2,070	Vice-campeão: 1961. Morreu em acidente no GP de Itália a 16/9/1961.

Não estão assinalados acidentes e voltas no comando de alguns pilotos, principalment nos dados relatios a anos anteriores a 1957. Os rectângulos a branco assinalam os recoredes, ou os maiores valores entre pilotos desta lista.

História do Campeonato Mundial de F1:

MOTORES	ANO / GP	A. DO SUL	ALEMANHA	ARGENTINA	AUSTRÁLIA	AUSTRIA	BÉLGICA	BRASIL	CANADÁ	DETROIT	ESPANHA	EUROPA	FRANÇA	INGLATERRA	HOLANDA	HUNGRIA	ITÁLIA
4500 cm³ ou 1500 cm³ (T)	1950						J. M. FANGIO Alfa Romeo						FANG-FAGLIOLI Alfa Romeo	N. FARINA Alfa Romeo			N. FARINA Alfa Romeo
	1951		A. ASCARI Ferrari				N. FARINA Alfa Romeo				J. M. FANGIO Alfa Romeo		FANG-FAGLIOLI Alfa Romeo	F. GONZALEZ Ferrari			A. ASCARI Ferrari
2000 cm³	1952		A. ASCARI Ferrari				A. ASCARI Ferrari						A. ASCARI Ferrari	A. ASCARI Ferrari	A. ASCARI Ferrari		A. ASCARI Ferrari
	1953		N. FARINA Ferrari	A. ASCARI Ferrari			A. ASCARI Ferrari						M. HAWTHORN Ferrari	A. ASCARI Ferrari	A. ASCARI Ferrari		J. M. FANGIO Maserati
2500 cm³ ou 750 cm³ (T)	1954		J. M. FANGIO Mercedes -Benz	J. M. FANGIO Maserati			J. M. FANGIO Maserati				M. HAWTHORN Ferrari		J. M. FANGIO Mercedes-Benz	F. GONZALEZ Ferrari			J. M. FANGIO Mercedes-Benz
	1955			J. M. FANGIO Mercedes-Benz			J. M. FANGIO Mercedes-Benz							S. MOSS Mercedes-Benz	J. M. FANGIO Mercedes-Benz		J. M. FANGIO Mercedes-Benz
	1956		J. M. FANGIO Ferrari	FANGIO-MUSSO Ferrari			P. COLLINS Ferrari						P. COLLINS Ferrari	J. M. FANGIO Ferrari			S. MOSS Maserati
	1957		J. M. FANGIO Maserati	J. M. FANGIO Maserati									J. M. FANGIO Maserati	MOSS /BROOKS Vauwall			S. MOSS Van Wall
	1958		T. BROOKS Vanwall	S. MOSS Cooper-Climax			T. BROOKS Vanwall						M. HAWTHORN Ferrari	P. COLLINS Ferrari	S. MOSS Vanwall		T. BROOKS Van Wall
	1959		T. BROOKS Ferrari										T. BROOKS Ferrari	J. BRABHAM Cooper-Climax	J. BONNIER BRM		S. MOSS Cooper-Clima
	1960			B. McLAREN Cooper-Climax			J. BRABHAM Cooper-Climax						J. BRABHAM Cooper-Climax	J. BRABHAM Cooper-Climax	J. BRABHAM Cooper-Climax		P. HILL Ferrari
1500 cm³	1961		S. MOSS Lotus-Climax				P. HILL Ferrari						G. BAGUETTI Ferrari	W. VON TRIPS Ferrari	W. VON TRIPS Ferrari		P. HILL Ferrari
	1962	G. HILL BRM	G. HILL BRM				J. CLARK Lotus-Climax						D. GURNEY Porsche	J. CLARK Lotus-Climax	G. HILL BRM		G. HILL BRM
	1963	J. CLARK Lotus-Climax	J. SURTEES Ferrari				J. CLARK Lotus-Climax						J. CLARK Lotus-Climax	J. CLARK Lotus-Climax	J. CLARK Lotus-Climax		J. CLARK Lotus-Climax
	1964		J. SURTEES Ferrari			L. BANDINI Ferrari	J. CLARK Lotus-Climax						D. GURNEY Brabham-Climax	J. CLARK Lotus-Climax	J. CLARK Lotus-Climax		J. SURTEES Ferrari
	1965	J. CLARK Lotus-Climax	J. CLARK Lotus-Climax				J. CLARK Lotus-Climax						J. CLARK Lotus-Climax	J. CLARK Lotus-Climax	J. CLARK Lotus-Climax		J. STEWART BRM
3000 cm³ ou 1500 cm³ (T)	1966		J. BRABHAM Brabham-Repco				J. SURTEES Ferrari						J. BRABHAM Brabham-Repco	J. BRABHAM Brabham-Repco	J. BRABHAM Brabham-Repco		L. SCARFIOT Ferrari
	1967	P. RODRIGUES Cooper-Maserati	D. HULME Brabham-Repco				D. GURNEY Eagle-Weslake		J. BRABHAM Brabham-Repco				J. BRABHAM Brabham-Repco	J. CLARK Lotus-Ford	J. CLARK Lotus-Ford		J. SURTEES Honda
	1968	J. CLARK Lotus-Ford	J. STEWART Matra-Ford				B. MCLAREN McLaren-Ford		D. HULME McLaren-Ford		G. HILL Lotus-Ford		J. ICKX Ferrari	J. SIFFERT Lotus-Ford	J. STEWART Matra-Ford		D. HULME McLaren-For
	1969	J. STEWART Matra-Ford	J. ICKX Brabham-Ford						J. ICKX Brabham-ford		J. STEWART Matra-Ford		J. STEWART Matra-Ford	J. STEWART Matra-Ford	J. STEWART Matra-Ford		J. STEWART Matra-Ford
	1970	J. BRABHAM Brabham-Ford	J.RINDT Lotus-Ford			J. ICKX Ferrari	P. RODRIGUEZ BRM		J. ICKX Ferrari		J. STEWART March-Ford		J. RINDT Lotus-Ford	J. RINDT Lotus-Ford	J. RINDT Lotus-Ford		C. REGAZZON Ferrari
	1971	M. ANDRETTI Ferrari	J. STEWART Tyrrell-Ford			J. SIFFERT BRM			J. STEWART Tyrrell-Ford		J. STEWART Tyrrell-Ford		J. STEWART Tyrrell-Ford	J. STEWART Tyrrell-Ford	J. ICKX Ferrari		P. GETHIN BRM
	1972	D. HULME McLaren-Ford	J. ICKX Ferrari	J. STEWART Tyrrell-Ford		E. FITTIPALDI Lotus-Ford	E. FITTIPALDI Lotus-Ford		J. STEWART Tyrrell-Ford		E. FITTIPALDI Lotus-Ford		J. STEWART Tyrrell-Ford	E. FITTIPALDI Lotus-Ford			E. FITTIPAL Lotus-Ford
	1973	J. STEWART Tyrrell-Ford	J. STEWART Tyrrell-Ford	E. FITTIPALDI Lotus-Ford		R. PETERSON Lotus-Ford	J. STEWART Tyrrell-Ford	E. FITTIPALDI Lotus-Ford	P. REVSON McLaren-Ford		E. FITTIPALDI Lotus-Ford		R. PETERSON Lotus-Ford	P. REVSON McLaren-Ford	J. STEWART Tyrrell-Ford		R. PETERSO Lotus-Ford
	1974	C. REUTMANN Brabham-ford	C. REGAZZONI Ferrari	D. HULME McLaren-Ford		C. REUTMANN Brabham-Ford	E. FITTIPALDI McLaren-Ford	E. FITTIPALDI McLaren-Ford	E. FITTIPALDI McLaren-Ford		N. LAUDA Ferrari		R. PETERSON Lotus-Ford	J. SCHECKTER Tyrrell-Ford	N. LAUDA Ferrari		R. PETERSO Lotus-Ford
	1975	J. SCHECKTER Tyrrell-Ford	C. REUTEMANN Brabham-Ford	E. FITTIPALDI McLaren-Ford		VV. BRAMBILLA March-Ford	N. LAUDA Ferrari	C. PACE Brabham-Ford			J. MASS McLaren-Ford		N. LAUDA Ferrari	E. FITTIPALDI McLaren-Ford	J. HUNT Hesketh-Ford		C. REGAZZO Ferrari
	1976	N. LAUDA Ferrari	J. HUNT McLaren-Ford			J. WATSON Penske-Ford	N. LAUDA Ferrari	N. LAUDA Ferrari	J. HUNT McLaren-Ford		J. HUNT McLaren-Ford		J. HUNT McLaren-Ford	N. LAUDA Ferrari	J. HUNT McLaren-Ford		R. PETERSO March-Forc
	1977	N. LAUDA Ferrari	N. LAUDA Ferrari	J. SCHECKTER Wolf-Ford		A. JONES Shadow-Ford	G. NILSSON Lotus-Ford	C. REUTEMANN Ferrari	J. SCHECKTER Wolf-Ford		M. ANDRETTI Lotus-Ford		M. ANDRETTI Lotus-Ford	J. HUNT McLaren-Ford	N. LAUDA Ferrari		M. ANDRET Lotus-Forc
	1978	R. PETERSON Lotus-Ford	M. ANDRETTI Lotus-Ford	M. ANDRETTI Lotus-Ford		R. PETERSON Lotus-Ford	M. ANDRETTI Lotus-Ford	C. REUTEMANN Ferrari	G. VILLENEUVE Ferrari		M. ANDRETTI Lotus-Ford		M. ANDRETTI Lotus-Ford	C. REUTEMANN Ferrari	M. ANDRETTI Lotus-Ford		N. LAUDA Brabham-A. R
	1979	G. VILLENEUVE Ferrari	A. JONES Williams-Ford	J. LAFFITE Ligier-Ford		A. JONES Williams-Ford	J. SCHECKTER Ferrari	J. LAFFITE Ligier-Ford	A. JONES Williams-Ford		P. DEPAILER Ligier-Ford		J. P. JABOUILLE Renault	C. REGAZZONI Williams-Ford	A. JONES Williams-Ford		J. SCHECKT Ferrari
	1980	R. ARNOUX Renault	J. LAFFITE Ligier-Ford	A. JONES Williams-Ford		J. P. JABOUILLE Renault	D. PIRONI Ligier-Ford	R. ARNOUX Renault	A. JONES Williams-Ford				A. JONES Williams-Ford	A. JONES Williams-Ford	N. PIQUET Brabham-Ford		N. PIQUE Brabham-Fo
	1981		N. PIQUET Brabham-Ford	N. PIQUET Brabham-Ford		J. LAFFITE Ligier-Matra	C. REUTMANN Williams-Ford	C. REUTEMANN Williams-Ford	J. LAFFITE Ligier-Matra		G. VILLENEUVE Ferrari		A. PROST Renault	J. WATSON McLaren-Ford	A. PROST Renault		A. PROST Renault
	1982	A. PROST Renault	P. TAMBAY Ferrari			E. DE ANGELIS Lotus- Ford	J. WATSON McLaren-Ford	A. Prost Renault	N. PIQUET Brabham-BMW	J. WATSON McLaren-Ford			R. ARNOUX Renault	N. LAUDA McLaren-Ford	D. PIRONI Ferrari		R. ARNOU Renault
	1983	R. PATRESE Brabham-BMW	R. ARNOUX Ferrari			A. PROST Renault	A. PROST Renault	N. PIQUET Brabham-BMW	R. ARNOUX Ferrari	M. ALBORETO Tyrrell-Ford		N. PIQUET Brabham-BMW	A.PROST Renault	A. PROST Renault	R. ARNOUX Ferrari		N. PIQUE Brabham-BM
	1984	N. LAUDA McLaren-TAG	A. PROST McLaren-TAG			N. LAUDA McLaren-TAG	M. ALBORETO Ferrari	A. PROST McLaren-TAG	N. PIQUET Brabham-BMW	N. PIQUET Brabham-BMW		A. PROST McLaren-TAG	N. LAUDA McLaren-TAG	N. LAUDA McLaren-TAG	A. PROST McLaren-TAG		N. LAUDA McLaren-TA
	1985	N. MANSELL Williams-Honda	M. ALBORETO Ferrari		K. ROSBERG Williams-Ford	A. PROST McLaren-TAG	A. SENNA Lotus-Renault	A. PROST McLaren-TAG	M. ALBORETO Ferrari	K. ROSBERG Williams-Honda		N. MANSELL Williams-Honda	N. PIQUET Brabham-BMW	A. PROST McLaren-TAG	N. LAUDA McLaren-TAG		A. PROST McLaren-TA
1500 cm³	1986		N. PIQUET Williams-Honda		A. PROST McLaren-TAG	A. PROST McLaren-TAG	N. MANSELL Williams-Honda	N. PIQUET Williams-Honda	N. MANSELL Williams-Honda	A. SENNA Lotus-Renault	A. SENNA Lotus-Renault		N. MANSELL Williams-Honda	N. MANSELL Williams-Honda	N. PIQUET Williams-Honda	N. PIQUET Williams-Honda	N. PIQUE Williams-Ho
3500 cm³ ou 1500 cm³ (T)	1987		N. PIQUET Williams-Honda		G. BERGER Ferrari	N. MANSELL Williams-Honda	A. PROST McLaren-TAG	A. PROST McLaren-TAG		A. SENNA Lotus-Honda	N. MANSELL Williams-Honda		N. MANSELL Williams-Honda	N. MANSELL Williams-Honda		N. PIQUET Williams-Honda	N. PIQUE Williams-Ho
	1988		A. SENNA McLaren-Honda		A. PROST McLaren-Honda		A. SENNA McLaren-Honda	A. PROST McLaren-Honda	A. SENNA McLaren-Honda	A. SENNA Lotus-Honda	A. PROST McLaren-Honda		A. PROST McLaren-Honda	A. SENNA McLaren-Honda		A. SENNA McLaren-Honda	G. BERGE Ferrari
3500 cm³	1989		A. SENNA McLaren-Honda		T. BOUTSEN Williams-Renault		A. SENNA McLaren-Honda	N. MANSELL Ferrari	T. BOUTSEN Williams-Renault		A. SENNA McLaren-Honda		A. PROST McLaren-Honda	A. PROST McLaren-Honda		N. MANSELL Ferrari	A. PROST McLaren-Ho
	1990		A. SENNA McLaren-Honda		N. PIQUET Benetton-Ford		A. SENNA McLaren-Honda	A. PROST Ferrari	A. SENNA McLaren-Honda		A. PROST Ferrari		A. PROST Ferrari	A. PROST Ferrari		T. BOUTSEN Williams-Renault	A. SENNA McLaren-Ho
	1991		N. MANSELL Williams-Renault		A. SENNA McLaren-Honda		A. SENNA McLaren-Honda	A. SENNA McLaren-Honda	N. PIQUET Benetton-Ford		N. MANSELL Williams-Renault		N. MANSELL Williams-Renault	N. MANSELL Williams-Renault		A. SENNA McLaren-Honda	N. MANSEL Williams-Re
	1992	N. MANSELL Williams-Renault	N. MANSELL Williams-Renault		G. BERGER McLaren-Honda		M. SCHUMACHER Benneton-Ford	N. MANSELL Williams-Renault	G. BERGER McLaren-Honda		N. MANSELL Williams-Renault		N. MANSELL Williams-Renault	N. MANSELL Williams-Renault		A. SENNA McLaren-Honda	A. SENNA McLaren-Ho
	1993	A. PROST Williams-Renault	A. PROST Williams-Renault		A. SENNA McLaren-Ford		D. HILL Williams-Renault	A. SENNA McLaren-Ford	A. PROST Williams-Renault		A.PROST Williams-Renault	A. SENNA McLaren-Ford	A. PROST Williams-Renault	A. PROST Williams-Renault		D. HILL Williams-Renault	D. HILL Williams-Re
	1994		G. BERGER Ferrari		N. MANSELL Williams-Renault		D. HILL Williams-Renault	M. SCHUMACHER Benneton-Ford	M. SCHUMACHER Benneton-Ford		D. HILL Williams-Renault	M.SCHUMACHER Benneton-Ford	M.SCHUMACHER Benneton-Ford	D. HILL Williams-Renault		M. SCHUMACHER Benneton-Ford	D. HILL Williams-Re
3000 cm³	1995		M. SCHUMACHER Benneton-Renault	D. HILL Williams-Renault	D. HILL Williams-Renault		M. SCHUMACHER Benneton-Renault	M. SCHUMACHER Benneton-Renault	J. ALESI Ferrari		M. SCHUMACHER Benneton-Renault	M. SCHUMACHER Benneton-Renault	M. SCHUMACHER Benneton-Renault	J. HERBERT Benneton-Renault		D. HILL Williams-Renault	J. HERBE Benneton-Re
	1996		D. HILL Williams-Renault	D. HILL Williams-Renault	D. HILL Williams-Renault		M.SCHUMACHER Ferrari	D. HILL Williams-Renault	D. HILL Williams-Renault		M. SCHUMACHER Ferrari	J. VILLENEUVE Williams-Renault	D. HILL Williams-Renault	J. VILLENEUVE Williams-Renault		J. VILLENEUVE Williams-Renault	M. SCHUMA Ferrari
	1997		G. BERGER Benneton-Renault	J. VILLENEUVE Williams-Renault	D. COULTHARD McLaren-Mercedes	J. VILLENEUVE Williams-Renault	M.SCHUMACHER Ferrari	J. VILLENEUVE Williams-Renault	M.SCHUMACHER Ferrari		J. VILLENEUVE Williams-Renault	M. HAKKINEN McLaren-Mercedes	M.SCHUMACHER Ferrari	J. VILLENEUVE Williams-Renault		J. VILLENEUVE Williams-Renault	D. COULTH McLaren-Mer
	1998		M. HAKKINEN McLaren-Mercedes	M.SCHUMACHER Ferrari	M. HAKKINEN McLaren-Mercedes	M. HAKKINEN McLaren-Mercedes	D. HILL Jordan-Mugen-Honda	M. HAKKINEN McLaren-Mercedes	M.SCHUMACHER Ferrari		M. HAKKINEN McLaren-Mercedes		M. SCHUMACHER Ferrari	M. SCHUMACHER Ferrari		M. SCHUMACHER Ferrari	M. SCHUMA Ferrari
	1999		E. IRVINE Ferrari		E. IRVINE Ferrari	E. IRVINE Ferrari	D. COULTHARD McLaren-Mercedes	M. HAKKINEN McLaren-Mercedes	M. HAKKINEN McLaren-Mercedes		M. HAKKINEN McLaren-Mercedes	J. HERBERT Stewart-Ford	H-H FRENTZEN Jordan-Mugen-Honda	D. COULTHARD McLaren-Mercedes		M. HAKKINEN McLaren-Mercedes	H-H. FRENT Jordan-Mugen-
	2000		R. BARRICHELLO Ferrari		M. SCHUMACHER Ferrari	M. HAKKINEN McLaren-Mercedes	M. HAKKINEN McLaren-Mercedes	M. SCHUMACHER Ferrari	M. SCHUMACHER Ferrari		M. HAKKINEN McLaren-Mercedes	M. SCHUMACHER Ferrari	D. COULTHARD McLaren-Mercedes	D. COULTHARD McLaren-Mercedes		M. HAKKINEN McLaren-Mercedes	M. SCHUMA Ferrari
	2001		R. SHUMACHER Williams-BMW		M. SCHUMACHER Ferrari	D. COULTHARD McLaren-Mercedes	M. SCHUMACHER Ferrari	D. COULTHARD McLaren-Mercedes	R. SCHUMACHER Williams-BMW		M. SCHUMACHER Ferrari	M. SCHUMACHER Ferrari	M. SCHUMACHER Ferrari	M. HAKKINEN McLaren-Mercedes		M. SCHUMACHER Ferrari	J. P. MONT Williams-B
	2002		M. SCHUMACHER Ferrari		M. SCHUMACHER Ferrari	M. SCHUMACHER Ferrari	M. SCHUMACHER Ferrari	M. SCHUMACHER Ferrari	M. SCHUMACHER Ferrari		M. SCHUMACHER Ferrari	R. BARRICHELLO Ferrari	M. SCHUMACHER Ferrari	M. SCHUMACHER Ferrari		R. BARRICHELLO Ferrari	R. BARRICH Ferrari
	2003		J. P. MONTOYA Williams-BMW		D. COULTHARD McLaren-Mercedes	M. SCHUMACHER Ferrari		G. FISICHELLA Jordan-Ford	M. SCHUMACHER Ferrari		M. SCHUMACHER Ferrari	R. SCHUMACHER Williams-BMW	R. SCHUMACHER Williams-BMW	R. BARRICHELLO Ferrari		F. ALONSO Renault	M. SCHUMA Ferrari

Vencedores dos Grand Prix e Campeões Mundiais

JAPÃO	LAS VEGAS DALLAS	LONG BEACH	LUXEMBURGO	MARROCOS	MÉXICO	MÔNACO	PACÍFICO MALÁSIA	PESCARA	PORTUGAL	S. MARINO	SUÉCIA	SUÍÇA	USA	USA INDY	PILOTOS	CONSTRUTORES
						J.M. FANGIO Alfa Romeo						N. FARINA Alfa Romeo		J. PARSONS Kurtis Offenhauser	N. FARINA, 30 2º J. M. Fangio, 27	
												J. M. FANGIO Alfa Romeo		WALLARD Kurtis Offenhauser	J. M. FANGIO, 31 2º A. Ascari, 25	
												P. TARUFFI Ferrari		RUTTMAN Kuzma	A. ASCARI, 36 2º N. Farina, 25	
												A. ASCARI Ferrari		Offenhauser VUKOVICH	A. ASCARI, 34, 5 2º J. M. Fangio, 28	
												J. M. FANGIO Mercedes-Bens		Kurtis Offenhauser VUKOVICH	J. M. FANGIO, 42 2º F. Gonzalez, 25,14	
						M. TRINTIGNANT Ferrari								Kurtis Offenhauser SWEIKERT	J. M. FANGIO, 40 2º S. Moss, 23	
						S. MOSS Maserati								Kurtis Offenhauser FLAHERTY	J. M. FANGIO, 30 2º S. Moss, 27	
						J. M. FANGIO Maserati		S. MOSS Vanwall						Watson Offenhauser HANKS	J. M. FANGIO, 40 2º S. Moss, 25	
				S. MOSS Vanwall		M. TRINTIGNANT Cooper-Climax			S. MOSS Vanwall					Epperly Offenhauser BRYAN	M. HAWTHORN, 42 2º S. Moss, 41	VANWALL
						J. BRABHAM Cooper-Climax			S. MOSS Cooper-Climax				B. McLAREN Cooper-climax	Epperly Offenhauser WARD	J. BRABHAM, 31 2º T. Brooks, 27	COOPER-CLIMAX
						S. MOSS Lotus-Climax			J. BRABHAM Cooper-Climax				S. MOSS Lotus-Climax	Watson Offenhauser RATHMANN	J. BRABHAM, 43 2º B. McLaren, 34	COOPER-CLIMAX
						S. MOSS Lotus-Climax							I. IRELAND Lotus-Climax	Watson Offenhauser	P. HILL, 34 2º W. von Trips, 33	FERRARI
						B. McLAREN Cooper-Climax							J. CLARK Lotus-Climax		G. HILL, 42 2º J. Clark, 30	BRM
					J. CLARK Lotus-Climax	G. HILL BRM							G. HILL BRM		J. CLARK, 54 2º G. Hill, 29	LOTUS-CLIMAX
					D. GURNEY Brabham-Climax	G. HILL BRM							G. HILL BRM		J. SURTEES, 40 2º G. Hill, 39	FERRARI
					R. GIENTHER Honda	G. HILL BRM							G. HILL BRM		J. CLARK, 54 2º G. Hill, 40	LOTUS-CLIMAX
					J. SURTEES Cooper-Maserati	J. STEWART BRM							J. CLARK Lotus-BRM		J. BRABHAM, 42 2º J. Surtees, 28	BRABHAM-REPCO
					J. CLARK Lotus-Ford	D. HULME Brabham-Repco							J. CLARK Lotus-Ford		D. HULME, 51 2º J. Brabham, 46	BRABHAM-REPCO
					G. HILL Lotus-Ford	G. HILL Lotus-Ford							J. STEWART Matra-Ford		G. HILL, 48 2º J. Stewart, 36	LOTUS-FORD
					D. HULME McLaren-Ford	G. HILL Lotus-Ford							J. RINDT Lotus-Ford		J. STEWART, 63 2º J. Ickx, 37	MATRA-FORD
					J. ICKX Ferrari	J. RINDT Lotus-Ford							E. FITTIPALDI Lotus-Ford		J. RINDT, 45 2º J. Ickx, 40	LOTUS-FORD
						J. STEWART Tyrrell-Ford							F. CEVERT Tyrrell-Ford		J. STEWART, 62 2º R. Peterson, 33	TYRRELL-FORD
						J. P. BELTOISE BRM							J. STEWART Tyrrell-Ford		E. FITTIPALDI, 61 2º J. Stewart, 45	LOTUS-FORD
						J. STEWART Tyrrell-Ford					D. HULME McLaren-Ford		R. PETERSON Lotus-Ford		J. STEWART, 71 2º E. Fittipaldi, 55	LOTUS-FORD
						R. PETERSON Lotus-Ford					J. SCHECKTER Tyrrell-Ford		C. REUTEMANN Brabham-Ford		E. FITTIPALDI, 55 2º C. Regazzoni, 52	McLAREN-FORD
						N. LAUDA Ferrari					N. LAUDA Ferrari		N. LAUDA Ferrari		N. LAUDA, 64,5 2º E. Fittipaldi, 45	FERRARI
. ANDRETTI Lotus-Ford		C. REGAZZONI Ferrari				N. LAUDA Ferrari					J. SCHECKTER Tyrrell-Ford		J. HUNT McLaren-Ford		J. HUNT, 69 2º N. Lauda, 68	FERRARI
J. HUNT cLaren-Ford		M. ANDRETTI Lotus-Ford				J. SCHECKTER Wolf-Ford					J. LAFFITE Ligier-Matra		J. HUNT McLaren-Ford		N. LAUDA, 72 2º J. Scheckter, 55	FERRARI
		C. REUTEMANN Ferrari				P. DEPAILLER Tyrrell-Ford					N. LAUDA Brabham-A. Romeo		C. REUTEMANN Ferrari		M. ANDRETTI, 64 2º R. Peterson, 51	LOTUS-FORD
		G. VILLENEUVE Ferrari				J. SCHECKTER Ferrari							G. VILLENEUVE Ferrari		J. SCHECKTER, 51 2º J. Villeneuve, 47	FERRARI
		N. PIQUET Brabham-Ford				C. REUTEMANN Williams-Ford							A. JONES Williams-Ford		A. JONES, 67 2º N. Piquet, 54	WILLIAMS-FORD
	A. JONES Williams-Ford	A. JONES Williams-Ford				G. VILLENEUVE Ferrari				N. PIQUET Brabham-Ford					N. PIQUET, 50 2º C. Reutemann, 49	WILLIAMS-FORD
	M. ALBORETO Tyrrell-Ford	N. LAUDA McLaren-Ford				R. PATRESE Brabham-Ford				D. PIRONI Ferrari		K. ROSBERG Williams-Ford			K. ROSBERG, 44 2º D. Pironi, 39	FERRARI
		J. WATSON McLaren-Ford				K. ROSBERG Williams-Ford				P. TAMBAY Ferrari					N. PIQUET, 59 2º A. Prost, 57	FERRARI
	K. ROSBERG Williams-Honda					A. PROST McLaren-TAG			A. PROST McLaren-TAG	A. PROST McLaren-TAG					N. LAUDA, 72 2º A. Prost, 71,5	McLAREN-TAG
						A. PROST McLaren-TAG			A. SENNA Lotus-Renault	E. DE ANGELIS Lotus-Renault					A. PROST, 73 2º M. Alboreto, 53	McLAREN-TAG
					G. BERGER Benetton-BMW	A. PROST McLaren-TAG			N. MANSELL Williams-Honda	A. PROST McLaren-TAG					A. PROST, 72 2º N. Mansell, 70	WILLIAMS-HONDA
. BERGER Ferrari					N. MANSELL Williams- Honda	A. SENNA Lotus-Honda			A. PROST McLaren-Tag	N. MANSELL Williams-Honda					N. PIQUET, 73 2º N. Mansell, 61	WILLIAMS-HONDA
A. SENNA .aren-Honda					A. PROST McLaren-Honda	A. PROST McLaren-Honda			A. PROST McLaren-Honda	A. SENNA McLaren-Honda					A. SENNA, 90 2º A. Prost, 87	McLAREN-HONDA
. NANNINI netton-Ford					A. SENNA McLaren-Honda	A. SENNA McLaren-Honda			G. BERGER Ferrari	A. SENNA McLaren-Honda			A. PROST McLaren-Honda		A. PROST, 76 2º A. Senna, 60	McLAREN-HONDA
. PIQUET netton-Ford					A. PROST Ferrari	A. SENNA McLaren-Honda			N. MANSELL Ferrari	R. PATRESE Williams-Renault			A. SENNA McLaren-Honda		A. SENNA, 78 2º A. Prost, 71	McLAREN-HONDA
. BERGER .aren-Honda					R. PATRESE Williams-Renault	A. SENNA McLaren-Honda			R. PATRESE Williams-Renault	A. SENNA McLaren-Honda			A. SENNA McLaren-Honda		A. SENNA, 96 2º N. Mansell, 72	McLAREN-HONDA
. PATRESE iams-Renault					N. MANSELL Williams-Renault	A. SENNA McLaren-Honda			N. MANSELL Williams-Renault	N. MANSELL Williams-Renault					N. MANSELL, 108 2º R. Patrese, 56	WILLIAMS-RENAULT
A. SENNA Laren-Ford						A. SENNA McLaren Ford			M.SCHUMACHER Benetton-Ford	A. PROST Williams-Renault					A. PROST, 99 2º A. Senna, 73	WILLIAMS-RENAULT
D. HILL iams-Renault						M. SCHUMACHER Benneton-Ford	M. SCHUMACHER Benneton-Ford		D. HILL Williams-Renault	M.SCHUMACHER Benneton-Ford					M. SCHUMACHER, 92 2º D. Hill, 91	WILLIAMS-RENAULT
CHUMACHER eton-Renault						M. SCHUMACHER Benneton-Renault	M. SCHUMACHER Benneton-Renault		D. COULTHARD Williams-Renault	D. HILL Williams-Renault					M. SCHUMACHER, 102 2º D. Hill, 69	BENETTON-RENAULT
D. HILL ams-Renault						O. PANIS Ligier-MugenHonda			J. VILLENEUVE Williams-Renault	D. HILL Williams-Renault					D. HILL, 97 2º J. Villeneuve, 78	WILLIAMS-RENAULT
CHUMACHER Ferrari			J. VILLENEUVE Williams-Renault			M. SCHUMACHER Ferrari				H-H FRENTZEN Williams-Renault					J. VILLENEUVE, 81 2º H-H Frentzen, 42	WILLIAMS-RENAULT
HAKKINEN ren-Mercedes			M. HAKKINEN McLaren-Mercedes			M. HAKKINEN McLaren-Mercedes				D. COULTHARD McLaren-Mercedes					M. HAKKINEN, 100 2º M. Schumacher, 86	McLAREN-MERCEDES
HAKKINEN ren-Mercedes						M. SCHUMACHER Ferrari	E. IRVINE Ferrari			M.SCHUMACHER Ferrari					M. HAKKINEN, 76 2º E. Irvine, 74	FERRARI
CHUMACHER Ferrari						D. COULTHARD McLaren-Mercedes	M. SCHUMACHER Ferrari			M. SCHUMACHER Ferrari				M. SCHUMACHER Ferrari	M. SCHUMACHER, 108 2º M. Hakkinen, 89	FERRARI
CHUMACHER Ferrari						M. SCHUMACHER Ferrari	M. SCHUMACHER Ferrari			R. SCHUMACHER Willmas-BMW				M. HAKKKINHEN McLaren-Mercedes	M. SCHUMACHER, 123 2º D. Coultard, 65	FERRARI
CHUMACHER Ferrari						D. COULTHARD McLaren-Mercedes	R. SCHUMACHER Williams-BMW			M. SCHUMACHER Ferrari				R. Barrichello Ferrari	M. SCHUMACHER, 144 2º R. Barrichello, 77	FERRARI
ARRICHELLO Ferrari						J. M. MONTOYA Williams-BMW	K. RAIKKONEN Ferrari			M. SCHUMACHER Ferrari			M. SCHUMACHER Ferrari		M. SCHUMACHER, 93 2º K. Hakkinen, 91	FERRARI

FÓRMULA 3000 - CAMPEONATO INTERNACIONAL

Pos.	Piloto	San Marino	Espanha	Austrália	Mónaco	Nurburgring	França	Grã-Bretanha	Alemanha	Hungria	Italia	Total
1.º	Bjorn Wirdheim	10	8	8	8	0	8	10	8	8	10	78
2.º	Ricardo Sperafico	6	-	10	-	0	6	5	10	-	6	43
3.º	Giorgio Pantano	-	10	6	-	0	10	8	2	5	-	41
4.º	Vitantonio Liuzzi	5	-	5	-	8	5	6	5	0	5	39
5.º	Patrick Friesacher	8	-	-	0	4	6	10	8	36		
6.º	Enrico Toccacelo	4	6	4	-	10	0	3	-	2	1	30
7.º	Nicolas Kiesa	0	0	3	10	6	-	1	20			
8.º	Jaroslav Janis	-	5	0	5	3	-	0	1	4	2	20
9.º	Townsend Bell	0	0	2	3	-	0	2	4	6	-	17
10.º	Raffaele Giammaria	2	-	0	6	2	1	-	0	3	-	14
11.º	Tony Schmidt	-	3	0	-	0	4	-	3	1	3	14
12.º	Yannick Schroeder	3	1	-	2	5	2	0	0	13		
13.º	Jeff Van Hooydonk	-	-	1	1	3	4	9				
14.º	Zsolt Baumgartner	0	2	0	4	0	0	0	0	6		
15.º	Rob Nguyen	1	4	0	5							
16.º	Derek Hill	0	0	-	-	4	0	4				
17.º	Phil Giebler	-	1	-	0	1						

FÓRMULA 3000 - EUROPA

Pos.	Piloto	Nurburgring		Magny-Cours		Enna-Pergusa		Monza		Spa		Donington Park		Brno		Jerez		Cagliari		Total
1.º	A.Farfus	4	2	1	3	1	1	1	1	1	1	2	3	1	R	3	1	2	2	60
2.º	F.del Monte	7	R	9	9	8	6	4	3	2	3	8	4	4	1	7	2	3	4	31
3.º	G.Bruni	2	1	2	1	9	R	9	R	5	9	1	1	3	R	-	-	-	-	30
4.º	M.Grassotto	5	3	7	2	10	4	7	2	6	R	4	10	6	3	4	R	10	12	23
5.º	N.Pastorelli	8	8	4	5	2	2	3	7	9	7	7	2	2	R	5	4	7	5	19
6.º	J.Melo jr.	-	-	-	-	-	-	-	-	dq	5	-	-	-	-	-	-	-	-	14
7.º	J.Nelson	9	10	5	R	4	R	6	R	3	2	9	7	8	2	1	7	9	R	12
8.º	P.Boss	13	5	11	10	6	3	11	4	10	4	12	R	9	8	8	R	11	8	12
9.º	R.Rusinov	1	6	3	4	3	R	5	R	4	R	6	5	5	R	-	-	-	-	6
10.º	M.Santoponte	3	4	8	7	11	5	10	R	-	-	-	-	-	-	-	-	-	-	5
11.º	C.Brown	10	R	12	6	7	R	2	6	8	6	3	6	-	-	-	-	-	-	4
12.º	N.Siedler	-	-	-	-	-	-	-	-	-	-	-	-	-	-	-	-	4	3	4
13.º	S.Heidfeld	6	R	6	8	5	7	8	R	7	R	5	8	7	7	6	3	6	11	4
14.º	M.Cressoni	-	-	-	-	-	-	-	-	-	-	-	-	11	4	-	-	-	-	3
15.º	G.Lancieri	-	-	-	-	-	-	12	5	-	-	-	-	-	-	-	-	-	-	2
16.º	J.de Pourtales	-	-	-	-	-	-	-	-	12	8	10	R	12	6	10	R	5	6	2
17.º	Ra.Sperafico	11	9	10	12	12	R	13	R	11	R	11	9	10	5	-	-	-	-	2
18.º	N.Dalli	-	-	-	-	-	-	-	-	-	-	-	-	-	-	11	6	-	-	1

FÓRMULA 3 - ESPANHA

Pos.	Piloto	Albacete	Jarama	Jerez	Estoril	Valencia	Jerez	Cataluña	Total
1º	Ricardo Maurício	21	1	39	42	32	23	34	192
2º	Dani Martin	18	37	33	40	16	–	40	184
3º	Borja Garcia	23	25	26	28	38	14	28	182
4º	Andy Soucek	28	28	30	9	7	19	16	137
5º	Jose M. Perez Alcart	37	21	22	14	20	16	–	130
6º	Angelo Serafi	22	30	2	30	14	–	15	113
7º	Sergio Hernandez	5	22	21	17	25	7	8	105
8º	Pedro Barral	14	17	16	13	25	–	12	97
9º	Lourenço da Veiga	15	18	26	4	8	–	18	89
10º	Juan A. del Pino jr	–	–	–	9	30	9	28	76
11º	Ricard Risatti	28	14	–	16	–	–	12	70
12º	Alvaro Barba	–	2	16	6	–	10	34	68
13º	Maria de Villo	6	16	4	6	7	12	12	63
14º	Roldan Rodriguez	14	7	3	17	18	–	–	59
15º	Emilio de Villo	9	5	13	7	–	–	8	42
16º	Dennis Furchheim	3	19	6	–	–	–	–	28
17º	Alejandro Nuñez	–	7	3	10	–	8	–	28
18º	Roc Mas	6	3	–	5	12	–	–	26
19º	Mark McLoughlin	17	–	–	–	–	–	–	17
20º	Angel Romero	–	–	7	–	–	–	–	7
21º	Francisco J. Rein	–	–	6	–	–	–	–	6
22º	Henri Niskanen	–	4	–	–	–	–	–	4

FÓRMULA 3 - CAMPEONATO DE FRANÇA

Pos.	Piloto	Nogaro	Nogaro	Lédenon	Lédenon	Pau	Dijon	Dijon	Croix en Ternois	Croix en Ternois	Albi	Albi	LeMans	LeMans	Magny-Cours	Magny-Cours	Total
1.º	T.Gommendy	1 2	2 9	1 1	1 R	1 R	1 3	1 7	2 3	1 5	1 1	1 1	6 2	1 1	1 1	3 2	202
2.º	R.Derlot	2 1	1 1	3 3	3 1	2 1	6 5	5 13	4 4	6 6	5 4	5 3	4 3	3 2	2 4	2 1	185
3.º	O.Pla	7 6	4 R	6 10	2 2	6 7	3 4	3 3	1 1	3 2	2 13	2 2	1 1	2 3	3 2	1 3	159
4.º	S.Abadie	3 3	3 2	4 4	7 7	10 R	10 7	6 4	8 R	4 8	4 2	6 5	2 4	5 4	6 6	4 4	120
5.º	B.Besson	5 5	5 3	2 2	4 5	3 2	2 1	4 2	7 9	7 11	7 5	4 4	5 5	7 R	8 8	13 11	119
6.º	D.Hayes	4 4	8 5	8 6	5 4	11 9	4 2	2 1	5 6	8 7	3 3	3 10	- -	- -	- -	- -	94
7.º	Y.Ide	10 9	6 4	5 5	6 3	7 6	7 8	10 8	3 2	2 1	6 R	12 8	3 8	8 R	14 13	12 12	84
8.º	J.Pressac	6 7	7 8	9 7	8 R	9 R	9 6	9 9	12 10	11 9	8 7	7 7	8 7	6 5	4 5	7 8	62
9.º	K.Nadin	12 13	11 16	12 R	12 6	23 R	13 10	11 15	13 11	14 10	9 6	8 6	7 6	9 R	9 10	8 14	33
10.º	L.Delahaye	9 10	10 7	7 8	9 R	16 8	5 R	7 5	9 7	5 4	- -	- -	- -	- -	- -	- -	32
11.º	G.Dellus	- -	- -	- -	- -	21 R	11 12	13 10	6 5	10 12	11 9	9 R	10 9	11 R	12 14	15 19	15
12.º	J.de Souza	8 8	9 6	11 R	10 R	18 R	8 11	8 6	- -	- -	- -	- -	- -	- -	- -	- -	15
13.º	N.Lapierre	- -	- -	- -	- -	- -	- -	- -	- -	- -	10 8	10 9	- -	- -	5 9	11 10	15
14.º	O.Maximin	13 11	12 10	10 R	11 8	22 R	12 9	12 11	14 12	13 R	- -	- -	- -	- -	- -	- -	6

FÓRMULA 3 - CAMPEONATO INGLÊS

Pos.	Piloto	Donington Park	Snetterton	Croft	Knockhill	Silverstone	Castle Combe	Oulton Park	Rockingham	Brands Hatch	Spa	Donington Park	Brands Hatch	Total
1.º	Alan van der MERWE	16 15	20 20	12 21	6 10	4 21	20 10	20 21	10 12	15 DNF	10 20	DNF 15	0 10	308
2.º	Jamie GREEN	20 21	8 15	DNF 15	DNF 15	1 10	4 2	10 12	4 20	12 20	8 13	4 11	DNF 12	237
3.º	Nelson PIQUET JR	DNQ 12	15 8	3 0	15 21	21 6	2 DNF	DNF 10	21 16	DNF 1	6 6	21 6	20 21	231
4.º	Richard ANTINUCCI	8 0	1 11	8 12	12 2	8 15	DNF 3	4 8	DNF 3	DNF 6	1.5 DNF	15 3	3 2	125.5
5.º	Danny WATTS	0 3	10 4	6 DNQ	0 3	12 8	DNF 21	16 4	0 DNF	6 DNF	0 8	0 12	12 0	125
6.º	Ronnie BREMER	6 8	12 DNF	10 6	10 4	2 1	10 8	3 0	12 DNF	4 10	4 DNF	DNE8	2 1	121
7.º	Rob AUSTIN	10 10	0 12	15 8	DNF DNF	6 12	0 4	1 0	DNS DNS	DNSDNS	DNEDNE	12 20	DNE DNE	110
8.º	Will DAVISON	0 0	0 DNF	21 DNF	8 8	10 4	DNF 0	8 3	2 DNF	DNF4	0 2	10 4	15 4	103
9.º	Robert DAHLGREN	1 4	6 DNF	0 4	0 6	0 0	12 15	6 DNF	DNF 6	21 DNF	0 3	6 0	6 6	102
10.º	Adam CARROLL	DNF 6	0 DNF	DNS DNS	DNS DNS	15 0	16 12	12 15	1 DNF	DNF12	1 DNF	DNEDNE	DNEDNE	90
11.º	Clivio PICCIONE	3 0	4 2	0 DNF	21 0	3 2	6 6	DNF 6	15 10	2 0	0 1	3 DNF	0 0	84
12.º	Eric SALIGNON	DNS DNS	0 1	0 0	0 0	0 0	3 0	0 0	0 DNF	8 3	2 15	DNF 0	8 3	43
13.º	Michael KEOHANE	12 0	DNF 3	DNF 10	1 12	DNF DNF	DNE DNE	DNE DNE	DNE DNE	3 DNF	DNEDNE	DNF0	1 0	42

FÓRMULA RENAULT - EUROPA

Pos.	Piloto	País	Barcelona		Magny-Cours		Enna-Pergusa		Monaco	Donington Park		Spa			Anderstorp		Oschersleben		Estoril		Monza		Total
1.º	J. Lopez	ARG	2	4	0	20	0	0	20	34	20	10	24	30	34	26	28	34	34	12	22	0	354
2.º	N. Jani	CH	32	30	12	10	0	0	0	20	16	24	22	20	24	20	2	10	16	26	32	34	350
3.º	K. Matsuura	J	24	0	10	0	0	0	0	16	34	0	8	12	12	16	30	24	20	32	24	24	286
4.º	T. Gommendy	F	10	16	2	26	0	0	0	24	24	0	18	28	16	32	0	20	24	20	10	16	286
5.º	J. Melo Jr	BR	6	24	16	32	0	0	32	0	12	32	0	10	4	10	0	6	6	16	0	20	226
6.º	A. Belicchi	I	20	8	6	0	0	0	4	12	6	20	30	0	20	12	16	0	10	8	0	8	180
7.º	G. Mondini	I	2	12	3	0	0	0	0	8	8	12	4	8	0	8	0	8	2	6	16	12	109
8.º	M. Halliday	NZ	16	20	8	0	0	0	26	10	10	0	12	0	0	0	0	0	0	0	0	0	102
9.º	D. Dibenedetto	I	12	0	0	16	0	0	2	0	0	0	0	0	0	0	12	12	0	0	8	10	72
10.º	C. Murchison	AUS	4	0	5	0	0	0	8	4	4	10	10	16	8	0	0	0	0	0	0	0	69
11.º	M. Den Tandt	BR	0	0	0	0	0	0	0	0	0	0	0	0	0	0	20	16	12	10	0	4	62
12.º	H. Shimoda	J	0	6	0	8	0	0	12	0	0	2	0	4	6	0	6	4	8	4	0	2	62
13.º	D. Pasini	F	0	0	1	0	0	0	16	0	0	16	0	0	0	0	10	0	4	0	12	0	59
14.º	A. Scafuro	I	0	4	0	12	0	0	0	0	2	6	2	2	0	2	0	2	0	2	0	6	40
15.º	I. Bellarosa	I	0	0	0	4	0	0	10	0	0	0	0	6	0	0	8	0	0	0	6	0	34
16.º	T. Bjork	S	8	10	2	6	0	0	0	0	0	0	0	0	0	0	0	0	0	0	0	0	26
17.º	E. Sandstrom	S	0	2	4	0	0	0	6	2	0	0	0	0	0	6	0	0	0	0	2	0	22
18.º	C. Hall	GB	0	0	0	0	0	0	0	0	0	0	0	0	10	4	0	0	0	0	0	0	14
19.º	M. Asmer	EST	0	0	0	0	0	0	0	6	0	0	0	0	0	0	0	0	0	0	0	0	6
20.º	C. Artam	TUR	0	0	0	0	0	0	0	0	0	0	6	0	0	0	0	0	0	0	0	0	6
21.º	F. Lienhard	CH	0	0	0	0	0	0	0	0	0	0	0	0	2	0	4	0	0	0	0	0	6
22.º	R. Sharp	SC	0	0	0	0	0	0	0	0	0	0	0	0	0	0	0	0	0	0	4	0	4
23.º	A. Langley-kahn	GB	0	0	0	0	0	0	0	0	0	4	0	0	0	0	0	0	0	0	0	0	4
24.º	R. Dekarski	D	0	0	0	2	0	0	0	0	0	0	0	0	0	0	0	0	0	0	0	0	2

FÓRMULA 3 - SUD AMERICANO

Pos.	Piloto	Países	Total
1º	Danilo Dirani	BRA	282
2º	Lucas Di Grassi	BRA	164
3º	Alan Hellmeister	BRA	124
4º	Xandynho Negrão	BRA	123
5º	Daniel Landi	BRA	117
6º	Fernando Rees	BRA	96
7º	Henrique Favoretto	BRA	80
8º	Jaime Câmara	BRA	54
9º	Paulo Salustiano	BRA	38
10º	Rodrigo Ribeiro	BRA	36
11º	Lucílio Baumer	BRA	35
12º	João Barion	BRA	28
13º	Daniel Lancaster	BRA	25
14º	Daniel Scandian	BRA	18
15º	Marcello Thomaz	BRA	16
16º	Juliano Moro	BRA	16
17º	Eduardo Azevedo	BRA	10
18º	Vicente Sfeir	BRA	7

FÓRMULA 3 - ALEMANHA

Pos.	Piloto	Total
1.º	Joao Paulo de Oliveira	329
2.º	Sven Barth	191
3.º	Hannes Neuhauser	185
4.º	Markus Mann	110
5.º	Franz Schmöller	92
6.º	Catharina Felser	82
7.º	Thomas Holzer	72
8.º	Tomas Kostka	64
9.º	Diego Romanini	41
10.º	Ross Zwolsman	27
11.º	Adrian Wolf	25
12.º	Michel Frey	20
13.º	Jo Zeller	19
14.º	Roman Hoffmann	19
15.º	Justin Sherwood	9
16.º	Marcel Lasse	8
17.º	Oliver Muytjens	6

FÓRMULA 3 - CAMPEONATO BRITÂNICO - Scholarship

Pos.	Piloto	Donington Park	Snetterton	Croft	Knockhill	Silverstone	Castle Combe	Oulton Park	Rockingham	Brands Hatch	Spa	Donington Park	Brands Hatch	Total
1.º	Ernesto VISO	DNF DNF	20 15	15 12	15 16	10 4	20 21	DNF 15	16 21	16 21	10 20	15 21	21 DNF	324
2.º	Steven KANE	12 21	11 21	13 1	21 20	15 16	16 15	13 1	12 10	20 15	5.5 12	21 10	15 DNF	316.5
3.º	Karun CHANDHOK	20 15	15 10	20 DNF	12 DNF	21 20	DNF 12	20 20	20 15	12 12	7.5 16	DNF 15	12 20	314.5
4.º	Justin SHERWOOD	10 10	12 6	8 10	DNS DNS	4 10	12 10	DNE DNE	DNE DNE	10 10	6 10	12 12	10 16	178
5.º	Christian ENGLAND	16 6	DNF 8	10 20	10 12	12 DNF	DNE DNE	DNE DNE	DNE DNE	DNE DNE	DNE DNE	DNE DNE	DNE DNE	94
6.º	Ivor McCULLOUGH	4 12	DNF 12	6 15	DNF 10	8 12	DNE DNE	DNE DNE	DNE DNE	DNE DNE	DNE DNE	DNE DNE	DNE DNE	79
7.º	Can ARTAM	DNE DNE	DNE DNE	DNE DNE	DNE DNE	DNE DNE	DNE DNE	15 DNS	DNF 12	8 DNF	DNE DNE	DNE DNE	DNE DNE	35
8.º	Sergio HERNANDEZ	8 DNF	8 DNF	DNS DNS	DNS DNS	6 8	DNE DNE	DNE DNE	DNE DNE	DNE DNE	DNE DNE	DNE DNE	DNE DNE	30
9.º	Alex POZZOBON	6 DNQ	6 DNF	DNS 8	DNS DNS	DNS DNS	DNE DNE	DNE DNE	DNE DNE	DNE DNE	DNE DNE	DNE DNE	DNE DNE	20
10.º	Jesse MASON	DNF 8	DNS DNS	DNF DNF	DNS DNS	3 6	DNE DNE	DNE DNE	DNE DNS	DNS DNE	DNE DNE	DNE DNE	DNE DNE	17

FÓRMULA RENAULT - BRASIL

Pos.	Piloto	1ª	2ª	3ª	4ª	5ª	6ª	7ª	8ª	9ª	10ª	11ª	12ª	Total
1.º	Allam Khodair	31	-	-	31	25	-	-	31	30	1	-	-	149
2.º	Paulo Salustiano	-	30	24	-	-	24	4	-	20	30	-	-	132
3.º	Diego Freitas	-	8	20	20	30	-	24	-	12	13	-	-	127
4.º	Patrick Rocha	1	21	16	12	10	20	16	16	-	-	-	-	112
5.º	Marcello Thomaz	-	-	-	16	12	32	-	-	26	24	-	-	110
6.º	Renato J. David	24	12	12	-	1	-	31	-	-	8	-	-	88
7.º	Kiko Motta	16	-	4	24	16	6	-	2	8	10	-	-	86
8.º	Alexandre Foizer	-	-	31	-	-	4	1	24	-	20	-	-	80
9.º	Marcos Gomes	20	24	-	-	-	12	-	-	6	-	-	-	62
10.º	G. Sondemann	-	1	8	-	-	16	8	20	-	2	-	-	55
11.º	Zeca Cardoso	-	16	2	-	-	-	20	-	10	-	-	-	48
12.º	Beatriz Figueiredo	-	-	-	4	-	-	-	9	16	16	-	-	45
13.º	André Prioste	-	-	6	11	20	-	-	-	4	-	-	-	41
14.º	Douglas Soares	8	-	-	-	-	2	12	12	-	-	-	-	34
15.º	André Nicastro	4	-	-	6	-	10	-	10	-	-	-	-	30